普通高等教育规划教材

船舶原理

Principles of Naval Architecture

第 2 版

刘 红 郑 剑 主编
王 平 主审

上海交通大学出版社
SHANGHAI JIAO TONG UNIVERSITY PRESS

内容提要

本书面向船舶相关专业的初学者,由浅入深地阐述了船舶的整体以及各项航海性能知识。本书分为9章,内容包括船舶类型、船舶尺度及布置、船舶浮性、船舶稳性、船舶抗沉性、船舶快速性、船舶摇摆、船舶操纵性、船舶强度与结构。每章末尾附有该章小结、习题与思考题。

图书在版编目(CIP)数据

船舶原理/刘红,郑剑主编. —2 版. —上海:上海交通大学出版社,2020(2025 重印)
ISBN 978 - 7 - 313 - 23003 - 4

Ⅰ.①船⋯ Ⅱ.①刘⋯②郑⋯ Ⅲ.①船舶原理-教材 Ⅳ.①U661

中国版本图书馆 CIP 数据核字(2020)第 037743 号

船舶原理(第 2 版)
CHUANBO YUANLI(DI-ER BAN)

主　　编:刘 红 郑 剑
出版发行:上海交通大学出版社　　　　　　　地　　址:上海市番禺路 951 号
邮政编码:200030　　　　　　　　　　　　　电　　话:021 - 64071208
印　　制:上海新艺印刷有限公司　　　　　　经　　销:全国新华书店
开　　本:710mm×1000mm　1/16　　　　　　印　　张:15.25
字　　数:278 千字
版　　次:2009 年 10 月第 1 版　2020 年 7 月第 2 版　　印　　次:2025 年 4 月第 11 次印刷
书　　号:ISBN 978 - 7 - 313 - 23003 - 4
定　　价:48.00 元

再版前言

本书以对船舶尚未有感性认识的初学者为对象,从感性到理性,理论联系实际,由浅入深地阐述船舶的整体及各项航海性能知识。本书是在第1版基础上修订而成的。

全书共分9章,内容包括船舶类型、船舶尺度及布置、船舶浮性、船舶稳性、船舶抗沉性、船舶快速性、船舶摇摆、船舶操纵性、船舶强度与结构。每章末附有该章小结、习题与思考题。

在第1版的基础上,本书做了如下调整:船舶类型中删除了交通运输、交通管理专业在未来工作实践中较少涉及的军船、高性能船舶的内容。为了保持内容的完整性,简略地介绍了其他类船舶,同时增加了反映运输船舶发展趋势方面的内容;船舶浮性章节的船舶平均吃水的变化一节中,增加了"水尺检量"和"首尾吃水修正"内容;船舶稳性章节将倾斜试验部分内容作为例子放入船上货物移动对稳性的影响中,并根据最新的稳性规范修订了"稳性衡准"一节的内容;船舶抗沉性章节补充了规范对抗沉性的概率衡准要求;将推进与阻力两章内容合并为第6章"船舶快速性",删除了受限制航道阻力及船模阻力试验,补充了失速与浅水航行对吃水的影响;船舶强度与结构章节增加了船舶强度及校核。在此基础上还对第1版中的图表及公式中的疏漏进行了修订。

本书可作为有关高等院校水运专业等的教材,也可为水运系统中专和职校师生、管理人员、工程技术人员及船员的培训及自学提供参考。

本书由刘红、郑剑主编。刘红负责全书第1~9章的修订工作,郑剑负责其中第3章的"水尺检量"和"首尾吃水修正"内容及第9章的船舶强度校核内容。全书由王平主审。

由于水平与时间有限,疏漏和不足之处欢迎读者批评指正。

编者

2020 年 7 月

前　言

　　上海海事大学原船舶原理教研室于 20 世纪 90 年代在 1981 年编写的《船舶原理》及 1996 年编写的《船舶概论》基础上进行了《船舶原理》的修订，以供我校航海、轮机、水运管理、国际航运专业教学之用，但一直未公开出版。在此期间，其他的港航企业或成人高校也有采用本书作为教材使用的。

　　随着船舶技术的发展、国际法律法规的进一步完善，以及高等教育教学的改革，各有关专业对本门课程的教学时数及要求均有所变动。我们通过多年的教学实践，对有关章节的内容及编排进行了调整，加入了有关船舶技术新发展的阐述及国际法律法规的新进展，对难度较大的章节进行了相应的删节，既保持了教材原有的完整性又增加了教材的实用性及针对性，比较符合目前各有关专业对本门课程的要求。

　　本书由船型入门，在介绍船舶尺度及布置的基础上，围绕船舶各航海性能及船舶结构展开，由浅入深，让初学者从感性到理性地掌握船舶整体及船舶各航海性能的基本知识，为后续合理、有效地使用船舶奠定坚实的基础。

　　本书的编写离不开上海海事大学原船舶原理教研室退休教授们在此之前为此教材所做的辛勤耕耘，他们是严家定、程鸿裕、金长奎、徐信炎、汪暗生及其他给予本书默默支持的人们，还有就是多年来使用过本教材的同学们，他们为本教材提出了最中肯的意见。在此教材公开出版之际对他们的支持与帮助表示深深的谢意。由于教材内容涉及范围广泛，限于编者水平，对于书中不足之处，尚祈读者批评指正。

编者

于上海海事大学

2009 年 8 月

目　录

第 1 章

船 舶 类 型

▼

在江河湖海中有多种多样的船舶。本章将全面介绍船舶的类型及其主要特征。随着社会的发展与科学技术的进步,船舶的种类也在不断地丰富与增加,各式各样的新船层出不穷,把船舶的各项性能推向新的阶段。

1.1 船舶定义及分类

1.1.1 船舶定义

船舶是水上、水面及水中的运载工具的统称,船又有舟、舫、舶、舰、艇、筏、排等名称。

舟——古时与"船"通用,现仍偶有应用,如独木舟、浮桥舟等。

舫——古时指两船并联为一体的船。在我国古代曾广泛使用,后来一般泛指小船,如画舫、游舫等。

舶——原意为航海大船,有时又指外国海船。

舰——正常排水量在 500 t 以上的军用船,有时也为"军舰"的简称。

艇——古时对一种轻快小船的称谓,后沿用来称呼小船,如游艇、快艇、救生艇等。在军用船中常指正常排水量在 500 t 以下的船。唯潜艇,不论其吨位大小,习惯上均称艇。

筏——用竹或木等并排绑扎而成的水运工具,按材料不同可分为木、竹、皮、草、罂、芦束、蒲束等,能通过很浅的急流或落差较大的航道。现代救生筏常用橡胶制成。

排——用竹或木等并排绑扎而成。在流放时,既可作为运输工具,同时也完成将其本体(竹或木)运送到目的地的任务。

船舶是一种既古老又现代的水上运输、作战、作业的工具。船舶发展有着悠久的历史,自独木舟起,经历木板船到钢铁轮船的历程。船舶动力设备也由最初以人力为动力的篙、桨、橹发展到以风力为动力的帆,再发展到使用机器。船舶的种类繁多,千姿百态、各式各样的船舶活跃在广大的江河湖海之中。

1.1.2 船舶类型

船舶是能航行或停泊于水域内,用以执行作战、运输、作业等任务的运载工具,是各类船、舰、舢板、筏及水上作业平台等的统称。通常按某种共同特征来划分,一般有如下几种分类方法。

1) 按船舶用途分类

按船舶的用途进行分类是最常用的一种分类方法,总的来说可将船舶分为军用舰艇和民用船舶两大类。

(1) 军用舰艇可分为如下几类。

战斗舰艇:如航空母舰、巡洋舰、驱逐舰、护卫舰、潜艇、鱼雷艇、导弹艇及布雷、扫雷舰艇等。

登陆舰艇:指运送部队和武器装备到敌岸登陆的舰艇,有大、中、小型之分。

辅助舰船:即担负后勤保障任务的各类舰船,如训练舰、补给舰、侦察船、医院船、供应舰、浮桥舟等。也有将军用舰艇分为战斗舰艇与辅助舰艇(即非战斗舰艇)的分类方法。

(2) 民用船舶根据用途不同又可分为如下几类。

运输船舶:是运送旅客与货物的船舶,有客船、客货船及货船之分。货船根据运输货物的不同又分成杂货船、油船(包括原油及成品油船)、散货船(如谷物、矿砂、煤、水泥等)、集装箱船、滚装船(包括车辆渡船)、载驳船、拖船与推船、液化天然气(石油气)船、化学品船、运木船、冷藏船以及各种多用途船等。

工程船舶:是从事水上工程作业的船舶,如挖泥船、打桩船、起重船、打捞船、布缆船、救助拖船、浮船坞、测量船、破冰船等。

渔业船舶:是专门从事渔业生产的船舶,包括各种捕捞船(如拖网渔船、围网渔船、钓渔船、捕鲸船、灯光渔船等)及渔业辅助船(如水产加工船、水鲜冷藏运输船、渔政船等)。

港务船:如港作拖船、引水船、航标船、港监船、供油船、供水船、消防船、交通船、带缆船、检疫船、浮油回收船、粪便处理船、水面清扫船及趸船等。

海洋调查船及深潜器:如近海调查船、远洋调查船、载人潜水器、无人潜水器等。

海洋钻井平台:如固定式平台、移动式平台等。

2）按航区分类

以航行区域划分,通常分为海洋船舶和内河船舶两大类。海洋船舶简称海船,主要分为远洋船与沿海船,此外还有海峡船、极地船等。内河船舶是航行于江、河、湖泊船舶的统称,其中也包括了急流浅滩船。

3）按航行方式分类

按航行方式划分,通常分为排水型船、半潜船、潜水船、滑行船、气垫船、水翼船、地效应船等。

4）按有无自航能力分类

按有无自航能力划分,通常分为机动船、非机动船及机帆船等。

5）按推进动力分类

按推进动力划分,通常分为蒸汽机船、内燃机船、汽轮机船、电力推进船、核动力船、人力船及帆船等。

6）按推进器形式分类

推进器是将能量转换为推船前进的动力装置,按此划分,船舶分为螺旋桨船、平旋推进器船、明轮船、喷水推进船、喷气推进船、空气螺旋桨船;按螺旋桨数目划分有单桨船、双桨船、三桨船等。

7）按上层建筑形式分类

按上层建筑形式划分,通常分为遮蔽甲板船、长首楼船、长尾楼船、长桥楼船等。

8）按建造材料分类

按建造材料划分,通常分为钢船、木船、铁木船、铝合金船、玻璃钢船（艇）、水泥船、皮船（艇）等。

9）按机舱位置及连续甲板层数分类

按机舱位置及连续甲板层数划分,通常可分为中机型船、尾机型船、中尾机型船以及单甲板船、双甲板船、多甲板船等。

1.1.3　运输船舶的发展趋势

根据第二次世界大战以来运输船舶发展的现实状况,可以把运输船舶发展趋势归纳为大型化、高速化、专业化、自动化（智能化）、节能与环保化。这些归纳只能从总的概念上来理解,它表示了造船的总趋势,与小型船舶的建造并不矛盾。

1）大型化

总的说来,现代造船技术的发展将能造出越来越大的船舶。目前,散货船已由"灵便型"（2～4 万吨级）向"巴拿马型"（6～7 万吨级）过渡,全世界最大的油轮与矿砂运输船的载重量都超过了 40 万吨（相当于 6 艘航母的排水量）；集装箱船方面，船舶载箱量大幅提高，截至 2018 年，最大型集装箱船容量超过 21 000 TEU，按照单箱 10 t 的重量计算，载重吨超过 20 万吨。表 1-1 是当前营运中的第 6 代集装箱船参数。

表 1-1 营运中的第 6 代集装箱船参数

参　数	船　型	
载箱数/TEU	6 600	6 674
总长/m	347.0	299.9
型宽/m	42.8	42.8
型深/m	24.4	24.4
吃水/m	14.5	14.035
甲板上载箱列数	17	17
典型船名	Soverergn Maersk	South Ampton
投入营运时间	1999	1998

船舶大型化是提高经济效益、降低单位运输成本和单位造价的必然要求。但船舶的大型化要受到以下条件的限制：

（1）航道、港口条件的限制。其中最主要的是港口水域及航道水深的限制。为适应船舶大型化的发展趋势，世界各主要运河都在进行疏浚与扩建，比较典型的是苏伊士运河在 2015 年 8 月 6 日完工的疏浚工程，以及巴拿马运河的扩建工程。根据巴拿马运河管理局的公告：商船和非商船正常通过新船闸的最大船宽从 2018 年 6 月 1 日起增至 51.25 m。

《中国远洋海运》2016 年第 6 期刊登的巴拿马运河管理局局长 Jorge Quijano 的专访中曾提及，巴拿马运河新船闸最大通航船舶长度为 366 m、宽度为 49 m、吃水为 15.2 m。Quijano 告诉记者，新船闸能通航载重量达 17 万吨或载箱量为 14 000 TEU 的新巴拿马型集装箱船、载重量达 15 万吨的苏伊士型油轮，以及载重量达 18 万吨的好望角型干散货船。而 2018 年 6 月 1 日起，通航船只最大允许宽度增至 51.25 m，意味着比原先增加了 2.25 m。运河管理局计划到 2020 年，运河每年可通过 3 000 万吨液化天然气，这个数字将是 2017 年的 5 倍。

集装箱船大型化对港口水深也提出了更高的要求。目前营运中的 8 000 TEU 的集装箱船的满载标准吃水要求是 14.5 m，需要的航道和码头水域深度为 15 m。另外，大型船舶还需要更加宽阔的专供船舶和超长悬臂浮吊调转船头的水域。

许多国家的港口为了迎合集装箱船大型化的趋势,对于目前投入营运的集装箱码头在可能的条件下,进行航道和港池的疏浚,以满足超大型船舶的停靠。以美国为例,自 1998 年马士基公司的 6 674 TEU 的船舶首次靠泊有关港口以来,多个港口制订或已在执行竣深进港航道或码头水域的计划,以适应这类船舶的停靠。如东海岸的巴尔的摩、萨凡纳、布伦瑞克、坦帕、佛罗里达、纽约、新泽西以及西海岸的奥克兰、塔克马、西雅图和波特兰港。我国天津、上海、广州等港都分阶段完成了航道竣深计划。另外,上海已经建成的洋山深水港满足码头前沿水深 15 m 的要求。随着全球各地港口竣深计划的完成,水深较大的集装箱码头数量会不断增加。

(2) 航程要长。航程短的航线因装卸货等停港时间相对较长,大吨位船的优势不能很好体现出来。

(3) 货源要充沛。如货物积聚的速度较慢,大型船舶停港待货时间过长会影响船舶的经济性。虽然大型船舶以油船及散货船居多,而集装箱船的大型化发展迅速,这得益于其发达的揽货网络的建设。但随着近年海运贸易增速的放缓,超大型集装箱船出现过剩现象。据航运咨询机构德路里称,航运公司可以通过延迟新船交付和减速航行来缓解超大型集装箱船(ULCV)运力过剩的问题。

(4) 码头作业效率。大型船舶要求挂靠港口高效地进行船舶装卸作业,以便加快船舶周转,发挥大型船舶的营运成本优势。近年来,有关港口为适应大型化船舶的作业效率要求做了大量工作。

新添置的岸边集装箱起重机除了性能提高以外,最主要的是可以适应船舶大型化的需要。尽管在目前在役和订购的船舶中,甲板上最多积载 17 列集装箱,但是近年订购(部分目前已经投入生产)的岸边集装箱起重机,大部分要求适应作业甲板上积载 18 列以上集装箱的船舶,提前为更大型集装箱船的出现做好了准备。

新添置的岸边集装箱起重机工作速度高,采用的高科技设备多,便于操作员操作,性能和作业效率普遍高于原有在役的岸边集装箱起重机。除此之外,还采用了新型装卸工艺来提高集装箱码头船舶作业效率。其中新型的集装箱装卸工艺有底盘车列与轮胎式龙门起重机的配合,自动导向车系统(AGVS),移箱输送机与轨道式龙门起重机的配合,挖入式港池作业方式等。

2) 高速化

提高船舶的航速一直是造船科学研究的主要任务之一。总的趋势是船舶速度在不断提高,这也表示了造船、造机水平的提高。据统计,20 多年来水运工具的速度提高幅度共为 20%～25%,海上货船的平均航速每年增长 0.025～0.11 kn(1 kn=

1.852 km/h）。显然，与其他陆上及空中运输工具相比，其速度的提高是极其缓慢的。由于船舶的装载量大，在低速范围内较其他运输工具的经济性高，加之地球上水域面积辽阔，因此船舶仍具有十分广阔的发展前景。

应该指出的是，高速化是就整个船舶的发展而言的，对具体的某艘船来说，快的船不一定是好的船，船舶营运的经济性对航速影响很大。

3）自动化（智能化）

由于信息技术、通信技术等高新技术的应用，船舶自动化程度不断提高，"智能化船舶"应运而生。所谓"智能化船舶"是一种全自动化、全电脑化的船舶，其操纵和管理系统将由中心计算机统一指挥。该中心计算机可由船上人员控制，也可由地面控制站通过卫星通信进行监控和指挥。必要时，地面控制站还能向中心计算机发布和修改指令，直至改变航行计划。"智能化船舶"是以轮机、导航、装卸、船体运动监控、船舶航运和管理等全面实行自动化为目标。它的主要特点是可靠性高，船上设施采用高标准，可减少船员、优化运输。

据外媒 CNET 报道，密歇根理工大学的水上摩托车目前还不能实现自动驾驶，但一旦收集到足够的数据，就应该能够轻松地在波涛汹涌的大海中航行。当前，技术方面的问题在于它无法像人类那样基于海况条件和天气做出导航决策。而据 2018 年 11 月 7 日的《科技日报》报道，中国首艘导弹无人艇公开亮相珠海航展，可精确打击海上目标。

20 世纪 70 年代，自动化程度高的船舶船员人数为 26～28 人；80 年代为 14～18 人；目前，自动化程度高的船舶船员人数仅为 8～12 人。未来船舶的船员人数还将进一步减少。

4）专用化

为适应特种货物贸易的进一步发展和应付高成本的市场竞争，常规船型逐步向技术先进、营运效率高的专用船型发展。比较典型的例子是兼用船及客货船建造比例的大幅下降，以及全集装箱船队、液化气船队等专业船队的快速发展。

从航运市场的角度来看，开展专业化运输有利于以密集型技术取代昂贵的劳动力，从而增加收入，提高效率。从造船角度来看，造价高的专用船型可在一定程度上弥补产量的不足。这就是常规船型向专用化发展的市场吸引力。为了满足特种货物日益增长的运输需要，液体化学品、散装水泥、成套设备、浆状散货、汽车等运输船型的发展十分引人注目。西欧地区的大多数船队都趋向于以技术密集型的高附加值专用船型取代常规船型。

5）节能与环保化

节能即整个船型以降低能源消耗、提高能源综合利用效率为目标，这是从能源危机发生以后开始的。当前,在国外,船舶燃油的消耗已经占到整个船舶营运开支的 60%,国内为 30%～40%,大量的能源被白白浪费,据日本专家对一艘载重量为 120 000 t 的油船的船舶耗能装置的燃油和润滑油的能量计算表明,几乎有 62% 的能量被白白地损耗掉。在 62% 的损耗能量中,19% 散入大气,14% 损耗于螺旋桨,13% 损耗于发动机的压缩空气,7% 损耗于冷却水,4% 损耗于润滑油。由此可以看出,船舶节能是很有潜力的。

　　船舶的节能措施大体包括以下几方面的内容:提高动力装置的热效率(动力装置节能);采用低阻力的优秀线型,改善船舶线型(采用球首、球尾等);提高螺旋桨效率,采用超低速大直径螺旋桨、风帆等。

　　另外,随着人们对环境污染的日益重视,《国际防止船舶污染海洋公约》(MARPOL73/78 公约)的生效实施,国际海事组织(International Maritime Organization,IMO)2020 年低硫规定的实施,使得减少船舶对海洋和大气的污染成为未来船舶的发展趋势,出现了"绿色船舶"的概念,老旧、污染严重的船舶将被淘汰,而据克拉克森研究统计,2018 年全年已安装和确认安装脱硫装置的船舶同比增长了 5 倍之多,总数超过了 2 000 艘。

　　日本的"挑战 21 计划"提出了未来造船技术的三大发展方向,具体如下:提高船舶的安全性,减少船舶对海洋和大气的污染,应用尖端新技术提高船舶的技术水平。并据此形成了安全船舶计划、绿色船舶计划和尖端技术开发计划,这些计划体现了现代船舶新技术的发展方向,并已逐步付诸实践,出现了绿色船舶、智能船舶等新型船。

1.2　典型的运输船舶

　　运输船舶是指载运旅客与货物的船舶,通常又称为商船。在几千年的船舶发展史中,大致经历了舟筏、木帆及蒸汽机船这三个阶段,目前正处于以柴油机为主要动力的钢船时代。随着世界经济的发展,现代运输船舶已形成了种类繁多、技术复杂及专业化程度高的运输船舶体系。

　　运输船舶按照运载物的性质分类,可分成客船和货船两大类。客船通常按航行区域划分为远洋客船、近海客船、沿海客船和内河客船等,货船通常包括干货船、液货船等。下面按用途介绍几种目前广泛使用的运输船舶。

1.2.1　客船

　　客船是用来载运旅客及其行李并兼带少量货物的运输船舶,一般定班定线航行。《国际海上人命安全公约》中规定,凡载客超过 12 人以上的海船须按客船标准进行设计及配备。严格地讲,载客超过 12 人者均应视为客船,不论是否以载客为主。

对客船的要求首先是安全可靠,其次是具有良好的适航性和居住条件以及较快的航速。远洋客船(见图 1 - 1)的排水量一般都在万吨级以上,近海客船(见图 1 - 2)的排水量为 5 000~10 000 t,沿海客船(见图 1 - 3)的排水量一般在 5 000 t 以下,内河客船则更小一些(见图 1 - 4)。

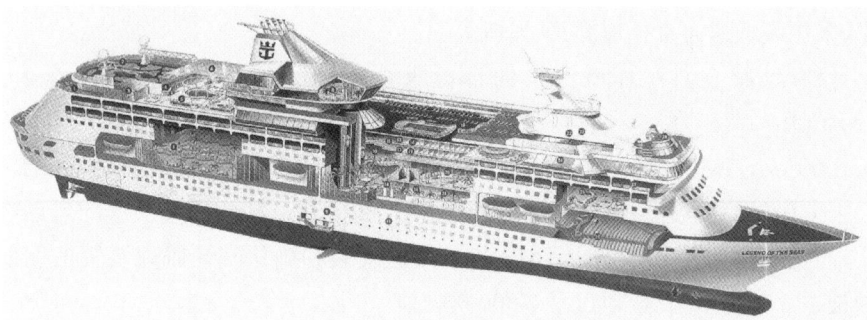

图 1 - 1　远洋客船

图 1 - 2　近海客船

为了旅客的安全,客船上按规定应配备足够的救生设备,如救生艇、救生筏、救生圈和救生衣等。消防也有严格的规定,客船上的舱室设备、家具和床上用品等须经防火处理。此外,客船上还要求装备完善且高效的通信设备、照明设备,并设有空调系统。为了减少客船在海洋中航行时的颠簸,船上一般还装有减摇水舱或防

图1-3 沿海客船

图1-4 内河客船

摇鳍等减摇设施。

客船外型美观、大方,多数船首和船尾呈流线型。上层建筑庞大,有的多达7~8层甲板,一般内河客船也有5~6层甲板。上层建筑内除布置住舱外,还有供旅客用的餐厅、酒吧、舞厅、诊疗室、阅览室和卖品部等服务性舱室,有宽敞的甲板走廊供旅客活动,大型远洋客船还设置露天游泳池和室外运动场。

中小型沿海客船的航速一般为16~18 kn,大型高速客船的航速达20 kn以上。

客船与其他交通工具相比,具有客运量大、费用低、安全性好、旅客所占用的活动空间大等优点。但自大型远程航空客机迅速发展起来以后,航空客机已渐渐取代了远洋客船。现在一些豪华的远洋客船仅作环球旅游之用了。

为适应市场需求,客船正向游船、车客渡船方向发展。

游船是在20世纪60年代兴起的,供旅游者旅行、游览之用。其船型各异,吨位差别较大,船上设备齐全,能为旅客提供休息、疗养、娱乐等综合服务。

车客渡船除载客外,还能同时载运一定数量的旅客自备汽车,是滚装船的一种。这种船舶在西方发达国家较为多见。

1.2.2 干货船

干货船是用于装载各种干货的船舶。常见的干货船主要有杂货船、集装箱船、散货船、滚装船、载驳船、运木船及冷藏船等。

1) 杂货船

杂货船用于载运各种包装、桶装以及成箱、成捆等件杂货的船舶,如图1-5所示。

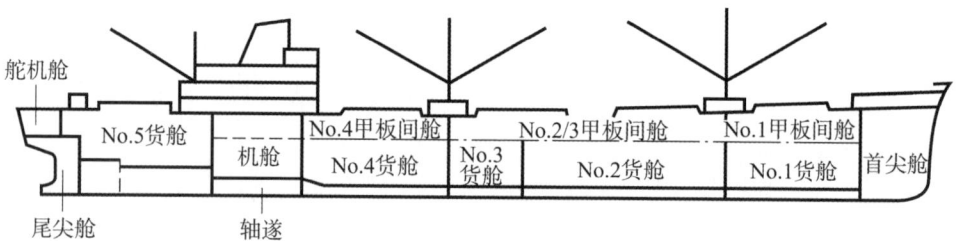

图1-5 杂货船

杂货船具有2~3层全通甲板,根据船的大小设有3~6个货舱。甲板上有高出甲板平面的舱口围壁所形成的货舱口,上面设有水密舱口盖,一般可自动启闭。上甲板上有时也装有不超过10%载货量的甲板货。在上甲板货舱口两端设有吊杆或立式塔形吊车,用于装卸货物。有的杂货船还备有1~2副重型吊杆,用于装卸大件重货。机舱设在船舶的中部或尾部。前者有利于调整船舶纵倾;后者可增大载货容积,但空载时有较大的纵倾。

杂货船底部常采用双层底结构。双层底内部划分成格栅形的舱室,能阻止船底破损后海水进入货舱,并可增强船体强度。双层底的内部空间可用作压载水舱、清水舱及燃料舱。在船的首尾分别设有首尾尖舱,以防船舶首尾端部碰撞破损时海水进入大舱,起到保证船舶安全的作用,并可作为淡水舱或压载水舱,供贮存淡水和调节船舶纵倾之用。为了进一步提高对各种货物的适应能力,新的杂货船还尽量设计成多用途型船,以便既能运送普通件杂货,也能兼运散装货、大件货、部分集装箱以及冷藏货等。这种船也被称为多用途船。

杂货船一般没有固定的航线和船期,而是根据货源情况及货运需要航行于各港口之间,除载运件杂货外,也可载运散装货或大件货等。杂货船既有航行于内河的数百吨的小船,也有从事远洋国际贸易的载重量为 2 万吨级以上的大船。杂货船的营运不追求高速,而注重经济性和安全性,要求尽量多装货物,提高装卸效率,减少船员人数和保证航行安全。

由于集装箱运输的蓬勃发展,近年来杂货船已少有建造。现营运的杂货船改造成集装箱船或发展成提供载运重、长、大件货运输的特种船。

2) 集装箱船

集装箱船是以载运集装箱为主的专用运输船舶,可分为全集装箱船及半集装箱船两种。

所谓全集装箱船,是将全部货舱及上甲板都用于装载集装箱,如图 1-6 所示。而半集装箱船则只有部分舱室用于装载集装箱,其余货舱则用来装运件杂货。

图 1-6　全集装箱船

半集装箱船由于集装箱与件杂货混装于一船,有时既需停靠集装箱码头又需停靠杂货码头进行装卸作业,因此与全集装箱船相比,半集装箱船营运效率较低,也增加了港口使用费。但是对于那些适箱货源不足而有大批钢材等重件货的航线或港口设施不能装卸全集装箱船的航线,半集装箱船有其独特的优势。在世界船队中,半集装箱船的比重逐年下降,仅在某些特殊航线中采用。

集装箱船在船型与结构方面与常规杂货船有明显的不同。它的外形瘦长,通常设置单层甲板,上甲板平直,设有巨大的货舱口,舱口宽度可达船宽的 70%～

80%。机舱及上层建筑通常位于船尾,以留出更多的甲板面积堆放集装箱。甲板及货舱口盖上设有固定的绑缚设备,甲板上可堆放 2~6 层集装箱,货舱内部装有固定的格栅导架,以便于集装箱的装卸和防止船舶摇摆时货箱的移动。根据船舶大小,舱内可堆放 3~9 层集装箱。货舱舷部一般做成双壳体,这对船舶的强度和航海性能都是有利的。集装箱的装卸通常是用岸上的专用起重机和集装箱装卸桥来进行的,因此,绝大多数的集装箱船上不设起货设备。

集装箱船由于装卸效率高、船舶停港时间短,为加快船舶周转,要求其具有较高航速,通常为 20 ~ 30 kn,高的可达 33 kn 以上。甲板上装载集装箱对船舶稳性有较高要求。

各代集装箱与载箱量、船型参数的关系如表 1-2 所示。

表 1-2　各代集装箱与载箱量、船型参数的关系

船　型	载箱量/ TEU	载重量/ 万吨	参考船型尺度/m				代表船船名
			船长	型宽	型深	吃水	
第1代	800	1.0~1.5	165	23.7	13.6	9.0	
第2代	1 500	2.0~3.0	187.4	28.7	15.1	10.7	冰河号
第3代	3 000	4.0	248	32.2	21.5	12.0	
第4代(巴拿马型、超巴拿马型)	3 800	5.0	274	32.2	21.5	12.0	
	4 400	6.0	275.2	39.4	22.4	12.5	大河号
第5代	5 500	7~8	280.0	39.8	23.6	14.0	鲁河号
第6代	6 670	8~10	299.9	42.8		14.0	华盛顿号

3) 散货船

散货船是指专门用于载运粉末状、颗粒状、块状等非包装类大宗货物的运输船舶。属于这类船舶的主要有普通散货船、专用散货船、兼用散货船以及特种散货船等。

(1) 普通散货船。普通散货船一般为单甲板、尾机型,货舱截面呈八角型,如图 1-7 所示。由于所运货物种类单一,对舱室的分隔要求不高,加之各种散货比重相差很大,因此散货船的货舱容积较大,以满足装载轻货的要求。如需装载重货时,则采用隔舱装载的办法或采用大小舱相间的布置方式。

散货船的船体结构较强,以适应集中载荷的需要。此外,在有大吨位散货船航行的港口、码头上都有相应的装卸设备,所以 4 万吨以上的散货船一般都不设起货设备,尤其是在特定的港口间进行专线运输的散货船。

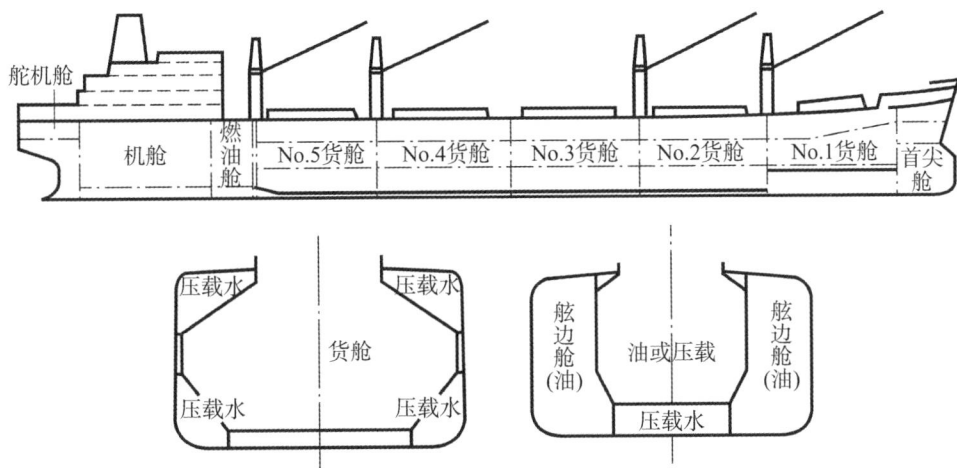

图1-7 散货船

几种常见的散货船吨位如下：①可以通航于圣劳伦斯水道、进出五大湖的2～4万吨级的灵便型散货船，其中轻便型(handy)载重 20 000～35 000 t，吃水 10 m；灵便型(handymax)载重 40 000～47 000 t，吃水 11.5 m。②可通过巴拿马运河的5～8万吨级的巴拿马型(Panamax)散货船，吃水 13 m 以上。③只能绕经非洲好望角或南美洲海角而长途航行的、载重量为 10～18 万吨级的好望角型(capesize)散货船。

(2) 专用散货船。专用散货船是根据一些大宗大批量的散货对海上运输技术的特殊要求而设计建造的散货船，主要有运煤船、散粮船、矿砂船以及散装水泥船等，它们各自的特点如下：

运煤船的船型最接近于普通散货船，船上设有良好的通风设备，以防止煤发热自燃。

散粮船的舱容系数比普通散货船大，因为散装粮食的积载因数较大。散装粮食在船舶航行中会逐渐下沉，为限制其自由面效应，一般都将散粮船的货舱口围壁加高，并缩小货舱口尺度，使货物沉降后的表面积限制在舱口范围内。

矿砂船对货舱的容积要求不大，因矿砂的积载因数较小，但载荷较集中。为适当提高货物重心，改善船舶性能，有利于货物装卸，常将双层底抬高，且货舱两侧设纵向水密隔壁，使货舱剖面呈较小的矿斗形，这样船体结构强度亦较强。

散装水泥船的甲板上不设置吊杆式起货装置，但为装卸水泥，设有气动式或机械式的水泥装卸设备。为防止散装水泥飞扬、水湿结块，因此货舱口较小，且船中部设有集尘室或在舱盖上装有空气过滤器,上甲板和货舱口严格水密,有些船还采用双层舱壳或在船舱内设水密隔壁。

(3) 兼用散货船。兼用散货船是根据某些特定的散货或大宗货对海上运输技术的特殊要求设计建造,并具有多种装运功能的船舶,它们各自的特点如下所述。

车辆-散货船:这类船舶装有若干层悬挂式或折叠式车辆甲板,配以轻便的舱盖,用于装载汽车。车辆甲板一般呈网格式花铁板结构,以减轻重量。当装载散货时,可将舱盖吊到甲板上,并将车辆甲板收起悬挂在主甲板下或折叠起来紧贴在横舱壁旁。

矿-散-油兼用船:这类船舶吨位都比较大,舱容丰富,中间为矿砂或其他货舱,开有大舱口,能方便抓斗上下;两侧为油舱,能利用回程在矿砂、散货贸易的淡季装油,以提高船舶的营运经济性。此外,根据货源情况,这类船舶常见的还有矿-油兼用船和散-油兼用船等。

(4) 特种散货船。特种散货船分为大舱口散货船、自卸散货船和浅吃水肥大型船。

大舱口散货船:这类船舶的货舱口宽度达船宽的70%以上,并装有起货设备,既能装载散货,也能装载木材、钢材、橡胶、机械设备、新闻纸以及集装箱等,适应性很强。

自卸散货船:是一种具有特殊货舱结构并且自身装有一套自动卸货系统的运输船舶,如图1-8所示。它不必依赖港口设施就可进行集中操纵和快速自动卸货作业,适合于运送散装的矿砂、粮食、煤、水泥、化肥等。大功率自卸系统的卸货速度为6 000~10 000 t/h,有的甚至高达20 000 t/h,大大缩短了港口卸货时间。自卸散货船在多港口卸货和海上转运散装货物中显示出了它的优势。

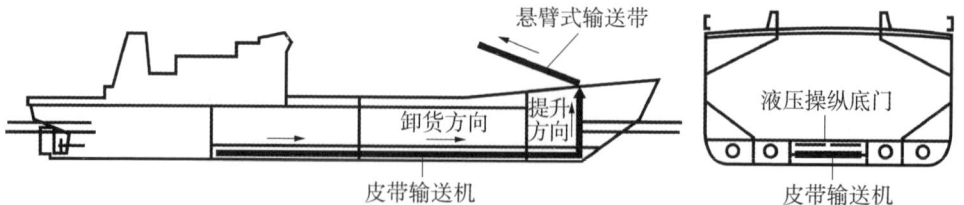

图1-8 自卸散货船

自卸散货船所采用的自卸系统是重力递送皮带输送机,通常货舱底部装有液压操纵底门,底门下方是皮带输送机。底门的作用是控制送往输送皮带散货的流量,有的底门上还装有格栅,用以控制货块的大小。货物靠自重通过底门下落到输送皮带上后,被送至船舶的一端(首端或尾端),然后由提升机将散货送到主甲板,再由悬臂式输送机直接将货物送到岸上的接受点。悬臂式输送机的臂长有的可达 75 m,并能变换方向,这样便可把货物送到岸上的可移动斗式皮带输送系统中,也可送到其他沿海货船或驳船上。

自卸散货船采用了自动化卸货设备,增加了船舶的造价和重量,为此必须通过提高卸货效率来降低卸货费和加速船舶周转来获得良好的经济效益,这种船适用于航程较短及卸货港口设备较差的航线。

自卸散货船最早应用于美国、加拿大的大湖区,现已广泛应用于世界各地。

浅吃水肥大型船:是在船型向大型化发展过程中出现的一种船舶,与普通货船相比,在吃水不变的情况下,增加船宽。采用较大宽吃水比的办法来提高载重量,从而大大提高船舶的经济性,主要适用于港口和航道水深受限制的水域,也是发展江海联运的首选船舶。

4) 滚装船

滚装船是把装有集装箱及其他件货的半挂车或装有货物的带轮子的托盘作为货运单元,由牵引车或叉车直接进出货舱进行装卸的船舶,如图 1-9 所示。滚装船是从汽车轮渡发展起来的一种专用船舶。使用滚装船运输货物,能大大提高装卸效率,加速船舶周转,并有利于水陆直达联运。

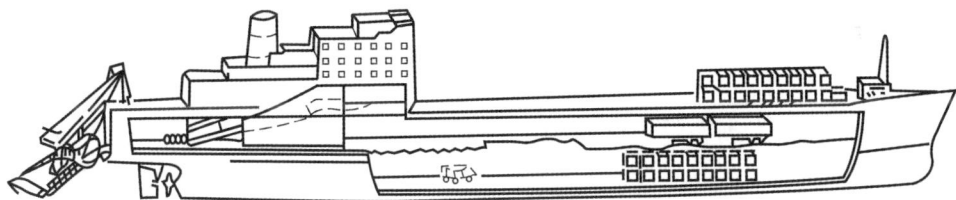

图 1-9　滚装船简图

滚装船上甲板平整全通,上甲板下有多层甲板。各层甲板之间用斜坡道或升降平台连通,便于车辆通行。上层建筑位于船首或船尾,载货甲板面积较大。机舱在尾部主甲板下,烟囱位于两舷。有的滚装船甲板可以移动,便于装运大件货物。滚装船在尾部、首部或舷侧设有开口,开口处的水密门有的兼做跳板,有的则另设跳板,以实现船岸的滚上滚下装卸作业。铰接式跳板一般以 35°～45°角度斜搭到岸上,航行时跳板可折起。

滚装船由于结构及装卸作业等原因,它的稳性变化较大。为解决船舶倾斜和摇摆的问题,需设置足够的压载及减摇装置。此外,由于车辆在舱内大量排放废气,要具有大功率的通风设备。

5) 载驳船(子母船)

载驳船是一种用来运送载货驳船的运输船舶,又名子母船。世界第一艘载驳船于1969年由日本为挪威船主建造,航行于墨西哥湾至欧洲航线。各种货物或集装箱装到规格统一的驳船上(子驳),驳船在港内(码头或锚地)装完货后,用母船的起重设备装到母船上,母船把子驳运至目的地后,卸下子驳。子驳可被拖运至母船无法通行的航道和无法停靠的码头,卸下货物或集装箱,装上回程货物及集装箱,被拖船拖至指定水域,然后再将子驳装到载驳船上,运往目的地。

目前,载驳船主要有以下几种类型:

(1) 拉希型载驳船(LASH)。又称为普通载驳船,如图1-10所示,是数量最多的一种载驳船。单层甲板、无双层底,舱内为分格结构,每一驳格可堆装四层子驳,甲板上堆装两层。为便于装卸驳船,在甲板上沿两舷设置轨道,并有可沿轨道纵向移动的门式起重机,以便起吊子驳进、出货舱。

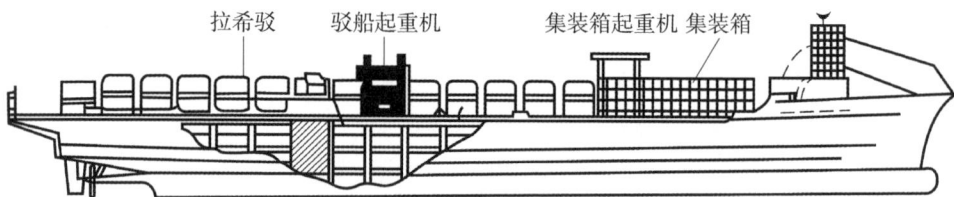

图1-10　拉希型载驳船

(2) 西比型载驳船(SEABEE)。又称为海蜂型载驳船,是一种双舷、双底、多层甲板船。甲板上沿纵向设运送子驳的轨道,尾部设升降井和升降平台(升降机),其起重量可达2 000 t。子驳通过尾部升降平台进、出母船,而不是用门式起重机吊装进、出母船,当子驳被提升至甲板同一水平面后,用小车将驳船滚动运到指定位置停放。西比型载驳船载运的驳船尺寸比拉希型载驳船大。

(3) 巴卡特型载驳船(BACAT)。上述两类是载驳货船中的主要船型,且都是4万吨级的大型船舶。后来又发展了一种名为巴卡特的小型载驳货船。它的船型特点是单首、双体、双尾(尾部是燕尾叉开形式),因此又称为双体载驳船,装卸方式与西比型相同。船舶上甲板可装载巴卡特驳8~10只,双体间的隧道中可绑拖3只拉希型驳船,载驳总数为13只,属小功率低速小型船舶。这种船型始创于英国,主要用于英国及欧洲内河作为支线集散,故未得到普遍推广。

(4) 巴可型载驳船(BACO)。又称浮坞式载驳船,其主要特点是:子驳进出母船既不是用门式起重机吊进、吊出,也不是用升降平台升降进、出母船,而是利用载驳船(母船)沉入一定水深,用浮船坞方式将驳船(子驳)浮进、浮出进行装卸和运输。

载驳船的主要优点是装卸效率高,运输成本较低,不需占用码头泊位,主要缺点是船舶造价较高,子驳深入内地河流导致管理较困难。

6) 冷藏船

冷藏船类似于一个能够航行的大冷库,是使易腐货物处于冻结状态或某种低温条件下进行载运的专用船舶。

因受货源限制,专用冷藏船吨位不大,常见吨位为数百吨至数千吨。冷藏船如图 1-11 所示。为提高冷藏船的利用率,目前常设计成能兼载集装箱和其他件杂货的多用途冷藏船,吨位可达 2 万吨左右。

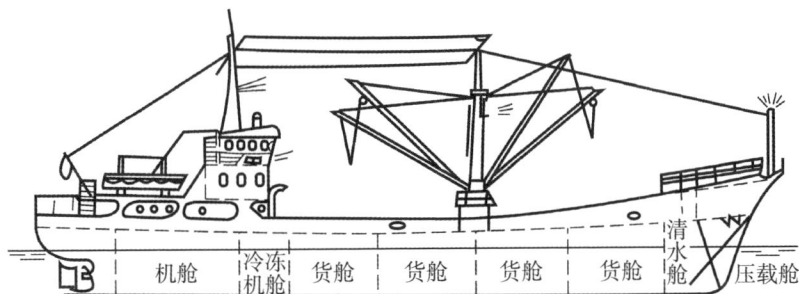

图 1-11　冷藏船

冷藏船与一般货船的主要差别如下:冷藏船的货舱为冷藏舱,冷藏舱常分割得较小,每个舱室都构成独立的、密闭的绝缘载货空间,以满足不同货种对温度的要求;为防止货物堆积过高而压损货物,冷藏舱的上下甲板间或甲板与舱底之间的高度较小;冷藏舱舱壁与门、盖都要求气密,并覆盖良好的绝热材料,如泡沫塑料、铝箔等;舱内需有良好的防潮设备,使相邻货舱互不影响、互不干扰;冷藏船上需装备高效的制冷机组,当采用多级制冷时还包括盐卤冷却器、冷风机等设备;冷藏设备应保证船舶在摇摆、振动以及高温、高湿条件下能正常运行,与海水、盐雾等接触处的机械零部件要采取防腐措施。冷藏舱温度范围为 $-25 \sim 15℃$,根据不同货种选用适宜的温度。

为了减小在装卸和航行过程中对舱室温度的影响,货舱口设计得比较小。也有的冷藏船在舷侧开有绝热的舷门,以便加快货物的装卸速度。

冷藏船航速一般较高,近年来设计的万吨级多用途冷藏船的航速均在 20 kn

以上。

1.2.3 液货船

液货船是专门用于运输液态货物的船舶。它在现代商船队中占有很大的比例。液货船主要包括油船、液化气船和液体化学品船等。

1) 油船

油船是专门用于载运散装石油及成品油的液货船。因此,一般油船分为原油船和成品油船两种。就载重吨位而言,油船位列世界第一。

由于油船载运的是易挥发、易燃烧和爆炸的危险货物,这就决定了油船在构造、设备以及营运方面必须考虑到防火、防爆、防污染等的要求,各国政府及世界海事组织为此专门制定了一系列安全规章,以保障油船安全及防止海洋污染。

油船多为尾机型船舶,如图1-12所示,以防止烟囱火星散落到货油舱区域而引起火灾。为防止石油在船体内部渗漏,货油舱区前后两端与首尖舱或机舱、泵舱之间须加设隔离舱;为满足防污染的要求,现代大型油船已多为双层底结构;油舱多设1~3道纵舱壁,以减少自由液面对船舶稳性的影响,同时也利于装载不同种类的石油。油船有专门的装卸油泵和油管,为了便于卸净舱底的残油,设有扫舱管系;为了降低重质货油的黏度以便装卸,设有加热管系。油船为单甲板,甲板上一般不设起货设备和大的货舱口。由于干舷较小,甲板上常设步桥,以便船员安全通行。

图1-12 原油船

原油船的油种单一,吨位较大。由于货油批量较大和港口系泊技术的发展,因此需要原油船在航道许可的条件下尽可能大型化,以取得规模效益。成品油船受货物批量与港口设备条件的限制,一般比原油船小。由于成品油品种较多,为不发生混装,船上装有较多的独立装卸油泵和管系。

原油船按载重吨位有如下划分:

超大型油船(ultra large crude carrier,ULCC):大于 30 万载重吨;

巨型油船(very large crude carrier,VLCC):20 万~30 万载重吨;

苏伊士型油船(Suezmax):12 万~20 万载重吨;

阿芙拉型油船(Aframax):8 万~12 万载重吨;

巴拿马型油船(Panamax):6 万~8 万吨级;

灵便型油船(handysize):1 万~6 万吨级。

一般情况下,VLCC 是指 20 万载重吨以上、不满 30 万载重吨的油船;而 30 万载重吨以上的为 ULCC;将 10 万载重吨级的油船称为阿芙拉型油船;将 1980 年以后,能满载中东原油、经由苏伊士运河运至欧洲的最大船型称为苏伊士型油船,通常载重量为 15 万~16 万吨。

2)液化气船

液化气船是专门装运液化气的液货船。这种船舶有特殊的高压液货舱,先把天然气或石油气液化,再用高压泵打入液货舱内运输。分为液化天然气船(liquified natural gas carrier,LNG 船)与液化石油气船(liquified petroleum gas carrier,LPG 船)。由于天然气和石油气的液化工艺不一样,因此它们的运输方式也不一样。

(1)液化天然气船。液货舱采用能够承受低温而不致脆裂的镍合金或铝合金制造;液货舱与船体外壳间保持一定的隔离空间。根据液货舱的结构不同,液化气船分为独立储罐式和膜式两种,如图 1 - 13 和图 1 - 14 所示。

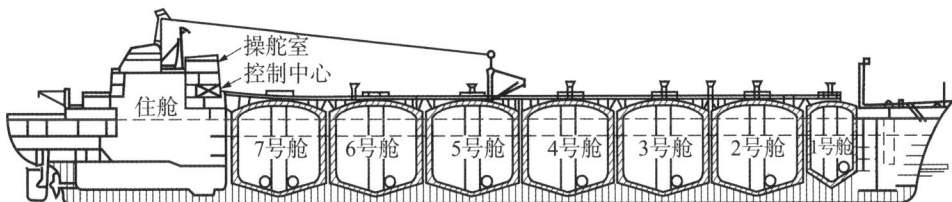

图 1 - 13　独立储罐式液化气船

独立储罐式:液货舱呈柱形、桶形、球形,储罐本身具有一定的强度和刚度,能承受液货作用在其上的载荷。船体构件仅对储罐起支持和固定作用。

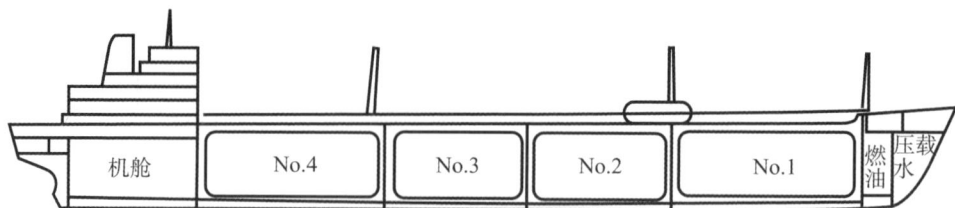

图 1-14　膜式液化气船

膜式:采用双壳结构,船体内壳即为液货舱的承载体,在承载壳表面敷有一层由镍合金薄板或铝合金薄板制成的膜,它与低温液货直接接触,起到阻止液货泄漏的屏障作用,液货载荷通过膜、船体内壳及船体内外壳之间的绝热层传递到主船体。与独立储罐式结构相比,膜式结构的优点是舱室容积利用率高、结构重量轻。目前大多数 LNG 船采用这种结构。

(2) 液化石油气船。石油气可通过在常温下加压或在常压下冷冻达到液化。根据液化的方法不同,可分为压力式、半冷冻半压力式及冷冻式三种。

压力式液化石油气船是将几个具有耐压的储罐装在船上,在高压下维持液化石油气的液态。这种形式的液化石油气船构造简单,至今在 6 000 m³ 以下的小型船上仍普遍采用。由于冷冻液化后所得的体积比加压液化后的体积要小 2%~6%,所以 20 世纪 60 年代初期出现了半冷冻半压力式液化石油气船,进而发展到冷冻式液化石油气船。这种船为双壳结构,液货舱用耐低温的合金钢制造并衬以绝热材料,容积大多在 10 000 m³ 以上。船上设有气体再液化装置,可将蒸发后的石油气再液化后送回液货舱。

由于液化天然气船可兼运液化石油气,但液化石油气船却不能用来装运液化天然气,所以液化石油气船的大型化不如液化天然气船发展快,一般不超过 100 000 m³。

液化气船的吨位通常用货舱容积立方米(m³)表示,航速为 15~20 kn。

3) 液体化学品船

液体化学品船是专门载运各种液体化学品,如醚、苯、醇、酸等的液货船,如图 1-15 所示。由于液体化学品一般都具有易燃、易挥发、腐蚀性强等特性,有的还有剧毒,所以对船舶的防火、防爆、防毒、防泄漏、防腐等方面有较高的要求,通常设双层底和双重舷侧。又因液体化学品品种繁多,往往需要同船运输多种液体化学品,所以货舱分隔较多,以便运输,并且各舱有自己专用的货泵和管系。货舱内壁和管系采用不锈钢制作或抗腐蚀涂料保护,并且对货物围护和各种系统的分隔都有周密的布置。为了确保运输安全,国际上将液体化学品船按货种危险性的大小分成三类:

图 1 - 15　液体化学品船

第一类是专用于运输危险性最大的货物的船舶,要求船舶具有双层底和双重舷侧,双重舷侧所形成的边舱宽度不小于 1/5 船宽,以防止船舶碰撞搁浅时液体泄出船外。

第二类是专用于运输危险性略小的货物的船舶,它在结构上的要求与第一类船舶相同,但边舱宽度可小于第一类船舶。

第三类是用于运输危险性更小的货物的船舶,其构造与油船相似。

1.3　其他类型船舶

民船中除了运输船舶外还有各类工程船舶、渔业船舶、工作船舶以及发展中的高性能船舶等。

1.3.1　工程船舶

工程船舶是从事水上专门工程技术任务的船舶的总称。工程船上装备有成套的工程机械装置以完成特定的工程施工,所以它们实际上是一座座水上浮动的工厂,担负着港口建设、航道疏浚、矿藏开采、水利工程、防险救助、海港通信、敷设作业等任务。下面是常见的工程船舶。

1）挖泥船

挖泥船是一种借助机械或流体力的挖泥设备,挖取、提升和输送水下地表层的泥土、沙、石块和珊瑚礁等沉积物的船舶,主要用于消除航道与港口的泥沙淤积,是保证水上交通畅通的重要工程船舶。除此之外，挖泥船还被用来开挖水工建筑物（如码头、船坞、闸门等）的基础、开拓运河、修筑堤坝、填海造陆、采掘矿藏、围垦造田、敷设管道等。

通常，挖泥船的工作能力以每小时能挖多少立方泥土计算，按挖掘方式有耙吸式、绞吸式、抓斗式、铲斗式、链斗式等。此外，还有自航与非自航、设泥舱与不设泥舱等之分。

（1）耙吸式挖泥船。这种挖泥船大多是机动的大型挖泥船，作业时通过泥泵真空离心作用，泥耙挖起水底泥浆，经吸泥管进入泥泵后再注入自身泥舱，满舱后航行至卸泥区卸掉，或直接将泥浆排至舷外水域中，或将泥舱中泥浆用泥管再行吸出，通过排泥管吹填于陆地。

耙吸式挖泥船能独立完成挖—装—运—卸作业，船体大，抗风能力强，特别适合于开挖航道，在有潮水风浪的水域作业时更显示出优势。大型耙吸式挖泥船能在 3～5 m 波高的恶劣海况下工作，能边航行边挖泥，施工时基本不影响港口航道的使用。有自航能力，故调遣灵活方便，作业多种多样；对泥土的适应性强，能挖掘淤泥、黏土、沙壤土及各种沙土。

按泥耙位置不同，耙吸式挖泥船有中耙型、尾耙型、边耙型和混合耙型四种，新造的大多采用边耙型。图 1－16 所示为 1 500 m³ 耙吸式挖泥船（喷水推进）。

图 1－16　1 500 m³ 耙吸式挖泥船（喷水推进）

（2）绞吸式挖泥船。绞吸式挖泥船上装有铰刀和泥泵，作业时用装在前端的铰刀旋转，将水底泥沙不断绞松绞碎，形成泥浆，再用强力的吸泥泵将泥浆吸入泥管，而后由排泥管排至岸上。

绞吸式挖泥船可以连续不断作业，效率高，经济性好，适宜于内河、湖泊、沿海港口航道和码头等水域施工，最宜挖掘沙、沙质土和泥。重型和大功率船还能挖掘硬质风化岩，但它对波浪的适应能力差，不宜挖掘砾石。图 1-17 所示为绞吸式挖泥船。

图 1-17　绞吸式挖泥船

（3）抓斗式挖泥船。抓斗式挖泥船是用抓斗抓取水下的泥土进行挖泥作业的船。这种挖泥船大多数没有动力，不能自航，船上的设备简单，主要就是挖泥机，装于首部，大多只配一个抓斗。作业时利用抓斗的自重投入水中抓取泥土。由于作业时抓斗在一舷挖泥，常产生较大的倾侧，加上装满泥的抓斗升高，使船的重心上升，因此对船的初稳性要求较高。抓斗式挖泥船主要用来挖取黏土、泥和砾石。由于它只能一斗一斗地抓土，又不宜抓细沙、粉沙，故效率低，因此不适合大规模和连续性挖泥作业。但它造价低，设备结构简单，换上不同的抓斗就可挖掘不同的泥质，甚至可挖掘爆破后的较大的石块。它特别适合于狭小场所作业。其性能主要参数为斗容、挖深和生产量（m^3/h）。图 1-18 所示为自航抓斗式挖泥船。

（4）铲斗式挖泥船。一般为非自航式，船体为箱形，船首部装有可旋转的铲斗机。船是靠首部与尾部定位桩进行作业定位的。铲斗式挖泥船利用铲斗挖掘硬

图 1-18 自航抓斗式挖泥船

土,包括碎石和砂卵石等。挖泥时,利用吊臂伸出的长柄铲斗伸入水底挖掘泥石,然后用绞机提升铲斗,将土石方卸于泥驳。它的优点是全部功率集中使用在一个铲斗上,可以进行特硬挖掘。这种挖泥船主要用于挖掘各种石块、重黏土和石质土壤,也适用于其他挖泥船不能承担的特殊挖掘任务,如清理围堰、拆毁旧堤、打捞沉物和消除水下障碍物等。铲斗式挖泥船还可以装置重锤进行碎石施工。图 1-19所示为铲斗式挖泥船。

图 1-19 铲斗式挖泥船

（5）链斗式挖泥船。链斗式挖泥船一般为非自航式，也有自航式，船体为箱形。挖泥时，利用无极旋转链上若干铲斗连续挖泥。当链斗转至顶端时，斗口朝下，泥土落入泥驳中或由吹泥船吹上岸。

链斗式挖泥船的特点是对土质的适应能力较强，能挖掘除岩石外的各种土壤，对挖掘爆破后的碎石也较其他挖泥船有效。另外挖后水底平整，适用于海港和河港码头泊位、滩地、水工建筑基槽等规格要求较严的工程。但作业时需抛首尾锚和横移边锚，所占水域面积大，影响其他船航行，且施工时需要的辅助船只多，噪声大。图 1 - 20 所示为链斗式挖泥船。

图 1 - 20　链斗式挖泥船

2）起重船

起重船又称"浮式起重机"，俗称"浮吊"。起重船是甲板上装有起重设备，专供水上起吊重物用的船。起重船可用于港口建设、水工建筑、水下打捞、水上安装、港口锚地装卸和海洋开发等。起重船通常有两种形式：一种是固定式，另一种是旋转式。固定式起重船的吊杆可变幅，但不能转动，需要转动时靠拖船带动，用于打捞沉船以及钻井平台和大型水下工程施工等。旋转起重船的吊杆可转动、变幅，适合港口、码头起卸货物，修造船中搬运和安装大型机械以及需要旋转、变幅频繁作业的场合。起重船多为非机动船，作业时要拖船配合。起重吊杆一般都有两副吊钩：一副是主吊钩，另一副是副吊钩。图 1 - 21 所示为 900 t 全旋转起重船。

3）浮船坞

船坞是供造船、修船用的场所，一般工厂的船坞都建在陆上。浮船坞则是活动

图 1-21　900 t 全旋转起重船

于水上,用以修造船的水上基地。它可以根据工作需要,用拖船移动位置。

　　浮船坞是大型的水上工程建筑物,是由左右两侧坞墙和底部箱形结构组成的大型凹形建筑物。需要抬船时,往底部水舱灌水,使船坞下沉至一定深度,然后将待移的船舶拖入坞内,定好船位,用坞内的强力水泵将水舱内的水排出,于是船坞渐渐浮起,使待修船舶全部搁在墩木上,直至坞底舱面出水至一定高度为止。图 1-22 所示为 28 000 t 浮船坞。

图 1-22　28 000 t 浮船坞

浮船坞除了可以修造船外,还可以打捞沉船,或完成运送深水船舶通过浅水航道的作业。浮船坞上设有系缆、锚泊、起重、航行、动力、照明等设备及生活设施,如再配备金属加工和焊接等设备,就能成为一个独立工作的施工单位。

4) 救捞船

救捞船是专门用于打捞沉船或救助遇难船舶的船,是救捞工程的工作母船。船上一般配有甲板减压舱、下潜减压舱、救助绞车、收放式深潜器、封舱抽水和除泥清舱等设备。自航要求有较高的航速,与驳船、拖船和浮筒等打捞设备一起配合进行救捞活动。图 1-23 所示为 900 t 海洋起重救助打捞船。

图 1-23　900 t 海洋起重救助打捞船

沉船救捞方式视沉船的大小及水下状态、现场的气象和水文等情况而有所不同。如果在较浅的水域,则可以修补破损处,清舱排泥,再泵出各舱的水,使船恢复浮力。对于像油船、浮船坞和其他气密性要求较好的浮动建筑,则可采用压缩空气排水,使船上浮。浮筒是一种传统的打捞沉船的工具,它利用浮筒的浮力将沉船抬起。浮筒有软式和硬式两类。软式浮筒用高强度编织纤维橡胶、聚氯丁烯、尼龙等制成,硬式浮筒一般用船用钢材制成。打捞大型沉船时可用数十个浮筒同时作业。

5) 布设船

布设船包括布缆船、敷管船、航标船等。布缆船的任务是敷设和修理海底电缆工程;敷管船则用以敷设、修理海底管道工程;航标船是布设、维护或根据水位变化移设航道中供导航用的航标的船舶。

布缆船的首部显著向外凸出,在凸出的首部装有捞缆用的吊架和滑轮。放在电缆舱内的电缆盘卷在中心为圆锥形的筒体上,电缆通过布缆机在尾部布放。布缆机带动电缆并依靠其本身重量通过滑轮放入水中,通过埋设犁将电缆埋入海底。布缆时,船舶要适应电缆的测力计显示的张力大小,依次调节船的速度。图 1-24 所示为我国海洋布缆船邮电一号。

图 1-24　海洋布缆船邮电一号

6) 打桩船

打桩船是在港口及其他临水建筑工程中必不可少的工程船。

与起重船类似,打桩船多为箱形船体,且多为非自航式船舶。其最重要的设备是设有高大的桩架,通常设在首部。打桩架作为桩的导轨,重锤沿桩架升落。图 1-25 所示为三航 15 号打桩船。

打桩船的桩架有固定式和全回转式两种。固定式桩架打桩船只能在首部进行打桩作业。全回转式桩架打桩船既可以在首部打桩作业,也可以在首部的左右两舷作业。为了使船处于平浮工作状态从而保证打桩的质量和精确度,打桩船要设许多平衡水舱,打桩时根据需要调节船的纵倾和横倾。

1.3.2　渔业船舶

渔业船舶是专门从事渔业生产的船舶。渔船可分成许多类型,按捕鱼的区域划分为远洋渔船、近海渔船与内河渔船,其吨位大小、结构形式都有所不同。按推进方式分为机动渔船、机帆渔船。按捕捞方式和捕鱼对象分为网类渔船与钓类渔船。网类渔船包括拖网渔船、围网渔船和刺网渔船等,而钓类渔船包括手钓渔船、延绳钓渔船和机械化钓渔船等。特种渔船还包括捕鲸船、捕海蜇船、捕虾船、捕蟹船等,还有与渔业生产有关的渔业加工船、冷藏运输船等。

图 1-25　三航 15 号打桩船

1)　网类渔船

(1) 拖网渔船。拖网渔船主要用于捕捞底层和中层鱼类,捕鱼效果好。

拖网渔船有强大的拖力和较大的主机功率,网具大小视主机功率而定。拖网渔船的工况类似拖船,常在海上连续作业,其船体结构和渔捞设备要经得起大拖力和风浪的考验。为了保证拖力和提高螺旋桨推进效率,螺旋桨直径较大,相应的尾吃水和尾框架也大。拖网渔船还要求有良好的耐波性和稳性,以适应恶劣海况下的作业。船上必须有足够宽敞的甲板,以提供整理捕获的鱼类和网具所需的面积。图 1-26 所示为尾滑道拖网渔船。

(2) 围网渔船。围网渔船是用围网进行捕捞的渔船。按围网方式的不同可分为单船围网渔船与双船围网渔船。围网渔船所使用的围网长度主要与渔船性能、渔捞机械能力、船型大小和鱼的种类有关。围网渔船船长较短,吨位不大,要求回转性好,以便发现鱼群后迅速回转放网;且要求机动性好,以便能经常调整网形和本船位置。同时还要求稳性好,主机功率大,有足够的甲板面积以堆放网具和处理渔获物等。

围网渔船作业时,为了提高渔获量,往往采用灯光引诱中上层的趋光性鱼类。作业时由一艘较大的网船和两艘较小的灯船组成捕捞队,由灯船将趋光性鱼类诱集在光照区,然后放网围捕。由此可大大提高捕鱼量。

(3) 刺网渔船。刺网渔船是用刺网捕鱼的船舶,刺网是一种用网刺挂住或缠住游鱼的被动渔具。刺网的作业方式较简单,它采用悬挂在水中的流网横拦在鱼

图 1-26 尾滑道拖网渔船

群游动的水面上。当中层以上的鱼类随流移动触网时,鱼头伸入网目,鱼鳃挂于网上无法逃脱。刺网用尼龙编织。刺网渔船通常在傍晚作业,船低速顺水放网,每船可放刺网数幅,每幅长 80 m、高 8 m,用串符连接在一起,总长可达 5～6 km。

刺网渔船的上层建筑和水线以上的受风面积较小,结构强度高,耐风浪性能好。刺网渔船的操作甲板在首部,作业机动灵活,网具能随水深调节。

2) 钓类渔船

钓类渔船包括母子钓、竿钓、延绳钓、机械钓等渔船,对船的要求各不相同,其中最有成效的是延绳钓渔船。

延绳钓的渔具主要由母绳、支绳、钓脚和钓钩组成,作业时放绳长度一般为 10～12 km。延绳钓渔船要求操纵性好,主机有良好的低速运转性能,受风面积小。除单船独航外,延绳钓渔船也可以母子式船队作业,与网类渔船相比,其捕获量更大,它受渔场的水深范围和风向、水流等影响小,能充分利用渔场面积。

3) 捕鲸船

捕鲸船是一种追猎式渔船,任务是击杀鲸鱼,并拖到基地或捕鲸母船进行加工。其特点是航速高,操纵性好,主机噪声小,具备低速运转性能,有足够的续航力,不需鱼舱及加工设备,耐波性和稳性较好。到远洋和南极捕鲸,须由捕鲸母船、油船、冷藏船、运输船、大型捕鲸船组成船队进行作业。

　　捕鲸作业过程包括搜索鲸，追鲸，射击鲸，拖鲸到基地或母船进行加工。捕鲸船的布置通常在首部设炮位，前桅设瞭望台，驾驶室与炮位间有步桥相通。

　　渔船的发展方向是大型化、大功率，提供自动化设备齐全的渔具和加工、保鲜设备，实现边加工，边投入市场，以提高经济效益。同时为了提高生产力，打破单一作业渔船受季节影响的局限，增加捕鱼品种，人们制造了能进行底拖、中拖和围网等作业形式的多种作业渔船，即混合式渔船。

　　4）渔业加工母船

　　加工母船是在海上接收捕捞船的渔获物，将其加工成各种渔品，在船上储存或转运的船舶。因此，它常与捕捞船、冷藏船、油船等组成综合船队。加工母船按捕捞船或产品性质的不同而分为捕鲸母船、延绳钓母船、蟹工船、虾工船、罐头加工船、鱼粉加工船等。加工母船还担负调度整个船队进行捕捞生产的任务，并为捕捞船修配损坏部件，补充油、水及其他生活用品，为整个船队提供文娱、医疗等服务。

　　加工母船船型尺度较大，主辅机功率高，有较宽阔的作业甲板面积，以利于处理和加工渔获物；有良好的通信导航设备，以便和基地港口或捕捞船保持联系；船上有较强的加工、制冷能力，较大的冷藏舱和油、水舱；还有较强的起重能力，以便及时接收捕捞船的渔获物。因此，加工母船兼有冷藏船、工程船、供油船和客船的特征，而就其使用性质来说，它是海上的渔业基地或浮动的渔品加工厂。

1.3.3　工作船舶

　　工作船舶是指为航行服务或进行其他专业工作的船舶，包括破冰船、引航船、消防船、供应船、浮油回收船、拖船与推船、钻探船、科学考察船、深潜器等。从广义上讲，工程船舶也具有工作船舶的性质。

　　1）破冰船

　　破冰船是一种专门用来破碎冰层，为船队开辟冰区航道的船舶。破冰船主机功率大，结构坚固，外板厚。为破冰的需要，首部水线以下成倾斜形状，即呈破冰型船首，其操纵性，特别是倒车性能好；首尾及中部左右均设压载水舱，以根据需要调整船的倾斜，达到破冰的目的。破冰方式按冰层的厚薄而异。薄冰区，利用船首的俯仰和船前进的冲击力即可破冰；厚冰区，则需先将尾部压载舱灌满水，使船首抬起，全速冲向冰层，利用船首的重量压碎冰层。图 1-27 所示是雪龙号破冰船。

　　2）引航船

　　引航船又称"引水船""领港船"，其任务是接送港口引航员进出主权国的外国船舶，并引导外国船舶安全进出港口。一艘外轮进入他国领海水域或港口时，须在指定锚地等待，接受海关人员指挥、检查，然后由熟悉本港口和航道水文情况的引航员将

图 1-27　雪龙号破冰船

图 1-28　引航船

停泊在锚地等待进港的外轮引领进入港口,外轮离港时也必须由引航员引送出港。

引航船一般为小型交通艇。对需去外海的引航船,排水量也有达数百吨的,并设有生活和办公设施,还装有特殊的灯光信号,以引起来船的注意。图 1-28 所示为引航船。

3) 消防船

消防船是对船舶或岸边临水建筑物执行消防灭火工作的专业船舶。

消防船外形很像拖轮,所以也有兼做拖船使用的消防船。船上备有大功率水泵系统。为适应油船消防,还设有专门的消防泡沫炮。为了能更深地进入火区救火,船上还设有水幕装置。船上配有救火人员和医疗设备,航速高且耐波性好,有高的消防塔架。一般漆成红色,从外观上很易识别。它还有很好的操纵性,能在狭窄水道或拥挤的港口内执行消防任务。图 1-29 所示为上海港消防船。

图 1‐29　上海港消防船

4）供应船

供应船包括供水船、供油船和食品供应船等，它是为需要在港口添燃油、淡水食品等的国内外船舶服务的。船上设有计量设备，以便按量收费。有自航式与非自航式两种，多数为自航式船，使用方便。图 1‐30 所示为镇江长油 21 号供油船。

图 1‐30　镇江长油 21 号供油船

5) 浮油回收船

浮油回收船是回收水面浮油的专用船舶,用亲油疏水材料,如聚氨酯泡沫等吸收浮油并进行油水分离处理。

浮油回收船能将水面浮油吸引收集,进行油水分离,将高浓度的油收集在船内。船上设有消防设备,备有油类灭火剂,并有水幕保护系统。有单体船与双体船之分,双体船型的浮油回收船是在两个片体之间安装回收装置,对水面浮油进行收集、处理。图 1 - 31 所示为碧海 1 号浮油回收船。

图 1 - 31　碧海 1 号浮油回收船

6) 拖船与推船

(1) 拖船。拖船是用以拖带其他船舶和浮动建筑物的工作船,不带货,不带客,如图 1 - 32 所示。

拖船具有船身小、功率大的特点。为适应各种情况下拖带的需要,拖船机动性好、抗风能力强、操作灵活。拖船上除一般的航行设备外,船上还设有包括拖钩、拖柱、系缆绞车等在内的拖曳设备,其拖曳能力的大小用主机功率和拖力表示。主机功率越大,拖曳能力越强。拖船通常分为内河拖船、长江拖船、港作拖船和海洋拖船四大类。

内河拖船一般指吃水 1.2 m 以上(1.2 m 以下称为浅水拖船)、工作于内河、尺度较小的拖船。因内河拖船经常需要通过桥洞、河闸等,船宽、型深及桅杆、烟囱的高度等都受到航道的限制。

图 1‐32　拖船

长江拖船主要航行于长江航道，由于长江航道宽阔，水流复杂，航道限制小，因此航行于其中的拖船尺度较大，功率也大，可达几千千瓦。

港作拖船指用来拖带船舶进出港口，或进出船坞，协助大船靠离码头，拖带工程船舶移位以及编队的船，有的船还兼有救助、消防的功能。这类船常有良好的操纵性和稳性。

海洋拖船通常分为沿海拖船及远洋拖船。海洋拖船主尺度受航区限制较少，所以这类船舶一般甲板舷弧高，有良好的稳性和抗风能力。

（2）推船。推船是以顶推运输其他船舶和浮动建筑物的工作船舶。船型呈短、宽、扁的特征，结构比一般运输船舶坚固，首部装有顶推设备和连接装置，功率大，有良好的操纵性能，常加装导管和倒车舵。

在拖带运输中由于拖船在前，驳船在后，拖船螺旋桨的尾流增加了驳船的阻力。为了减小这种尾流影响，拖带作业时往往把拖缆放长。但长缆拖带在弯道处航行不便，且收放长缆增加了船员的劳动强度；另外，在拖带作业中每艘驳船上都需配备船员，并随之需设置生活舱，考虑到驳船还需配备一套操舵设备，这样就使驳船辅助设备复杂，营运开支增大。

为了克服上述缺点，人们很早就设想改拖为推的方式。顶推运输时，驳船在前，推船在后，像一艘机舱设在船尾的货船。这样驳船上就不需要人操舵、看管，且推船尾流也作用不到驳船上，从而减小阻力，提高航速，增加运量。推船除顶推普通驳船队外，现在大量应用的是分节驳顶推船队，即由一艘顶推船和若干艘分节驳船组成。

7）钻探船

钻探船是钻探水底地质结构的船舶。船上设有井架、钻机等装置。钻探船分为地质取芯船和海洋石油钻探船。地质取芯船又称地质调查船，是专门用来钻取

图 1-33 钻探船

海底岩芯、土样及进行海洋地质调查的船。海洋石油钻探船用于对海床进行勘探,以确切地掌握油气层的位置、特性、规模、储量及生产能力等情况。海洋钻探船要求在大风浪下进行作业,锚系可以把船锚泊在井位上,保证正常钻探作业。图 1-33 所示为钻探船。

8) 科学考察船

科学考察船是活动的海洋研究基地,包括综合调查船、气象调查船、渔业调查船、定点调查船等船型。一般要求具有坚固的船体和优良的航行性能、强大的续航能力、经济的航行性能、可设置实验室和资料保存所需的舱容、宽敞的甲板面积、放置观测仪器的空间等。观察精度要求高的调查船,主要仪器需加装防震装置。船舶能微速航行,具有较小的回转半径,有的船还设有直升机平台。图 1-34 所示为 1 000 t 级科学三号科学考察船。

图 1-34 1 000 t 级科学三号科学考察船

9）深潜器

深潜器是用于水下探测与施救的船舶。图 1-35 所示为天蝎号深潜器。

图 1-35　天蝎号深潜器

深潜器外形似船，一般具有一定的活动能力，操纵室和观察舱用厚的高强度钢制成耐压钢球，以承受较大的压力。使用前多数由水面母船带到现场，然后由母船甲板上放下，对海底进行研究、考查。母船设有维修工场、研究室、住舱、作业甲板及深潜器的起卸吊杆装置。

系缆深潜器自身通过一条缆索与水面母船连接，此种缆索往往兼做水面母船供电给深潜器的电缆之用。

1.3.4　发展中的高性能船舶

上述各类船舶均属排水型船舶，即包括船体、货物、人员等在内的全部重力都是由船体在水中部分的浮力所支承的。排水型船舶浸没在水中的船体部分在航行中受到了很大的水阻力，严重影响了船舶速度的提高。为此，世界各国的造船专家和学者们转而研究将船体部分或全部脱离水面，以避开水的巨大阻力，使船舶在空气中航行，由此出现了一些新型的高性能船舶。

所谓高性能船舶主要是指那些具有某种优良性能的船舶，这些性能包括快速性、两栖性、耐波性、抗风性、浅吃水、较小的水下物理场（磁场、声场和压力场）、水下抗爆炸能力、宽敞的客舱和甲板面积等。因此，用高性能船舶来统称这些船舶比用高速船更贴切，有些教材也将此类船舶笼统地称为特种船舶。

以下简单介绍几种应用比较广泛的高性能船舶，包括水翼船、气垫船、冲翼船、高速双体船。

1）水翼船（艇）

水翼船（艇）是一种在船体下装有类似于飞机机翼的水翼，在船达到一定航速时，水翼产生的升力将全部或部分船体抬出水面，大大降低水阻力，从而获得较高速度的一种船型。

水翼的剖面形状和作用原理与飞机的机翼相似，只是因为水的密度比空气大得多，所以抬起同样重量所需要的水翼尺寸比飞机的机翼要小得多。另外，水翼产生升力的大小与流速、翼型、冲角、面积和浸深等因素相关（机翼原理）。

水翼船按水翼与水面的相对位置大致可分为割划式和全浸式两类，如图 1-36 和图 1-37 所示。按水翼数目可分为单水翼和双水翼，按控制方式可分为自控与非自控，按能否收放可分为固定与收缩等多种。

图 1-36　割划式水翼船

图 1-37　全浸式水翼船

　　割划式水翼具有自动稳定性、不需控制系统、结构简单,但受波浪作用影响较大、适航性差,一般用于在风浪较小的内河、湖泊和沿海航行的船舶上。而水翼浸水深度超过弦长的全浸式水翼耐波性能优良,但没有自动稳定性,它必须有一套装置复杂的自动稳定系统来保证它的起飞高度和纵、横向稳定性;又因吃水深和宽度大,还须配有水翼收放装置,便于靠离码头。所以它的结构复杂且造价较高,但它受波浪影响小,可用于对适航性要求较高的海洋水翼船上。

　　水翼船的船体一般采用钢材、铝合金或玻璃增强纤维塑料,水翼采用不锈钢和钛合金。动力装置采用高速柴油机和燃气轮机,推进器一般采用水动螺旋桨、空气螺旋桨或喷水推进的方式。水翼船具有优良的快速性,速度可达 60 kn。当采用变剖面水翼后,在翼航时,最大航速可达 75 kn(超空泡水翼船)。全浸式自控双水翼船还具有优良的适航性,它的抗风浪能力约比同吨位的其他船型高二级海况。水翼船的主要缺点是因受水翼空泡的限制,当航速大于 60 kn 时,就须采用超空泡水翼,因此提高了造价。水翼船向大型化(大于 1 000 t)发展还存在着因水翼的吃水和宽度在使用上受环境(主要是水深和码头设施等)的限制很大等有待解决的技术难点。此外,水翼船完全依靠助航标志导航,航速快,助航标志在夜间难以辨认,所以一般不夜航。

　　目前,民用水翼船可作为轻型、高速、短途用的客船、渡船、客货船、游艇、体育赛艇等。军用水翼船可作为导弹艇、鱼雷艇、猎潜艇、巡逻艇等。

　　2) 气垫船

　　气垫船是利用高于大气压的压缩空气在船底和支承表面(水、地、沙滩等)间形成静态气垫,从而托起船体离开水面,减少航行水阻力,提高航速的一种船型。

　　气垫船按其工作状态的不同可分为全垫升式气垫船和侧壁式气垫船两种。

　　(1) 全垫升式气垫船。全垫升式气垫船也称为全浮式气垫船,如图 1 - 38 所示,在船底周围装有柔性围裙,防止空气逸漏,以节省鼓风机功率,并在甲板上装有空气螺旋桨作为推进器。在航行时,全垫升式气垫船将船体托起离开水面(或地面),故具有优良的两栖性,可航行于水面、沼泽、田野、冰面或河滩之上。缺点是造价高、空气螺旋桨寿命短、续航力差、波浪中的失速高、野外噪声大。

　　(2) 侧壁式气垫船。侧壁式气垫船在两舷装有刚性侧壁并插入水中,如图 1 - 39 所示,首尾装有气封装置,阻止气垫内的压缩空气外逸。工作时,压缩空气自侧壁打到水面形成气垫。航行时,船体大部分被托出水面,但侧壁仍留在水中。侧壁式气垫船用水下螺旋桨或喷水推进装置作为推进器,侧壁式气垫船不能离开水面航行,不具有两栖性,快速性也较前者逊色。侧壁式气垫船的经济性较好,可向大型化方向发展。

图 1 - 38　全垫升式气垫船

图 1 - 39　侧壁式气垫船

　　气垫船的船体材料一般采用质轻、强度高的材料,如铝合金、高强度钢和玻璃增强纤维塑料等,以减轻自重。全垫升式气垫船的围裙则用高强度尼龙橡胶布,动力装置常用直升机发动机、燃气轮机或高速柴油机等。

　　3) 冲翼船(艇)

　　水翼船和气垫船的船体已经能部分或全部地被抬出水面,从而降低了水阻力,大大提高了航速。但是,它们的水翼、侧壁或围裙还留在水面,这在一定程度上仍影响到船舶的航行性能和航行速度。为了进一步将船体抬离水面,人们开始研究空气机翼表面效应原理在造船技术上的应用,出现了冲翼船(艇),在我国命名为掠海地效翼船。

掠海地效翼船的形态特征是装有较为显眼的机翼,粗看似一架水上飞机,其抬离水面的力量则是来自高速航行的机翼,在运动状态下,迫使气流进入艇翼与水面之间,此时空气激烈受阻滞,使翼面下的压力骤增,形成了动态气垫,从而使艇体被支撑在距水面一定距离的空气中。气垫船与它的不同之处是:气垫船是靠鼓风机将空气压入船底的围裙或侧壁内形成静态气垫使船升起的,这样要花费很大的功率,约占主发动机功率的 1/3～1/2。掠海地效翼船不需要静态气垫的支撑,因此,当它在达到与气垫船同样速度时所需要的功率要小于气垫船。

掠海地效翼船必须保持在较低的相对飞行高度(离水面的高度小于翼弦长度)下飞行,才能利用表面效应产生动态气垫。因此,为了在波涛汹涌的大海中飞航,掠海地效翼船的尺寸必须做得足够大才能胜任航行。图 1-40 所示为我国自行设计建造的天鹅号掠海地效翼船。

图 1-40　天鹅号掠海地效翼船

掠海地效翼船具有航速高、机动性能好的特点,同时它还具有两栖性能,它是介于飞机与船舶之间的运输工具。由于掠海地效翼船在静止状态时仍漂浮于水中,起飞时仍依赖于海面,故仍划分在船舶系列之中。掠海地效翼船不仅可以作为快速客货船,还可以作为反潜、登陆和战斗的舰艇。

4) 高速双体船

高速双体船是由两个瘦长片体通过中间连接桥连在一起构成的,结构简单,甲板面积大,采用螺旋桨或喷水推进装置。高速双体船属于排水型船舶,航速越高,船的阻力越大,因此它的最大航速一般不超过 35 kn。

高速双体船的种类很多,但一般可分为普通高速双体船、小水线面双体船和穿浪双体船。

(1) 普通高速双体船。由于普通高速双体船的设备简单,既没有水翼船复杂的自控和水翼系统,也没有气垫船的围裙与升力系统;既没有小水线面双体船复杂的自控和传动系统,也没有穿浪双体船复杂的船体结构与外形;但它有比单体船更为宽敞的甲板,因此成本较低,建造与维护简单,受到了用户的欢迎,近年来在高速客船中获得了优先发展。它的缺点是高速时阻力性能较差,耐波性也不太理想。图1-41所示为普通双体船。

图 1-41 普通双体船

　　(2) 小水线面双体船。小水线面双体船基本上由三大部分组成,即水下体(提供浮力)、桥体结构(生活与工作平台)、支柱(呈双凸流线型截面,作为前两者的联结体),如图1-42和图1-43所示。

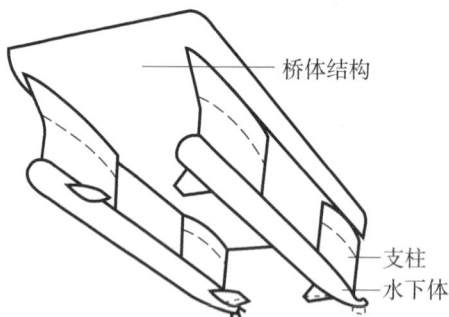

图 1-42 小水线面双体船示意图

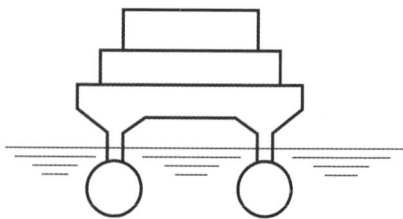

图 1-43 小水线面双体船横截面图

　　小水线面双体船是由常规双体船演变而来的,既保留了常规双体船甲板宽敞、横稳性好的特点,同时又具有良好的耐波性,一般可在6级海况下航行。缺点是吃水深、船舶浮态对船舶载重量变化敏感、自稳性差,需要增加一套较复杂的鳍翼以控制船在海面上的运动和航态,另外动力传动较复杂。

　　小水线面双体船是正在发展中的一种新船型,并有大型化的趋势,目前的最高航速为 30 kn,主要用作海洋调查船、客船、直升机母舰等。

　　(3) 穿浪双体船。为了改善高速双体船的耐波性,澳大利亚国际双体船公司于 20 世纪 80 年代初开展了高速穿浪双体船的研究。在双体船的基础上采取了一些措施,如采用小的干舷、长而瘦削的片体、高高抬起的主船体、扩大两片体间的横向间距,这样就加大了摇摆的频率,减小了波浪干扰,并减小了船体的横摇、波浪抨击及失速,改善了布置(见图 1-44)。由于没有复杂的设备和突出的难点,因此穿浪双体船获得了迅猛的发展。1984 年建成第一艘 1.1 t 的试验艇,到 1990 年建成 700 t 左右的 74 m 长的穿浪艇,仅花了 7 年的时间。1996 年建成了总重达 5 000 t、总长达 126 m、航速达 40 kn 的大型高速穿浪双体船,大型化发展异常迅速。由于船舶吨位加大,航速仍维持在 40 kn,因此有较好的快速性与经济性。澳大利亚国际双体船公司为英国制造的 74 m 的穿浪双体船以自航的方式横渡印度洋,穿过苏伊士运河抵达英国。它的交船航程达 13 000 n mile(1 n mile=1.852 km),相当于绕地球半周。 高速双体船由于有宽敞的甲板,便于舱室布置,因此发展较快。

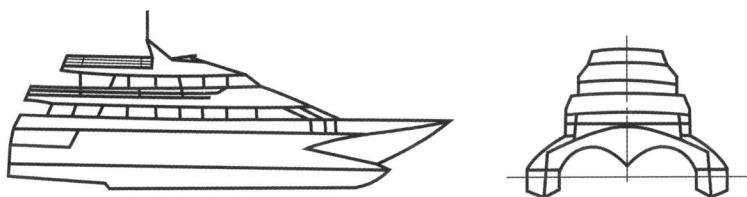

图 1-44　穿浪双体船示意图

本章小结

　　船舶是能航行或停泊于水域内,用以执行作战、运输、作业等任务的运载工具,是各类船、舰、舢板、筏及水上作业平台等的统称。船舶种类繁多,有多种分类方法,按照用途可将船舶分为军用舰艇与民用船舶两类,军用舰艇主要有战斗舰艇与辅助舰艇等;民用船舶主要有运输船舶、工程船舶、渔业船舶、工作船舶等。除此之外,还有具有某方面突出性能的特种船舶,或者称为高性能船舶。

习题与思考题

一、名词解释

船舶,运输船舶,集装箱船,散货船,油船,液化气船。

二、简答题

(1) 船舶常用的分类方法有哪几种?

(2) 运输船舶的发展趋势是什么?

(3) 杂货船、散货船和液货船的装卸方式有何区别?

(4) 全集装箱船、滚装船及载驳船的装卸方式有何异同?

(5) 客船与货船在外观及性能上有何区别?

三、选择题

(1) 挖泥船属于下列哪类船舶?(　　　)

A. 运输船舶　　　B. 港务船舶　　　C. 工程船舶　　　D. 渔业船舶

(2) 起重船属于下列哪类船舶?(　　　)

A. 运输船舶　　　B. 港务船舶　　　C. 工程船舶　　　D. 渔业船舶

(3) 集装箱船属于下列哪类船舶?(　　　)

A. 运输船舶　　　B. 港务船舶　　　C. 工程船舶　　　D. 渔业船舶

(4) 散货船属于下列哪类船舶?(　　　)

A. 运输船舶　　　B. 港务船舶　　　C. 工程船舶　　　D. 渔业船舶

(5) 成品油船属于下列哪类船舶?(　　　)

A. 运输船舶　　　B. 港务船舶　　　C. 工程船舶　　　D. 渔业船舶

(6) 2万~4万载重吨的散货船属于(　　　)。

A. 好望角型　　　B. 灵便型　　　C. 苏伊士型　　　D. 巴拿马型

(7) 6万~8万载重吨的散货船属于(　　　)。

A. 好望角型　　　B. 灵便型　　　C. 苏伊士型　　　D. 巴拿马型

(8) 10万~18万载重吨的散货船属于(　　　)。

A. 好望角型　　　B. 灵便型　　　C. 苏伊士型　　　D. 巴拿马型

(9) 16万~32万载重吨的油船属于(　　　)。

A. 巴拿马型油船　　　　　　　B. 巨型油船(VLCC)

C. 苏伊士型油船　　　　　　　D. 超大型油船(ULCC)

(10) 32万~55万载重吨的油船属于(　　　)。

A. 巴拿马型油船　　　　　　　B. 巨型油船(VLCC)

C. 苏伊士型油船　　　　　　　D. 超大型油船(ULCC)

第 2 章

船舶尺度及布置

船体的几何形状,特别是它的水下部分,与船舶的各项性能有着密切的关系。船体的几何形状是一个瘦长呈多向变化的复杂几何曲面,因此在研究船体的各项性能之前,首先要了解船体几何形状的表达方法,即表征船体特征的数值和尺度,以及船体曲面图形的表示方法。

2.1 船舶外形的一般特征

2.1.1 船舶外形的一般特征及术语

1) 船舶的主要外形

一般运输船舶的主要外形如图 2-1 所示。由图 2-1 可知,船舶整体左右对称于船体中心线(记为 ℄),船中前部分和船中后部分不对称于船长中点(记为 ⊠),船体主甲板(船舶最上层连续纵通的甲板)将船舶分成主甲板以上的上层建筑部分(包含所有建筑物)和主甲板以下的主船体部分。主船体又被载重水线(记为 WL)分成主船体的水下部分和主船体的水上部分。主船体与水相接触的水下部分的尺度和形状直接影响到船舶各项航海性能的优劣,如浮性、稳性、快速性、耐波性与操纵性等。主船体水上部分的尺度和形状不仅影响各个舱室所需的容积,还与抗沉性和大倾角稳性有关。整个主船体(包括载重水线以上及以下部分)的尺度及形状还与船体的总纵强度有关。

从使用目的出发,在主船体内部用内底、甲板、平台、水密横舱壁和水密纵舱壁将其分割成若干个空间,并根据使用要求,布置成各种不同用途的舱室,如首尖舱、货舱、隔离舱、深舱、机舱、尾尖舱等。

常见的沿海船舶、远洋运输船舶都采用一个螺旋桨(单桨)和一个舵(单舵)。

船的左舷和右舷的定名基准是:当驾驶员站立于驾驶台,脸朝着船首时,他的右侧即为船舶的右舷,左侧即为船舶的左舷。

2) 船舶的各部分名称术语

船舶的各部分名称术语如图 2-1 所示。

(1) 正视图如图 2-1(a)所示。

(2) 侧视图如图 2-1(b)所示。

(3) 俯视图如图 2-1(c)所示。

(4) 上层建筑如图 2-1(a)所示。

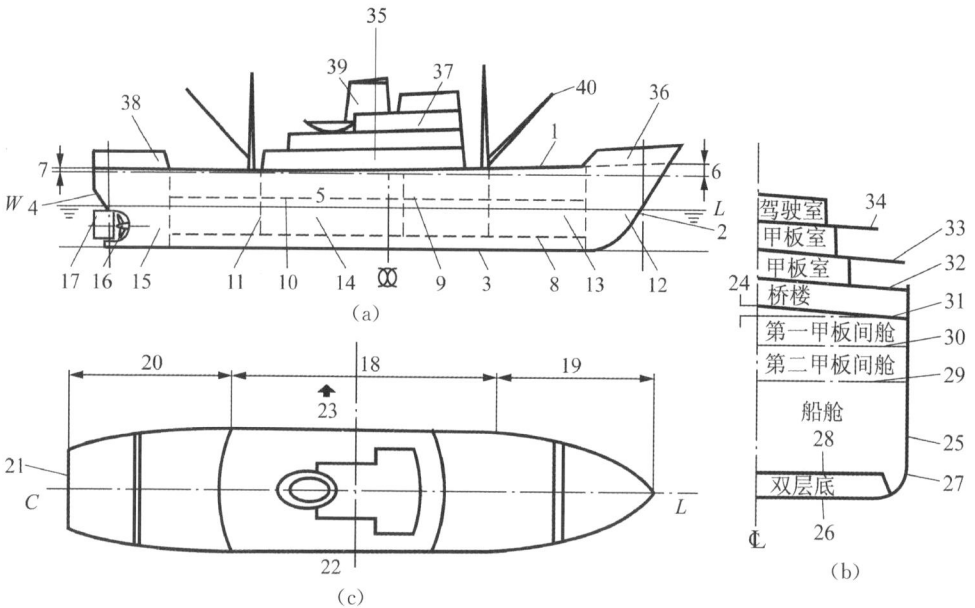

1—主甲板;2—船首线;3—船底线;4—船尾线;5—主船体;6—首舷弧;7—尾舷弧;8—内底;9—第二甲板;10—平台;11—水密横舱壁;12—首尖舱;13—货舱;14—机舱;15—尾尖舱;16—螺旋桨;17—舵;18—平行中体;19—前体部分;20—后体部分;21—船封板;22—右舷;23—左舷;24—梁拱;25—直壁式舷侧;26—平底;27—舭部;28—内底;29—第三甲板;30—第二甲板;31—主甲板;32—桥楼甲板;33—艇甲板;34—驾驶甲板;35—上层建筑;36—首楼;37—船桥楼或甲板室;38—船尾楼;39—烟囱;40—起重设备(包括桅杆及吊杆)。

图 2-1 船体主要特征外形

(a) 正视图 (b) 侧视图 (c) 俯视图

2.1.2 船体(主船体)的三个互相垂直的典型剖面

确定一个物体的大小,通常可根据它的长、宽和高决定,但由于船体表面是非常复杂的曲面,只用这三个度量无法具体描述船体的几何形状,因此工程上习惯用图形表示,即用制图投影方法以侧视图、俯视图和正视图这三个视图来表示它的几何外形。

　　将船体(主船体)外形轮廓用三个相互垂直的平面进行切割,得到三个互相垂直的船体基本(投影)剖面,如图 2-2 所示,并以此构成船体坐标系。

　　这三个相互垂直的剖面分别是中纵(纵中)剖面、中横(横中)剖面与设计水线面。

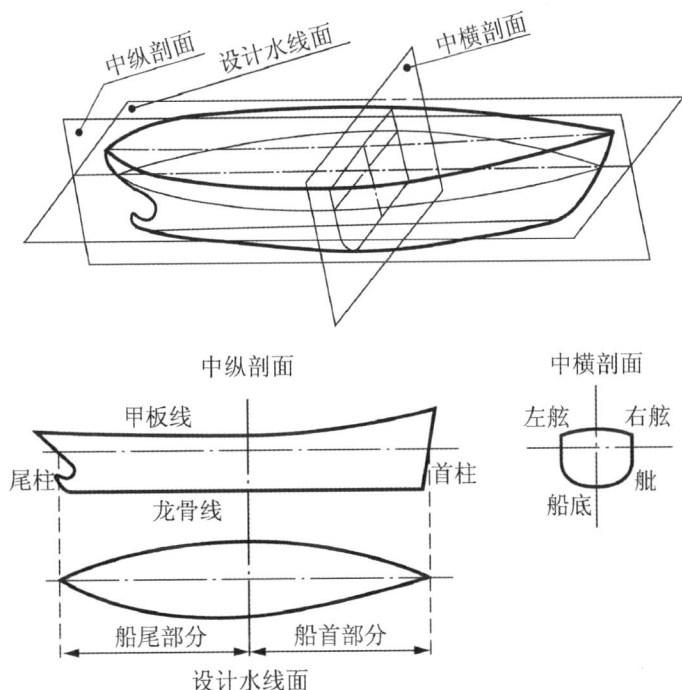

图 2-2　三个相互垂直的剖面

　　1) 中纵(纵中)剖面

　　中纵(纵中)剖面(central longitudinal section)是中纵平面上的船体剖面(也称中线面)。中纵平面是通过船体上甲板中线的垂向平面,它把船体分为左右两个对称的部分。

　　2) 中横(横中)剖面

　　中横(横中)剖面(mid ship section)是中横平面上的船体剖面(也称中站面),用符号⊗表示。中横平面是通过船长中点(垂线间长中点,以下不特殊指明时,船长指垂线间长,用 L 表示)的横向中垂平面,它把船体分为前后两部分。

　　3) 设计水线面

　　设计水线面(designed waterline section)是设计水线平面上的船体剖面。设计水线平面是以船设计时规定的载荷所漂浮的水平面,它把船体分为水上和水下两部分。

2.1.3 船体形状特征

1) 中纵剖面

中纵剖面反映了船体的侧面形状。表示出甲板线、船底线(龙骨线)以及首部、尾部的轮廓线。

甲板线分为直线和舷弧两种。海洋船舶的甲板线一般是一条自船中向首和尾两端升高的曲线。舷弧(sheer)是沿船长 L 各处的甲板边线高度与在船中部甲板边缘处作与水线面平行的水平切线间的高度的差值。其中在首垂线处的差值为首舷弧,在尾垂线处的差值为尾舷弧。目前不少船舶常采用标准舷弧,其计算式为

$$首舷弧高度 = 1.666L + 50.8 \text{ cm}$$
$$尾舷弧高度 = 0.833L + 25.4 \text{ cm}$$

式中,L 的单位为 m。从上式中可以看出,首舷弧高度是尾舷弧高度的 2 倍,首部甲板抬高是因为要抵御风浪,使船首甲板保持干燥以便于水手操作和保证安全。

现代大型船舶,尤其是超级油船及大型集装箱船,由于船体巨大,上层甲板高出水面甚多,已使舷弧不再必要,加之为了简化工艺,多采用平甲板。

一般运输船舶和军用舰艇的船底线是水平的,这样便于制造和进坞修理。拖船和渔业船舶的船底线一般都做成向尾倾斜,这样就可以装置较大直径的螺旋桨而增大船的拖力。潜水艇为了改善船的回转性而减小了首尾两端的侧面面积,把甲板和船底都做成弧形。有些快艇船底做成阶梯形,使船在高速航行时产生的水动力将船升举而在水面滑行。

现代大多数船舶有向前倾斜的首柱,下端成圆弧形。这种船首不仅外形美观,而且增大了船首甲板面积。近年有不少船舶为了改进船舶的快速性,把首柱的下部做成球鼻形,这就是所谓的球鼻首。也有些船为了减小船体水下外壳表面的面积和改善船首处的水流而把船首做成斜削形。破冰船的船首形状是显著的斜削形,那是为了使船首能冲上并压碎冰层。军用舰艇的首柱和船底龙骨相接处几乎没有圆弧,这是为了便于装设扫雷工具。

现代船舶多采用巡洋舰式船尾,这不仅是为了获得较好的尾部水流,改进船的快速性,而且对舵也起到了较好的保护作用。巡洋舰式船尾的形式很多,军用舰艇为了改善快速性和回转性,把船尾伸出较长且下部切削较多。方形尾也是巡洋舰尾的一种,使甲板尾端的形状便于布雷、撒网,因此为某些舰艇和渔业船舶所采用。

同时,方形尾也简化了制造工艺,所以目前也为一些运输船舶所采用。

2) 中横剖面

船的横剖面是左右对称的,它由主甲板线(横向)、舷侧线和船底线组成,如图 2-3 所示。

为了排除积水,船的甲板从中线逐渐向两舷下降,下降高度 FH 称为梁拱(camber),幅度约为型宽的 2%。

船的舷侧有垂直的;有向船内倾斜的,称为内倾(tumble home);也有向船外展开的,称为外倾(flare)。内倾如图 2-3 所示。

图 2-3　船的中横剖面

船底(ship bottom)有平底(flat bottom)和尖底(sharp bottom)两种。船底板从龙骨板向左右延伸,如果沿水平方向延伸,则整个船底是水平的,称为平底船。许多内河船为了在最小的吃水有最大载重量而制成平底。如果沿一定坡度向两舷延伸,则船底是倾斜的,称为尖底船。船底的倾斜程度用船底板延伸线与横向基线的夹角来表示,该角称为升角(angle of rise)。也可用船底线与横向基线在舷侧的距离来表示,该距离称为底部升高(rise of floor),即图 2-3 中的 MN。它们的大小因船型而异。形状丰满的货船其值较小,这样可增大货舱的容积;形状瘦削的船一般有较大的升角以改善水阻力,以及配合较大的舭半径。底部升高如图 2-3 所示。

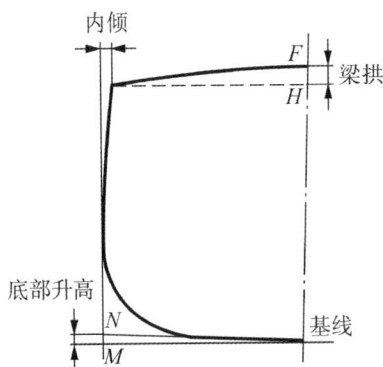

舷侧和船底的连接处称为舭部(bilge)。货船舭部的形状多呈圆弧形。采用舭圆弧的目的是使舷板和船底板相接处可以有光顺圆滑的表面。舭部具体形状由舭圆弧的半径决定。形状丰满的货船通常拥有较小的半径,在两舷和船底间形成小圆角。

3) 设计水线面

设计水线面表示船舶设计水线的形状,呈左右对称。低速运输船舶为了改善货舱的布置和简化制造工艺,把船长中部一段的横剖面的大小和形状保持不变,这段船体称为平行中体(parallel middle body)。平行中体的设置与阻力性能关系很大。自平行中体向前至船首端部称为前体部分,自平行中体向后至船尾端部称为后体部分。

4) 上层建筑

上层建筑在船舶主甲板以上,上层建筑形式中的船楼包含船首楼、船桥楼和船尾楼三种形式。船楼是两舷侧壁板向上延伸到高出主甲板 2.2~2.3 m 的结构物。

运输船舶的最上层的强力甲板就是上甲板,有时也称为主甲板。主机舱的机舱开口如设于此甲板,则机舱开口四周装有机舱舱口围板,以补偿开口强度,防止海水倒灌入机舱。

凡在主甲板上建有船首楼、船桥楼及船尾楼的船舶称为三岛式船型,其主机舱开口设于船中部的桥楼甲板上。如果将船尾楼与船桥楼合成一体的船型则称为长尾楼船型。船首楼与船尾楼之间的甲板,低于船首楼与船尾楼甲板,使船舶呈凹甲板型,此种船舶称为长尾楼凹甲板船型,该种船舶的主机舱开口设于船尾部长船桥楼上。

凹甲板船型还包括船首楼、船尾楼和中部甲板室(与两侧舷板不相连的独立建筑物)组成的船舶。另一种船型称为带有船首楼的平甲板船型,它在主甲板上仅有船首楼,主机舱开口及机舱围壁设于主甲板上。最后一种称为全通甲板船型,此种船舶在主甲板上没有上述定义的船楼、主机舱开口及机舱围壁。

2.2 运输船舶的主要参数

2.2.1 船舶主要尺度

船舶主要尺度是用来表示船舶大小的度量,包括船的长度、宽度、深度、吃水和干舷等。

船舶主要尺度是计算船舶各项性能的参数,衡量船舶大小,收取各种费用,检查船舶能否通过船闸、运河等限制航道的依据。为便于比较,船舶的主要尺度都遵循统一的度量规定。根据船舶主尺度的用途不同,主尺度可分为三类:型尺度、最大尺度和登记尺度。

型尺度是在主船体的型表面上所量取的尺度。型表面是船体钢板的内表面,即去掉钢板厚度丈量所得到的尺度。型尺度也是理论尺度,主要用于船舶设计及性能计算。

最大尺度是包括船体构件及固定在船上的附属突出物在内所丈量得到的尺度。它是检验船舶在建造和营运时考虑受到外界条件限制的依据。

登记尺度是根据《船舶丈量规范》的规定进行丈量所得到的尺度,是船舶登记、吨位计算及交纳费用的依据。

1) 船长

(1) 型长。船体的型长度根据具体的使用目的有几种不同的表示方法。主要有总长(L_{oa})、垂线间长(L_{bp})和设计水线长(L_{wl})。一般不特殊指明时,船长 L 指垂线间长。

垂线间长(length between perpendiculars)或称两柱间长,一般用符号 L_{bp} 表示,它是指在设计水线或夏季载重线上从船首柱(stem)前缘量至舵柱后缘之间的水平距离,也是首垂线和尾垂线之间的水平距离。在船首柱前缘和设计水线相交点所作的垂线称为首垂线。在舵柱后缘与设计水线相交点所作的垂线称为尾垂线。如果在船尾没有舵柱,则以通过舵杆中心线的垂线作为尾垂线。

与基平面相平行的任一水线面与船体型表面首尾两端交点之间的水平距离是水线长度(length of waterlines)。设计水线面与船体型表面首尾两端交点之间的水平距离为设计水线长(length of designed waterline),用 L_{wl} 表示。

从船首最前端量到船尾最后端的水平距离称为总长(length over-all),用 L_{oa} 表示。

(2) 最大长度。最大长度是计入船体首尾两端钢板厚度及在两端的永久性固定突出物后的船舶最大长度。一般认为船体总长也是船体的最大长度(maximum length),用 L_{max} 表示。其主要应用于船舶停靠泊位,在狭窄水边掉头或入坞。船体各种长度如图 2-4 所示。

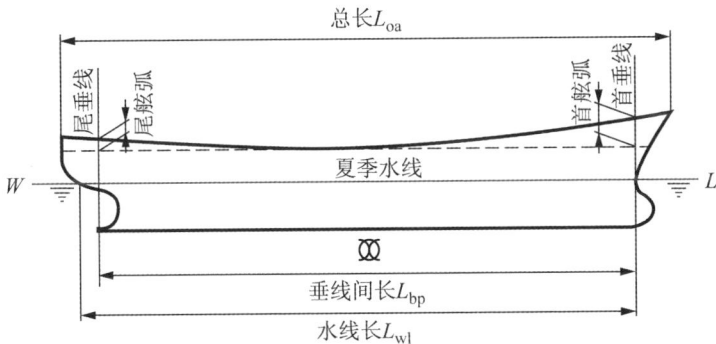

图 2-4　船体长度

(3) 登记长度。登记长度一般用 L_r 表示,是船舶主甲板上的首柱前缘到尾柱后缘(若无尾柱,则量至舵杆中心线)的水平距离。

2) 船宽

(1) 型宽(mould breadth)。设计水线面的最大宽度称为船的型宽,如图 2-5 所示。我们一般所指的宽度是指此宽度,用 B 表示。一般船体最宽的部分在船舶垂线间长的中央部分,所以型宽在这种情况下即指船舶中央部分的宽度。

(2) 最大船宽(maximum breadth)。最大船宽是包括舷侧板厚度和护舷木在

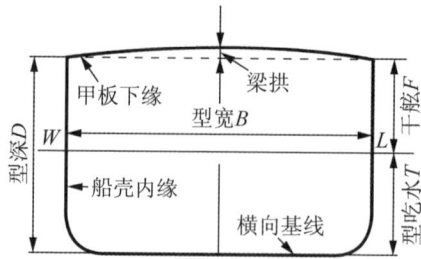

图 2-5 船体主要尺度

内的最大宽度,用 $B_{\max}$ 表示。

（3）登记宽度。登记宽度为船体最大宽度处的水平距离（包括两舷外板,不包括固定突出物）。

3）型吃水

船舶吃水是船舶浸沉深度的一个度量,它随载货重量的不同而变化。这个尺度只有型尺度,即型吃水(mould draft),用 T 表示。

型吃水即设计吃水,又称满载吃水,是指船舶装载至设计要求的货物后（一般为满载状态）的浸水深度,是在中横剖面上从设计水线或夏季载重水线量至船底基线的垂直距离。当首吃水和尾吃水不相等时,此值表示首尾吃水的平均值。

如图 2-6 所示,首吃水(fore draft) T_f 是沿首垂线,从设计水线量至船底基线（龙骨上缘）的垂直距离。尾吃水(aft draft) T_a 是沿尾垂线,从设计水线量至船底基线（龙骨上缘）的垂直距离。

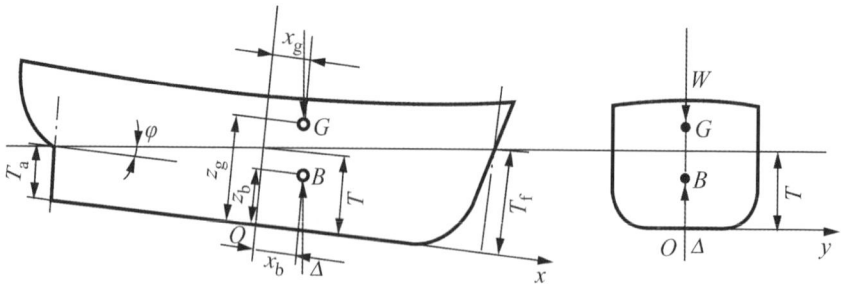

图 2-6 船舶首尾吃水

当首吃水大于尾吃水时船舶为首倾,反之为尾倾。在船舶有纵向倾斜时,用在中横剖面处从设计水线量至船底基线的垂直距离——平均吃水 T_m 来表示船舶吃水的大小。

4) 船深

(1) 型深(mould depth)。在型线图(用作图方法完整表达船舶的几何形状的图纸)上,从上甲板边缘最低处至船底基线的垂直距离为型深,记为 D 或 H。型深一般是指船舶最上层连续甲板在船中部的深度,如图 2-5 所示。

(2) 最大高度(maximum height)。船舶的最大高度是从设计水线沿垂线量至船的最高点的距离。在内河航行需要通过桥梁的船舶,船在空载情况下的最大高度有重要的实际意义,用 H_{max} 表示。

(3) 登记深度 D_r。登记深度 D_r 为中纵剖面上登记长度 L_r 中点处,从上甲板横梁上面量至龙骨顶板上面的垂直距离。若是双层底船,则为从上甲板横梁上面量至内底板上面的垂直距离。

5) 干舷

干舷(freeboard)是船体型深中未浸入水中的那部分高度,即船体中部从设计水线到上甲板上表面(上层连续甲板横梁上缘)的垂直距离,记为 F,如图 2-5 所示。

一般船舶在首、中、尾三处的干舷是不同的,通常所说的干舷是接近船中处干舷的最小值。干舷 F、吃水 T、型深 D 三者有如下的关系:

$$F \approx D - T \tag{2-1}$$

6) 基线

在船底与龙骨上缘相切的水平面称为基准面。基准面(base plane)与中横剖面的交线称为横向基线,如图 2-5 所示。基准面与中纵剖面的交线称为纵向基线。基线(base line)是一条与设计水线平行的水平直线。在船舶设计及建造过程中,基线是一条很重要的基准线。

通过上述船舶的主尺度可以表达船体的绝对大小。

2.2.2 船体的主尺度比

船体的主尺度之间的比值称为船体的主尺度比。通过此值能大概表达船体的性能,当然这种表达方式只是粗略的,要具体表达还需要更多的因素和数据。

常用的主要尺度比有以下几项:

1) 长宽比 L/B

它影响船舶的快速性。L/B 值越大则船体形状越是瘦长,而对高速船来讲,总阻力就越小。反之,L/B 值越小则船体形状越是丰满,用于低速船。

2) 长深比 L/D

它与船体纵向强度有关。在强度上船体可以作为一个变截面的空心梁来考虑,L/D 比值越大,则梁的形状越是扁长,它的抗挠强度将较弱,反之则较强。

3) 型深吃水比 D/T

它影响船舶的抗沉性或安全性。D/T 值越大则船体在水上部分的相对高度越大,甲板上浪的可能性越小,当发生海损事故时,船能保持较多的浮力,所以增加了船的抗沉性和安全性。

4) 型宽吃水比 B/T

它影响船舶的稳性。B/T 较大的船必然是吃水浅而宽,可以具备更好的稳性,不易翻没。反之,则吃水深而船体窄,稳性就较差。

5) 长吃水比 L/T

它影响船舶的操纵性。较长而吃水浅的船较难操纵,反之,较短而吃水深的船便于操纵。

由于船舶的用途和使用条件是多样的,它们都具有各自不同的尺度比,尺度比所包括的范围也较广。现将它们的大致尺度比分列如下:

L/B:4～10(货船 6～8);

L/D:货船 10～14;

D/T:1.1～3(货船 1.1～1.5);

B/T:1.8～4(货船 2.0～2.6);

L/T:10～30(货船 11～20)。

2.2.3 船型系数

船型系数是表示船体水下形状丰满度的无因次系数,是船上某一面积(或体积)与一假想面积(或体积)的比值,它与船舶航海性能有更密切的关系。主要有下列几项:

1) 方形系数 C_b

方形系数(block coefficient)或排水量系数(displacement coefficient)是船体的排水体积$\mathbf{\nabla}$(船浸没水中所排开水的体积)与船长 L、型宽 B 和吃水 T 围成的长方体体积的比值,如图 2-7 所示。用公式表示,即

$$C_b = \frac{\mathbf{\nabla}}{LBT} \tag{2-2}$$

方形系数反映了船体水下形状总的分布情况,因此它直接影响到船舶的装载能力和船在水中航行时所受到的阻力,它是研究船舶性能的一个很重要的系数。

同样长、宽、吃水的船体,不同的方形系数可以表达各船体的不同丰满程度。

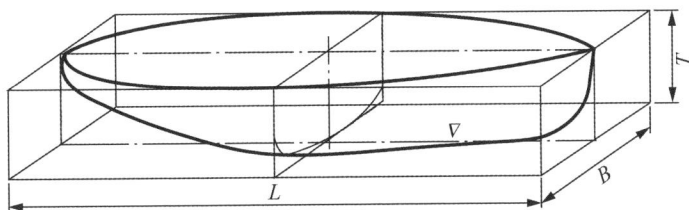

图 2-7　方形系数

　　方形系数大时表示船体丰满,具有较大的排水体积并能装载更多的货物;反之,方形系数较小时,在同样主尺度下的船就具有较小的排水体积,船体瘦削,因而可以具有较高的航速。一般货船的方形系数为 0.68~0.80,客船为 0.5~0.72。

　　2) 水线面系数 C_w

　　水线面系数(water plane coefficient)是水线面面积 A_w 与其相应船长 L、型宽 B 围成的长方形面积的比值。C_w 一般表示的是通过设计水线的水线面系数,如图 2-8 所示。

$$C_w = \frac{A_w}{LB} \qquad\qquad (2-3)$$

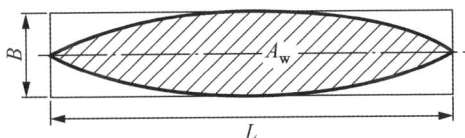

图 2-8　水线面系数

　　水线面系数表示了水线面的丰满程度。货船为了尽量扩大载货舱位而把形状尽量做得丰满,它的中部还有一段平行中体,所以设计水线面系数就较大(0.8~0.9);客船及航速较高的集装箱船等为了提高航速、减少阻力,形状较为瘦削,没有平行中体或平行中体很短,它们的设计水线面系数就较小。所以,一般航速高的船在设计时选用较小的 C_w,而航速低的则相反。

　　3) 中横剖面系数 C_m

　　中横剖面系数(midship section coefficient)是船中横剖面水下面积 A_m 与型宽 B、吃水 T 围成的长方形面积的比值,如图 2-9 所示。用 C_m 表示,即

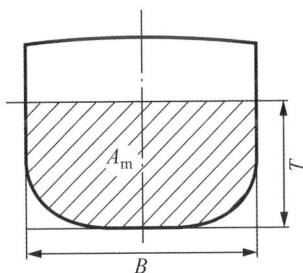

图 2-9　中横剖面系数

$$C_{\mathrm{m}} = \frac{A_{\mathrm{m}}}{BT} \qquad (2-4)$$

船中横剖面系数反映了中横剖面的丰满程度,货船为了尽量扩大载货容积,两舷垂直,船底无升角或很小,舭半径很小,所以具有大的 C_{m}(0.95~0.98);而航速高的船舶具有较大的升角及舭半径,故 C_{m} 就较小(0.8~0.96)。

4)纵向棱形系数 C_{p}

纵向棱形系数(longitudinal prismatic coefficient)是船体排水体积▽与船长 L、中横剖面水下面积 A_{m} 围成的棱柱体体积的比值,如图 2-10 所示。用 C_{p} 表示,即

$$C_{\mathrm{p}} = \frac{\nabla}{L A_{\mathrm{m}}} = \frac{C_{\mathrm{b}}}{C_{\mathrm{m}}} \qquad (2-5)$$

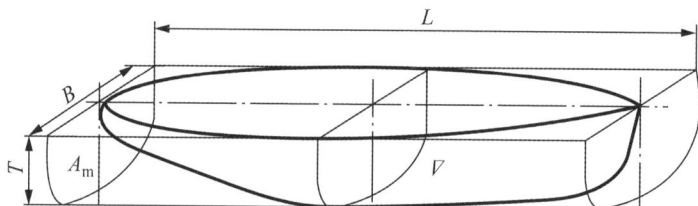

图 2-10 纵向棱形系数

纵向棱形系数表达了船体在水下部分的体积(船舶排水体积)沿船体纵向(船长方向)的分布情况。其值大则表示排水体积前后分布均匀,而值小则表示船体两端瘦削。一般货船的 C_{p} 值为 0.62~0.82,客船的 C_{p} 值为 0.56~0.77。

纵向棱形系数可推导成为方形系数 C_{b} 和中横剖面系数 C_{m} 的比值。

纵向棱形系数与船舶装载能力和船舶的航行阻力有关。

5)垂向棱形系数 C_{vp}

垂向棱形系数(vertical prismatic coefficient)是船舶排水体积▽与吃水 T、水线面面积 A_{w} 围成的棱柱体体积的比值,如图 2-11 所示。用 C_{vp} 表示,即

$$C_{\mathrm{vp}} = \frac{\nabla}{T A_{\mathrm{w}}} = \frac{C_{\mathrm{b}}}{C_{\mathrm{w}}} \qquad (2-6)$$

垂向棱形系数表示船舶水下部分在垂直方向的分布情况。垂向棱形系数大则表示船体在垂直方向上下形状接近,较为丰满而适用于载货量大的货船。反之,则船体在垂直方向形状变化大,船底部分狭尖,用于快速及较小的船舶。

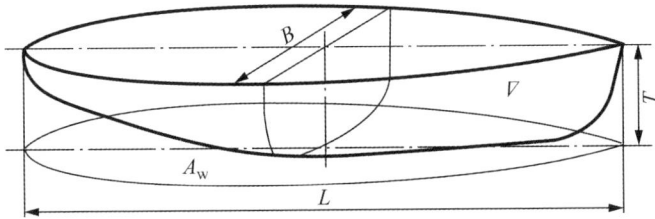

图 2 - 11　垂向棱形系数

　　垂向棱形系数可推导成为方形系数 C_b 与水线面系数 C_w 的比值。

　　一般所说的船型系数是对设计水线或满载水线而言的。对其他水线则应根据对应吃水下的 A_m、A_w 和 ∇ 值代入，求出其各系数值。因此，可据此画出这些系数和吃水的关系曲线，即船舶静水力曲线图，以供使用。对此，这里不做介绍。

2.3　船舶型线图

　　仅有上述船的主尺度、主尺度比和船型系数仍不能准确而完整地表达船体的几何形状。由于船体表面形状复杂，目前均用作图方法完整地表达船的几何形状，这种图称为船体型线图(lines plan)，如图 2 - 12 所示。

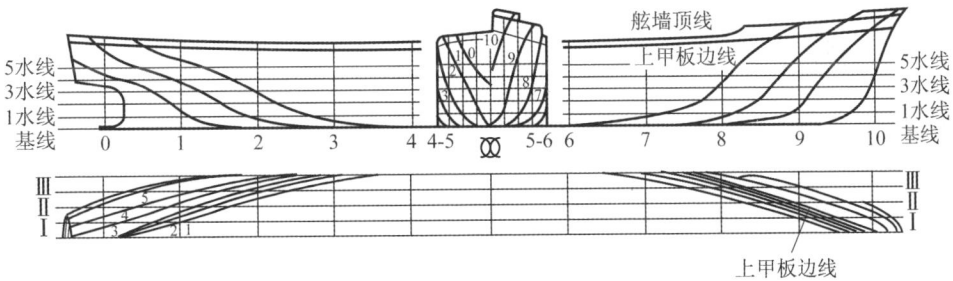

图 2 - 12　船体型线图

　　为了作出船体型线图，我们可以使用前述的三个主要相互垂直的剖面作为基准，分别作出与三个剖面平行的一系列彼此等距离的纵向平面、横向平面和水线面(见图 2 - 13)，这些平面与船体型表面相交的曲线相应地称为纵剖线、横剖线和水线。这三组曲线分别投影到中纵剖面、中横剖面和设计水线面上就相应得到如图 2 - 13 所示的纵剖线图、横剖线图和半宽水线图，它们组成船体型线图。因此，船体型线图是在三个相互垂直的投影面上，以船体型表面的截交线、投影线和轮廓线表示船体(主船体)外形的图样(图纸)。船体型表面是不考虑钢板厚度的船体表面,即钢板内表面。完整的型线图还应包括主尺度及主要参数及型值表。

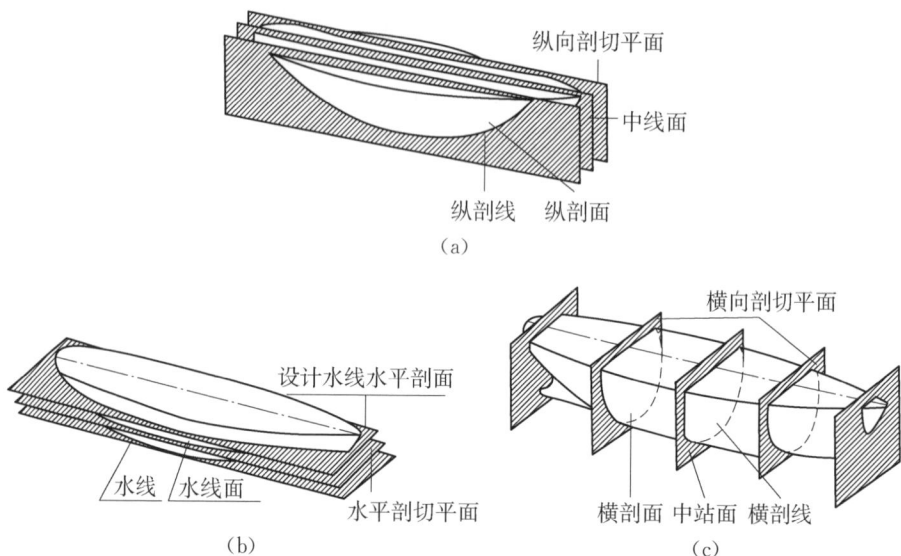

图 2-13 三组剖切面与三组剖切线

每一个曲线在一组主要剖面上的投影表现了它的真正形状,而在其他两个主要剖面上的投影则为直线。例如纵剖线图上表现了它真正的形状,而在横剖线图和半宽水线图上则是直线。由于船体的左右两舷是对称的,因此横剖线只要画出任一舷的一半既可,在横剖线图的右边画船中到首端的一半,而左边画船中到尾端的一半。水线图也只要画出一半即可,所以称为半宽水线图。一条纵剖线则是代表左右两舷的。

船体型线图上还绘有上甲板和船体型表面的交线,称为上甲板边线。纵剖线、横剖线和水线虽然是分别画在三个投影面上的,但它们的位置却都是相互对应的,即在任何投影面上的任何一点都应能在另两个投影面上找到它的对应点。

型线图是船舶设计、计算和建造放样的基准图,它完整而准确地反映了船体真实形状和大小。它是计算船舶排水量和各项航行性能的依据,是进行船舶总布置设计的依据,另外它还是船舶建造(船体放样)的依据。总之它是船上最重要的技术图纸。

型线图所表示的是船舶型表面,不包括船的外板,因此它所表示的尺度都是型尺度,如型长、型宽、型深和型吃水等。

2.4　船舶总布置

2.4.1　船舶总布置的目的

船舶总体布置又称船舶总布置,是船舶设计中的一项甚为重要的工作。船舶总布置的目的是要在保证航行性能和满足船舶营运要求的前提下,合理而又经济地确定船舶的整体布置,即划分并确定全船的舱室和位置,选择并布置各舱室的设备、家具与陈设,确定全船的出入口、梯口和通道,选择合适的船舶设备和安放位置等。船舶总布置的结果体现在总布置图上。

船舶总布置的好坏将直接影响船舶的使用性能、航海性能和经济性能。船舶总布置与船舶的使用要求是密切相关的。不同类型的船舶,由于使用要求不同,其布置特点也不同。船舶总布置的一般原则是最大限度地提高船舶使用效能及经济性,改善航行性能,改善生活条件,有良好的可达性。

船舶总布置可以分为主体部分的舱室布置和上层建筑的甲板布置两大部分。一般船舶上甲板以下的主体部分用于布置货舱、机舱、压载舱、燃油舱及淡水舱等;上甲板以上的上层建筑部分用于布置船员和旅客的工作和生活舱室,其中有些舱室的布置有特别的要求和规定。更多的舱室是按设计人员的设计思想进行的,没有统一的模式。

下面简要介绍一般运输船舶的主要舱室的布置特点。

2.4.2　船舶主船体的划分

船舶主体的内部空间由水密纵横舱壁和内底、甲板、平台做横向、竖向的划分。船舶主体空间按用途不同分割成大小不一、位置不同的若干个专门用途舱室后再做进一步的具体布置。

1) 水密舱室的设置

船舶水密横舱壁的作用是将船体在船长方向划分为若干船舱,将货舱、机舱、储藏舱等相互隔开,并保证船舶的强度与安全。

由于水密横舱壁的作用是多方面的,故其设置要求按不同类型的船舶有不同的考虑,但主要是根据使用性能、船舶强度和抗沉性等要求来决定的。

货船上除必须设置首尖舱舱壁(又称防撞舱壁)和尾尖舱舱壁外,从保证船舶的横向强度的角度出发,还须增设一定数量的水密横舱壁,其具体要求在船舶建造规范中有详细规定。这样所得到的水密横舱壁总数是货舱应具有的最低数目,但不一定能满足抗沉性的要求。为满足抗沉性的需要,横舱壁数可以增多,这对强度有利。但水密横舱壁数也不应过多,否则会增加船体重量,影响船舶港口作业效率。装运液货的船舶,为减少自由液面对稳性的影响,并且增加其总纵强度,往往在油舱内增设一定数量的纵舱壁。

对于客船的船舱划分,由于其直接影响旅客的生命安全,因此其要求比货船严格得多。在客船上水密横舱壁的数目与位置主要由抗沉性要求来确定。在《海船分舱和破舱稳性规范》中详细规定了国际和国内航行的客船的分舱与破舱稳性要求。在分舱的同时,还需要考虑防火区域的划分问题,即配合船舱的划分,将主船体、上层建筑及甲板室用防火舱壁分为几个主竖区,各主竖区的长度一般不得超过 40 m。这样当发生火灾时,即使不能把它限制在原发舱内,至少可限制在一个主竖区内,使之不能蔓延,以便于扑灭火灾。

2) 内底、甲板和平台的设置

内底、甲板和平台的作用是将船体在竖向分隔为数层,以增加舱室甲板面积或防止货物的混杂与挤压,并保证船舶的强度与安全。

船体内部的甲板层数主要取决于船舶的大小和用途。一般小型杂货船由于舱深有限,货物的堆放不易造成挤压,因此为简化结构,一般只设一层甲板。对于散货船、液货船及集装箱船,由于不存在货物挤压问题,所以即使较大吨位的散货船、液货船或集装箱船也都采用一层甲板。大中型的杂货船因载运的杂货货种繁多,为便于理货分票,减少货物挤损,常设 1～2 层或部分的 3 层甲板。客船既要布置数量较多的生活、居住舱室,又要保证一定水平的适居性,常设置数层甲板,以满足舱室布置面积的需要。内河客船的甲板层数通常为 4～6 层,沿海或近海较大客船的甲板层数为 6～8 层,至于数万吨级的远洋客船的甲板层数可达 10 余层之多。

平台的设置主要是从局部布置的需要来考虑的。如单甲板船舶的机舱为了缩短机舱长度,减少机舱的布置面积或增加货舱载货空间,常在机舱上部空间设置平台,用于布置辅机、配电板等设备。在船首部,因舷弧较大,有时用设置平台的方法来调整舱深。在中型船舶的尾部,考虑到轴隧两侧较狭窄,不便于装货理货,有时就在轴隧高度处设置平台甲板。

3) 双层底的设置

目前,凡中型以上的杂货船、散货船、集装箱船等船舶在船底几乎都设置双层底。双层底的设置不仅增强了船舶的强度,而且还有利于船舶的抗沉性。因双层底阻止了船舶破损后进舱海水的漫延,故对触礁、搁浅的安全性有保证。同时,双层底内的舱室可作燃油舱、淡水舱、压载舱之用。但小型船舶因受地位限制,一般不设双层底。双层底的高度在满足《钢质海船建造规范》要求的情况下,除考虑油水舱体积上的需要和满足管路安装、检修的要求须适当加高外，一般不宜过高，以免增加结构重量和损失货舱容积。双层底设置范围是从首部的防撞舱壁到尾尖舱舱壁。

4）机舱的设置

机舱位置的确定将影响船舶上层建筑的形式、货舱布置、纵倾调整、驾驶人员的视野，以及船体强度和结构等方面。机舱布置一般有三种，即设于船舶的中部、尾部或中部偏后，相应的船舶建筑形式分别称为"中机型""尾机型"和"中尾机型"。油船、散货船的机舱几乎毫无例外地都设置在尾部。因为对油船来说，这样布置可实现货油系统的最佳布置，轴隧不通过油舱，有利于船舶的防火和安全。对散货船来说，这样布置可充分利用货舱空间，增加货舱容积，同时也消除了轴隧对装卸货物和清舱的不利影响，提高了装卸效率，并且也改善了船体结构的连续性。

杂货船的机舱，如沿海小型杂货船的机舱，因占船长的比例较大，为了增加货舱容积并改善其形状，一般都布置在尾部。大型杂货船的机舱，以往布置在中部的居多，近来的趋势是布置在中部偏后，这样既改善了货舱的布置，又便于船舶纵倾的调整，有利于船舶的总纵强度。

集装箱船的机舱一般都布置在尾部或中部偏后。机舱位于尾部，不仅能提高货舱的利用率，增加载箱数，也有利于装卸作业，提高装卸效率。但对尾部型线瘦削的集装箱船来讲，尾部空间难以布置双机、双轴或体积庞大的大功率低速柴油机，因而只能将机舱设置于中部偏后。

客船的机舱因不受装货容积的限制，一般都布置在船舶的中部附近。

机舱长度的确定主要取决于主机的型式、功率大小、机舱位置和机舱内部的布置情况，而最终机舱长度由机舱布置图决定。

5）货舱的布置

货舱的数目和尺度是根据船舶的性能、结构强度、货物种类和船舶营运的方便性等多种因素，经综合分析后确定的。在满足船舶强度和抗沉性等要求的条件下，原则上货舱的数目应尽量减少，这样可减少起货设备的数量，简化甲板布置，提高装卸效率；同时，也能减轻船舶重量，降低船舶造价。一般中小型货船设有 2～4 个货舱，万吨级货船设有 5～6 个货舱。

货舱如果设置较多，虽同时装卸的工作舱室多，停港时间可以缩短，但理货和清舱的工作量大，所需起货设备多，提高了船舶造价。同时舱长过短，在使用岸吊装卸时会导致岸吊作业的相互交叉而妨碍工作，从而影响装卸效率。

杂货船的货舱数目和尺度，首先要满足船舶强度与抗沉性的要求，有时货舱长度还要考虑装载大件货所需的最大尺度。为缩短装卸时间，一般各货舱的大小在设计时设计成在相同时间内同时装卸完毕。因此,每个货舱的长短是由货物装卸的方便性以及各舱的起货能力决定的。在起货能力相近的情况下,首尾两处的货舱因位置狭窄、装卸不便,它们的舱容比中部货舱要小。

散货船货舱的数目和尺度也是由船舶性能、结构强度和营运方便性等因素决定的。一般船长在 150 m 左右时,设 5~6 个货舱;船长在 180 m 左右时,设 7~8 个货舱。多用途船,从装运大件货物考虑,舱长有增加的趋势,但通常不超过 30 m。

油船上的液货舱都是一些被分隔成矩形的液舱,按位置不同有中心液舱和边液舱之分,统称为货油舱。货油舱的划分一般考虑了多方面的因素,如船体结构和强度的要求、自由液面限制的要求、船舶安全和营运方面的要求等。油船的分舱一般较货船细,船舶建造规范对油舱的最大长度提出了要求,若舱长过大时,则应在油舱中间设置制荡横舱壁,以减小液面振动对结构的冲击。油船都是尾机型船,故货油舱均布置在机舱前面。另外,防火是油船的一个重要问题,在船舱划分与布置时都应对此采取一定措施。如规范规定货油舱与机舱、干货舱、居住舱室之间,以及装载闪点在 60℃ 以下的石油舱与燃油舱之间均应设置隔离舱。在货油区域设置上层建筑时,上层建筑与货油舱之间应设置水平隔离舱等。

全集装箱船考虑到集装箱装卸的方便性以及防止船舶在波浪上摇摆而引起的集装箱移动,故集装箱船舱室内布置有格栅结构的箱格,每一层箱格可垂直堆放 4~6 层集装箱,有的多达 9 层。

6) 燃油、淡水与压载舱室的布置

燃油舱、淡水舱及锅炉水舱一般会充分利用不宜装货或作业狭窄的处所进行布置,以节约船体结构数量和简化管路,并避免引起不良的纵倾及稳性等问题。通常将它布置在双层底内、首尾尖舱内以及轴隧两侧的平台之下。一般如果机舱内有空余的空间,则会在机舱设置边油舱。如果空间不足或船舶纵倾难以调整,则在适宜的位置设置深油舱或深水舱。

压载水舱主要用于改善船舶稳性及调整船舶浮态。杂货船的压载水舱都设在双层底舱和首尾尖舱内。有些船舶的压载量较大,常设置专用的压载水舱。散货船还设有舷侧顶部压载水舱,而滚装船的压载水舱还可放在双层壳体内。

2.4.3 船舶上层建筑的布置

船舶上层建筑中主要布置船员和旅客的工作和生活舱室。生活舱室包括居住舱室和公共舱室。

1) 工作舱室的布置

航海部门的工作舱室主要有驾驶室、海图室、报务室、雷达室、电罗经室、测深仪室等;轮机部门的工作舱室有机舱、电工间、泵舱、应急发电机舱、舵机舱、灭火机室、修理间等;此外还有办公室、理货室、锚链舱、油漆间、灯间、木工间等甲板部门的工作舱室。工作舱室的布置随船型、航线和业务性质的不同而异。

工作舱室按照不同的功能,其位置的布置也有一定的规律,如驾驶室要有良好的视野,通常都布置在上层建筑最上一层甲板的前端。海图室由于与驾驶室有密切的联系,一般布置在驾驶室的后方,并有门直接与驾驶室相通。报务室是从事船与船或船与陆地之间通信联系的场所,一般也紧邻驾驶室设置。雷达室是安放和操纵雷达装置的场所,是保证船舶安全航行的预测中心,为方便与驾驶室联系,一般也靠近驾驶室布置,并尽量设在雷达天线的下方,以减少波导管距离,提高测试质量。为尽量减少船舶摇摆对电罗经指示的影响,电罗经室一般布置在船舶摇摆中心附近。

主、辅机各类工作舱室一般都设在机舱内或机舱附近。应急发电机舱因是在正常发电机组发生故障时使用,因此一般不与机舱相通,以保证其独立的运营环境,它设在船舶中后部舱壁甲板以上。理货室是远洋运输船舶专为岸上理货人员及海关人员来船接洽工作的场所,一般设在靠近舷梯的甲板舱室入口处。锚机控制室、灯间、油漆间、缆索具木匠工作室等,为工作方便及安全起见都设在首楼内。

2) 居住舱室的布置

居住舱室分为船员居住舱室和旅客居住舱室。船员居住舱室的划分布置,除适当考虑了职务级别外,主要从方便船员的日常工作出发。居住舱室一般都接近工作场所,使每个船员在任何气候条件下均能迅速且安全地到达工作岗位。为保证船员的休息与睡眠,一般都和旅客的居住舱室分开,布置在航行途中或停港时不易受噪声干扰的地方。一般高等级船员如船长、大副、二副等的居住舱室都设置在船舶较高甲板上,并尽可能地接近驾驶室。而轮机长、大管轮、二管轮等的居住舱室则靠近有方便通道进入机舱的处所,一般设置在桥楼甲板上。水手长、水手的居住舱室一般设置在机舱棚周围的上甲板上。膳务人员的居住舱室接近餐厅及厨房,在桥楼甲板或中部上甲板处。

旅客居住舱室的布置一般要与货舱、装卸作业区分开,与船员舱室分开,有适当的露天甲板供旅客游步,厕所、浴室有充分的隔离,有足够数量和宽度的通道、楼梯和出入口,并对旅客上下船有合理的出入分布。

旅客居住舱室通常分设一等、二等、三等、四等等多种不同等级。客舱等级及各级客舱的设施随航线条件和旅客生活水平的不同而异。通常高等级客舱会布置在较高的上层游步甲板的前部与中部,因为该处视野广阔,通往游乐场所和餐厅较为方便,周围有较宽的走廊和阳台供休息和散步,在航行时受船舶摇摆的影响较小。

3）公共舱室的布置

公共舱室泛指厨房、餐厅、厕所、浴室、盥洗室、医疗室(含诊疗室和病房间)等舱室。客船还有阅览室、小卖部、广播室、休息室、俱乐部、电影放映室、邮局、理发室、乒乓室等。在远洋客船及游船中还设有剧场、舞厅、游泳池、酒吧间及儿童游艺室等。这些舱室的布置一般会考虑让船员或旅客使用起来方便、满意、舒适。

厨房通常设在主甲板上机舱棚的周围并远离厕所、浴室及医疗室等处所。

餐厅一般接近厨房。货船上通常设 1～2 个船员餐厅,客船上根据旅客人数和布置情况确定。

厕所、浴室及盥洗室一般集中布置在居住舱室附近,船员与旅客的厕所、浴室分开。各层甲板上的厕所、浴室和盥洗室基本上在同一舷,主要是为了方便污水的排放及节省管线长度。

诊疗室一般设置在旅客比较集中的地方,病房间一般与其他舱室保持一定的距离,通常设在游步甲板或救生甲板的后端。货船上的诊疗室和病房间一般在一起。

2.4.4　船舶总布置的体现——船舶总布置图

船舶总布置图是一张反映全船总体布置情况的图纸。它表示了船舶上层建筑的形式、全船舱室的划分,以及机械和设备等的布置、数量和大小。总布置图比较集中地体现了船舶的用途、任务及经济性,是最重要的全船总体性图纸之一。

船舶总布置图是根据投影原理绘制而成的,主要采用侧视图及俯视图组成,如图 2-14 所示。它包括侧面图、平台或甲板平面图及舱底平面图。完整的总布置图还包括船舶的主要度量,如主尺度、排水量、载重量(客船为载客数)、主机功率、航速、船员定额及各层甲板间高等数据。

总布置图中的侧面图是从船舶右舷所得的视图。它是总布置图的主视图,表示船舶的侧面外形轮廓、上层建筑形式、全船舱室和设备的布置情况及其在船长和高度方向上的具体位置。为清晰地表示船体内部的布置情况,习惯上常用中纵剖面来代替侧视图。

平台、甲板平面图是从各层平台、甲板上部俯视或剖视而得的视图。对于上层建筑最上层的平台或甲板平面图是一张从其上方俯视而得到的视图。对于其他各层平台、甲板的平面,则是通过逐层剖切后得到的视图。因此,图中所表示的内容是平台或甲板至上一层平台或甲板之间整个空间里的布置情况。平台、甲板平面图表示了各层平台、甲板上的舱室和设备在船长和船宽方向上的布置情况。

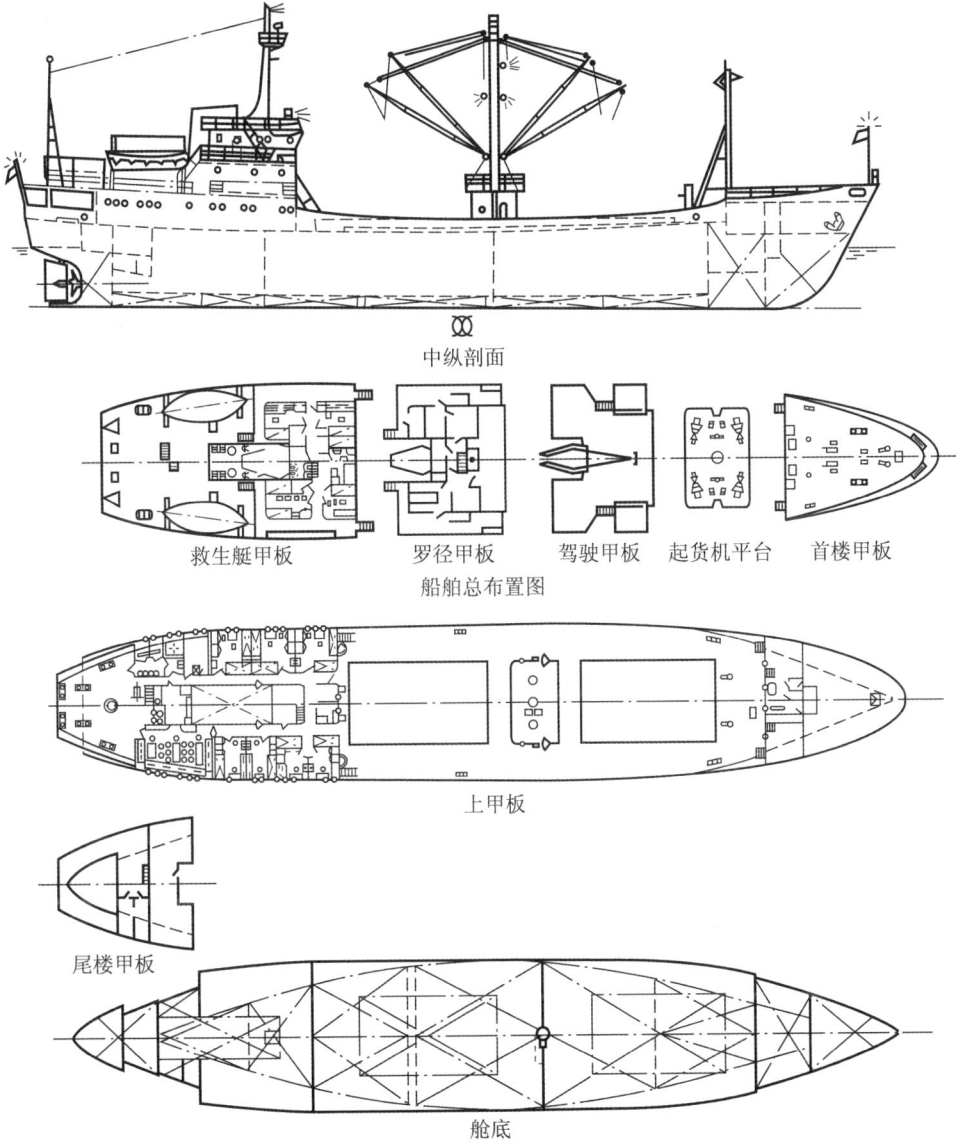

中纵剖面

救生艇甲板　　　　罗径甲板　　　驾驶甲板　　起货机平台　　首楼甲板

船舶总布置图

上甲板

尾楼甲板

舱底

主要数据

总长	66.96 m	设计水线长	61.93 m
型深	5.35 m	满载吃水	4.20 m
排水量(满载吃水)	1 774 t	船员	27 人
垂线间长	59.23 m	型宽	10.80 m
结构吃水	4.50 m	载货量(满载吃水)	~1 020 t
主机功率(额定)	900 hp	试航速度(满载吃水)	~11.5 kn

图 2-14　船舶总布置图

舱底平面图是剖去最下层平台或甲板后所得的俯视图。它表示双层底上的舱室、设备以及双层底内液体舱的布置情况。如是单底船,则表示船底上的机械和设备等的布置情况。

侧面图与各层平台、甲板及舱底平面是同一艘船在两个不同方向上的视图,它们既相互补充又相互统一,缺一不可,否则就不能完整地表达全船的布置情况。视图应符合投影规则,例如,侧视图上的船长方向的位置与俯视图上的船长方向的位置相对应。

总布置图上采用了一些特殊的表达方式来表达船上的设备及结构等。例如,总布置图中所表达的机械、设备采用统一规定的形象化的图形符号,大小根据机械设备的具体外形尺寸按比例绘制,一般图中不标注具体的尺寸。

本章小结

根据用途不同,船体形状可分别用船舶典型剖面、船舶尺度及尺度比、船型系数和型线图来表示。

主船体的三个互相垂直的典型剖面反映了船舶的形状特征及典型性能;船舶主要尺度是用以表示船舶大小的度量,包括船的长度、宽度、深度、吃水和干舷;根据船舶主尺度的用途不同,分为型尺度、最大尺度和登记尺度;船体的主尺度比及船型系数除反映了船舶的丰满程度之外,还可以表示船体的一定性能。

完整地表示船舶几何形状的是船舶型线图,完整反映全船总体布置情况的是船舶总布置图。

习题与思考题

一、名词解释

船体型表面,舷弧,梁拱,平行中体,中纵剖面,中横剖面,设计水线面,型尺度,最大尺度,登记尺度,五个主尺度比,五个船型系数,型线图,船舶总布置图。

二、简答题

(1) 船舶在三个视图上的主要外形特征是什么?

(2) 船体有哪三个典型剖面?各有何特点?

(3) 船舶梁拱与舷弧有何区别?各有什么用途?

(4) 船舶的底部形状有哪几种?各用在何种船上?

(5) 船舶主尺度分成几类?各有何用途?

(6) 试用作图方法完整地表示船舶的几何形状,并在图中标出船舶的总长、设计水线长、垂线间长、最大长度和型宽。

(7) 何谓满载吃水、首吃水、尾吃水和吃水差? 纵倾时的首、尾吃水值在何处量取?

(8) 干舷与型深和吃水之间有何关系?

(9) 船舶有哪些主尺度比? 它们各与船舶哪些性能有关?

(10) 船舶有哪些船型系数? 它们的几何意义是什么?

(11) 船体型线图有何用途? 它由哪些主要剖面及剖线组成?

(12) 船舶总布置的概念及体现是什么?

(13) 水密舱壁、甲板、平台和双层底一般在船体的什么部位?

(14) 一般船舶的机舱、货舱、燃油舱、淡水舱及压载舱是如何布置的?

(15) 船舶上层建筑主要布置哪些舱室?

三、选择题

(1) 船舶甲板沿船长方向的翘曲称为( )。

A. 舷弧   B. 舭部   C. 梁拱   D. 平行中体

(2) 反映船体侧面形状的是( )。

A. 中纵剖面   B. 中横剖面   C. 设计水线面   D. 基平面

(3) 主要影响船舶快速性的船体主尺度比是( )。

A. 长吃水比 L/T B. 长宽比 L/B

C. 型宽吃水比 B/T D. 型深吃水比 D/T

(4) 主要影响船舶稳性的船体主尺度比是( )。

A. 长吃水比 L/T B. 长宽比 L/B

C. 型宽吃水比 B/T D. 型深吃水比 D/T

(5) 计算船舶排水量的型长度是( )。

A. 总长   B. 垂线间长   C. 设计水线长   D. 最大长度

(6) 反映船体水下体积在垂直方向的分布情况的船型系数是( )。

A. 方形系数   B. 中横剖面系数

C. 纵向棱形系数   D. 垂向棱形系数

(7) 船舶型尺度的用途是作为( )。

A. 检验船舶在建造和营运时考虑受到外界条件限制的依据

B. 计算船舶登记吨位的主要尺度

C. 船舶设计及性能计算的主要尺度

D. 船舶靠泊时的主要尺度

四、计算题

（1）计算图 2-15 排水体积形状的船形系数 C_b、C_w、C_m、C_p、C_{vp}。

（2）某船的排水体积形状是一长方体，长为 L，宽为 B，吃水为 T。试求其方形系数 C_b、水线面系数 C_w、中横剖面系数 C_m、纵向棱形系数 C_p 及垂向棱形系数 C_{vp}。

图 2-15　排水体积形状

（3）某远洋货船，垂线间长为 $L=144\,\text{m}$，长宽比 $L/B=9$，长吃水比 $L/T=16$，长深比 $L/D=12$，方形系数 $C_b=0.67$，试求该船的排水体积及干舷。

（4）南海号货船，船长 $L=62.4\,\text{m}$，吃水 $T=1.2\,\text{m}$，长宽比 $L/B=7.5$，方形系数 $C_b=0.68$，水线面系数 $C_w=0.846$。求水线面面积和排水体积。

（5）两个相同的正圆锥体在底部相连，每个锥体高度等于底部直径，这个组合体浮于水面时两个顶点在水面。求：①中横剖面系数 C_m；②水线面系数 C_w；③方形系数 C_b（圆锥体体积 $V=\pi R^2 h/3$）。

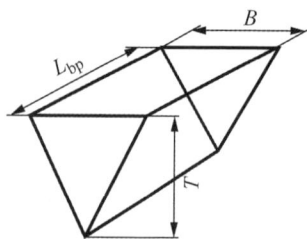

第 3 章

船 舶 浮 性

▼

所谓浮性是指船舶在各种装载情况下,保持一定浮态,漂浮于水面一定位置的能力。浮性是船舶最基本的性能,任何船舶都必须具备一定的浮性。

3.1 船舶在静水中的平衡条件及浮态

3.1.1 船舶浮态及其表示方法

船舶浮态即船舶的漂浮状态,是指船舶相对于静止水面的位置,或者说是船舶漂浮于水面时所取的姿态。为描述船舶浮态先要确定船体坐标系统。

1) 船体坐标系统

为了确切地表达船舶的浮态,通常选取一个与船体相联系的坐标系统。船体坐标系统如图 3-1 所示。此坐标系统是如下定义的:以基准面、中纵剖面、中横剖面的交点为坐标原点 O;以以上三个面的交线为 Ox 轴、Oy 轴、Oz 轴。Ox 轴在基

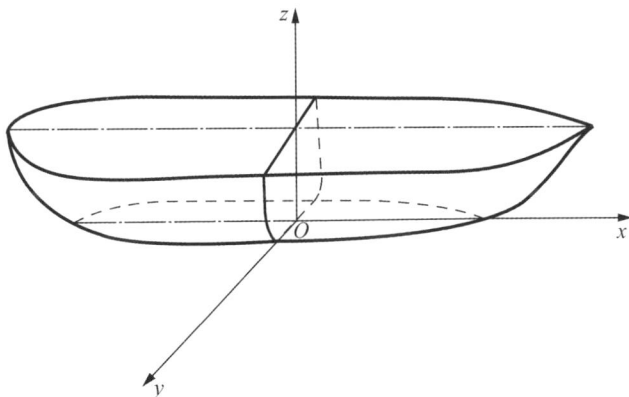

图 3-1 船体坐标系统

平面与中纵剖面的交线上,沿船长方向,向首为正,向尾为负。Oy 轴在基平面与中横剖面的交线上,沿船宽方向,向右舷为正,左舷为负。Oz 轴在中纵剖面与中横剖面的交线上,沿船深方向,向上为正,向下为负。

2) 船舶浮态表示方法

若船舶正直地浮于水面,此时 Ox 轴、Oy 轴均平行于水线面,则称这种漂浮状态为正浮状态,也称平浮,如图 3-2 所示。若船舶有舷向倾斜,无首尾向纵倾,即 Ox 轴平行于水线面,Oy 轴与水线面有一夹角,则称这种漂浮状态为横倾状态,如图 3-3 所示。若船舶有首尾向纵倾,无舷向倾斜,即 Oy 轴平行于水线面,Ox 轴与水线面有一夹角,则称这种漂浮状态为纵倾状态,如图 3-4 所示。若船舶既有横倾又有纵倾,则称这种漂浮状态为任意状态。如图 3-5 所示。四种漂浮状态下浮态的表示方法如下所述。

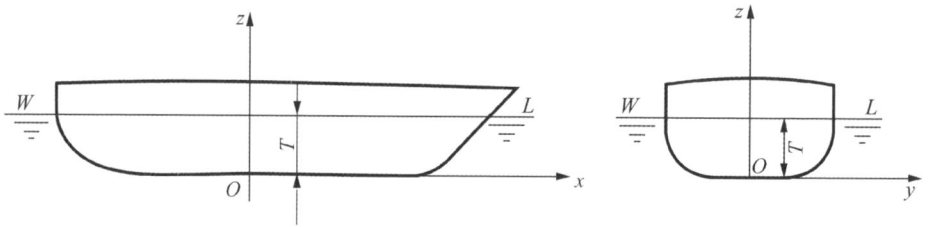

图 3-2 船舶正浮状态

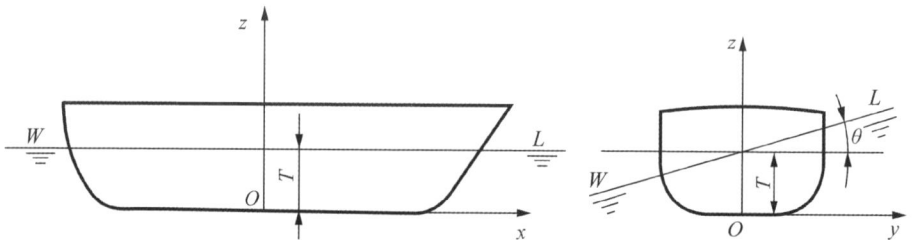

图 3-3 船舶横倾状态

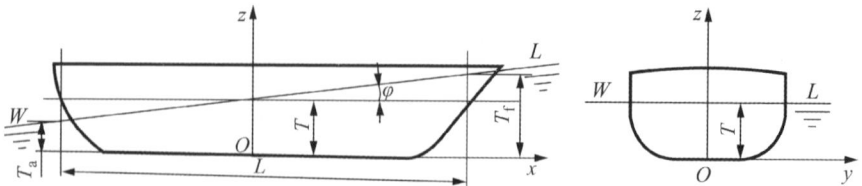

图 3-4 船舶纵倾状态

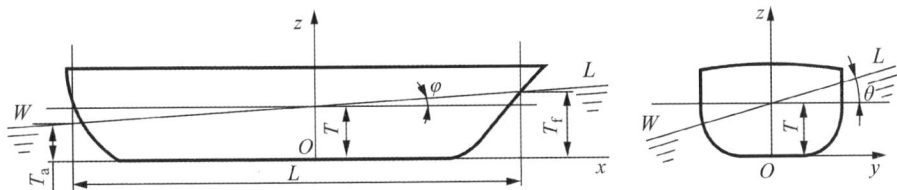

图 3-5　船舶任意状态

（1）正浮状态。只要用吃水 T 一个参数即可表示船舶的浮态,如图 3-2 所示,吃水 T 是水线 WL 与基平面间的距离。

（2）横倾状态。以吃水 T 和横倾角 θ 两个参数表示船舶的浮态,习惯上表示为图 3-3 的形式,横倾角是正浮水线与横倾水线间的夹角,规定右倾为正,左倾为负。

（3）纵倾状态。以船中吃水 T 和纵倾角 φ 两个参数表示船舶的浮态,如图 3-4 所示,纵倾角是正浮水线与纵倾水线间的夹角,规定首倾为正,尾倾为负。此时也用首吃水 T_f 与尾吃水 T_a 或用船中吃水 T_m 与首尾吃水差 dT 表示浮态。上述各参数间有以下关系：

$$T = T_m = \frac{T_f + T_a}{2}$$

$$dT = T_f - T_a \tag{3-1}$$

$$\tan \varphi = \frac{dT}{L}$$

式中, T 也记为 T_m ,又称为平均吃水; dT 也称为首尾吃水差或纵倾值。

（4）任意状态。以吃水 T 、横倾角 θ 和纵倾角 φ 表示船舶的浮态,如图 3-5 所示。

在大多数情况下,船舶处于正浮或略带尾倾的状态。横倾状态、大的纵倾对船舶的航海性能不利,无论在设计上还是使用过程中都是不允许的,这些状态往往只存在于船舶破损进水的情况下。

3.1.2　船舶在静水中的平衡条件

1）平衡条件

船舶承载后是否能够漂浮于水面的一定位置上,取决于它在水中所受到的力。一艘静置于水中的船舶,只受重力和浮力的作用,如图 3-6 所示。其中重力是船舶自身各部分重量及所载重物重量之和,方向垂直向下。各部分重量引起的重力作用在各部分重心处,但就整艘船而言,可认为其集中在一点,该点称为船舶重心,用 G 表示,为空间上的一点,它在三个投影面上的坐标分别为 x_g、y_g、z_g。集中在一点的重力的大小等于各部分重量之和,用 W 表示。船舶在静水中漂浮时,船体与水接触的表面上各处都受到水的静压力作用,方向垂直于船体表面,为讨论问题方便,可将静压力分解成横向和垂向两个分力。由于船体左右对称,水压力的横向分力相互抵消,只有水压力的垂向分力向上支持着船体漂浮,各处水压力垂向分力的合力称为浮力,用 P 表示。它的作用点称为浮心,用 B 表示。浮心 B 也为空间上的一点,它在三个投影面上的坐标分别为 x_b、y_b、z_b,如图 3-6 所示。

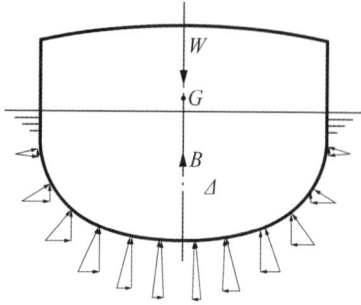

图 3-6　漂浮原理

根据阿基米德原理,浸在水里的物体所受到的浮力大小等于它所排开同体积的水的重量。当已知舷外水的密度为 ρ 时,则有

$$P = \rho g \nabla = \Delta \qquad (3-2)$$

式中,ρ 为水的密度,kg/m³；g 为重力加速度,m/s²；∇ 为船舶排水体积,m³；Δ 为船舶排水重量,kN；P 为浮力,kN。按工程中的习惯,P、∇ 也常以 t 为单位,这时式(3-2)应转换为

$$P = \frac{\rho g \nabla}{g} = \rho \nabla = \Delta (\mathrm{t}) \qquad (3-3)$$

如未指明,海水 ρ 的数值取为 1.025 t/m³,淡水 ρ 的数值取为 1.0 t/m³。∇ 也称为体积排水量,Δ 也称为重量排水量。

船舶浸入水中的体积 ∇(排水体积)越大,则受到的浮力也越大。根据二力平衡原理,合力与合力矩均为零,故船舶漂浮于水面的条件必须是:重力和浮力大小相等,方向相反,作用在同一条垂线上。如果重力大于浮力,则船舶下沉,浮力增加直到重新等于重力;相反,如果浮力大于重力,则船舶上浮,浮力减小,直到重力重新等于浮力。

2) 平衡方程

以数学方程式表示上述平衡条件即可得船舶在静水中的静平衡方程。按四种漂浮状态给出的船舶在静水中的静平衡方程如下所述。

(1) 正浮。如图 3-7 所示,船舶的基平面与静水面平行,这种漂浮状态为正浮状态。此时船的中纵剖面垂直于水面,这种浮态既无纵倾又无横倾,这种浮态的

平衡方程式可表示为

$$
\left.
\begin{array}{l}
W = \Delta = \rho \boldsymbol{\nabla}(\mathrm{t}) \\
x_{\mathrm{g}} = x_{\mathrm{b}} \\
y_{\mathrm{g}} = y_{\mathrm{b}} = 0
\end{array}
\right\} \tag{3-4}
$$

式中，x_{g} 和 y_{g} 分别是重心沿 Ox 轴方向的纵坐标和沿 Oy 轴方向的横坐标；x_{b} 和 y_{b} 分别是浮心沿 Ox 轴方向的纵坐标和沿 Oy 轴方向的横坐标。

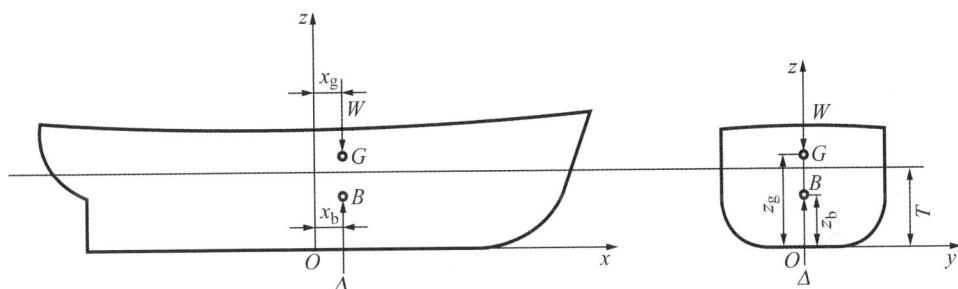

图 3-7　船舶的正浮平衡

（2）横倾。如图 3-8 所示，船体横向基线 Ox 与水面是平行的，但船的中纵剖面与铅垂平面成一角度 θ，这种漂浮状态为横倾状态，角度 θ 称为横倾角。这种浮态的平衡方程式可表示为

$$
\left.
\begin{array}{l}
W = \Delta = \rho \boldsymbol{\nabla}(\mathrm{t}) \\
x_{\mathrm{g}} = x_{\mathrm{b}} \\
y_{\mathrm{b}} - y_{\mathrm{g}} = (z_{\mathrm{g}} - z_{\mathrm{b}}) \tan \theta
\end{array}
\right\} \tag{3-5}
$$

式中，z_{g} 和 z_{b} 分别是重心和浮心沿 Oz 轴方向的竖坐标。

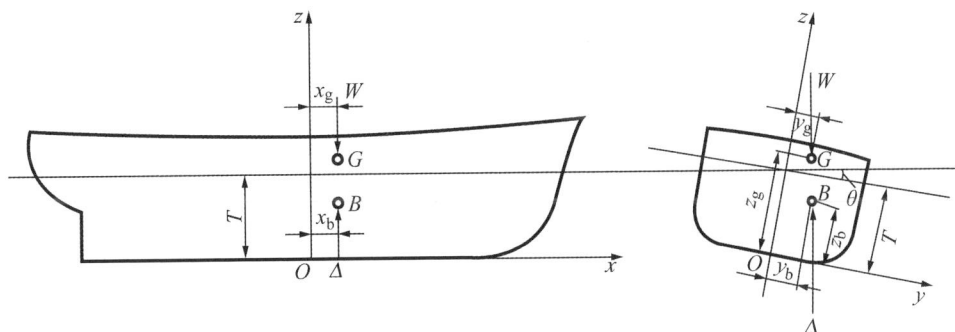

图 3-8　船横倾时的平衡

（3）纵倾。如图 3-9 所示，船体沿船底的横轴 Oy 保持水平，而纵轴 Ox 是倾斜的，与水平线成一角度 φ，这种漂浮状态称为纵倾状态，角度 φ 称为纵倾角。这种浮态的平衡方程式表示为

$$
\left.
\begin{aligned}
W &= \Delta = \rho \, \nabla (\mathrm{t}) \\
y_{\mathrm{g}} &= y_{\mathrm{b}} = 0 \\
x_{\mathrm{b}} - x_{\mathrm{g}} &= (z_{\mathrm{g}} - z_{\mathrm{b}}) \tan \varphi
\end{aligned}
\right\}
\tag{3-6}
$$

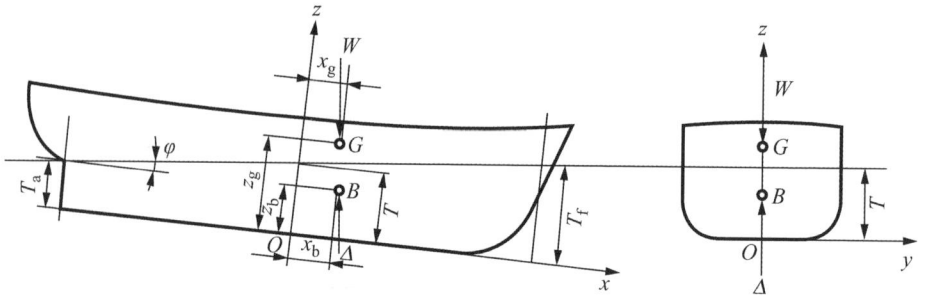

图 3-9　船纵倾时的平衡

（4）任意状态（纵倾和横倾并存）。如图 3-10 所示，船体的纵轴 Ox 和横轴 Oy 同时倾斜，其倾斜的角度分别为纵倾角 φ 和横倾角 θ。这种浮态的平衡方程式可表示为

$$
\left.
\begin{aligned}
W &= \Delta = \rho \, \nabla (\mathrm{t}) \\
y_{\mathrm{g}} - y_{\mathrm{b}} &= (z_{\mathrm{g}} - z_{\mathrm{b}}) \tan \theta \\
x_{\mathrm{b}} - x_{\mathrm{g}} &= (z_{\mathrm{g}} - z_{\mathrm{b}}) \tan \varphi
\end{aligned}
\right\}
\tag{3-7}
$$

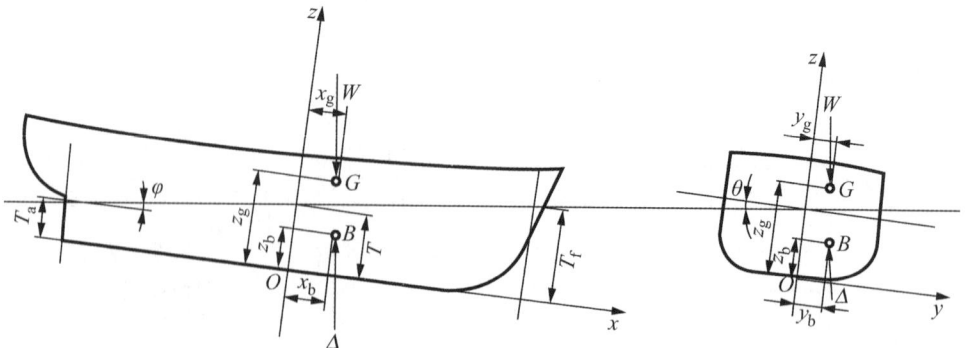

图 3-10　船有纵倾和横倾时的平衡

横倾状态和任意状态的平衡方程在工程中很少直接应用,正浮状态和纵倾状态的平衡方程在工程中可用来确定下水后的船舶实际重心坐标 x_g,并可用来确定初始纵倾角。此外,这四组平衡方程[式(3-4)~式(3-7)]还具有理论指导意义:在确定船舶浮态时,本质上说就是求解上述平衡方程,为此需先求出船舶的重量、重心、浮力与浮心。广义而言,分析、求解各种浮性、稳性问题,本质上说都是以上述平衡方程为基准展开讨论的,尽管在后续章节中将看到,实际确定纵倾角 φ 和横倾角 θ 时并不直接求解式(3-5)和式(3-6)这种表达形式的平衡方程。

3.2 船舶排水量与总重量

3.2.1 船舶排水量

船舶浮于水面时所排开水的重量称为排水量。浮力的大小就等于排水量,它也等于船上的总重量。根据装载重量的不同,一艘船可以有几种不同的排水量。民用船舶的排水量可根据不同装载状态分为满载排水量、空船排水量、空载排水量以及压载排水量。

满载排水量一般也称为设计排水量,是船舶满载时(一般为设计状态)的排水量,即船舶在满载水线下所排开水的重量。满载排水量等于船舶满载时的总重量,它是空船重量、货物或旅客、燃料、淡水、粮食和供应品、船用备品、船员和行李以及船舶常数等重量的总和。船舶常数是指船舶经过营运后,船上存有的残损器材和废品、污水沟、压载舱中残留的积水、船底粘连的附着物等的重量的总和。船舶常数不是一个固定值,为了比较准确地掌握船舶常数的大小,一般在年度修理后对其测定一次,测得的常数值延续使用到下次重新测定为止,或者在必要的情况下重新测定。

空船排水量是船舶新造好后的排水量,等于空船重量,即船上只有船体钢料、机电设备、木作舾装这三部分重量后船舶所排开水的重量。

空载排水量是船舶空载航行时排开水的重量,即不装货物或旅客时排开水的重量。

压载排水量是船舶压载航行时排开水的重量。船舶为了保证空载航行时的航行性能(使螺旋桨不露出水面等),常在船上加压载水,使船处于压载航行状态。

排水量常可由式(3-2)及式(3-3)求得。

船舶满载情况下的排水量可以通过已知的主尺度和方形系数求得。设船舶垂线间长为 L_{bp}(简记为 L)、吃水为 T、型宽为 B、方形系数为 C_b、舷外水密度为 ρ,则船的排水量为

$$\Delta = \rho C_b LBT$$

$$\Delta = W \tag{3-8}$$

式中, Δ 为船舶排水量, t; W 为船舶总重量, t; ρ 为水的质量密度, t/m³。

船舶在各种装载情况下的排水量可以通过设计部门提供的排水量曲线查得。

3.2.2 船舶总重量

船舶总重量 W 是船上各项重量之和, 由船舶本身各部分的重量与船上各项载荷的重量组成。它是空船重量与载重量之和, 即

$$W = \sum_{i=1}^{n} w_i = LW + DW \tag{3-9}$$

式中, LW 为空船重量, t; DW 为载重量, t。

空船重量, 也称固定重量、不变重量, 是指固定在船上的重量, 包括船体钢料、机电设备、木作舾装这三部分重量, 它对应的排水量为空船排水量。载重量即船舶的可变重量, 是船舶所允许装载的重量, 它是根据运输需求随航次变化的重量, 包括货物、旅客和行李、燃油、润滑油、淡水、粮食和其他消耗品储备的重量, 载重量有总载重量和净载重量之分。

(1) 总载重量指在任一水线下, 船舶所允许装载的最大重量。它是包括货物或旅客、燃料、淡水、粮食和供应品、船用备品、船员和行李以及船舶常数等重量的总和。船舶总载重量等于相应吃水时的船舶排水量减去空船重量。

(2) 净载重量指船舶所能装载的最大限度的货物重量。船舶净载重量等于船舶总载重量减去燃料、淡水、粮食和供应品、船用备品、船员和行李以及船舶常数后的重量, 是总载重量中能够盈利的那部分重量。

船舶满载排水量与重量的关系如图 3-11 所示。

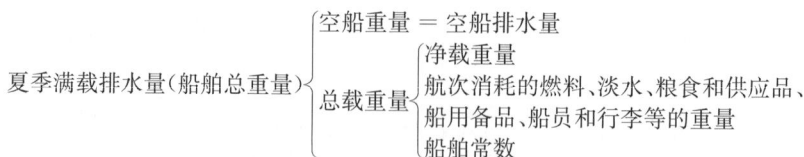

夏季满载排水量(船舶总重量) $\begin{cases} \text{空船重量 = 空船排水量} \\ \text{总载重量} \begin{cases} \text{净载重量} \\ \text{航次消耗的燃料、淡水、粮食和供应品、} \\ \text{船用备品、船员和行李等的重量} \\ \text{船舶常数} \end{cases} \end{cases}$

图 3-11 满载排水量与重量的关系

3.2.3 载重线标志

载重线标志(load line mark)是指勘绘在船中两舷船壳外板, 用以限制船舶最

大船中吃水和确保船舶最小干舷的标志。

为保证船舶能够在各种航行条件下安全行驶,同时又能最大限度地利用船舶的载重量,国际海事组织(IMO)于1966年制定了《1966年国际载重线公约》(ICLL1966)(以下简称《公约》),之后又经过1971年、1975年、1988年和2003年修正案修正。中华人民共和国海事局颁布的《船舶与海上设施法定检验规则(2008)》(以下简称《法定规则》)中关于载重线方面的规定大部分采纳了国际公约的规定。

《法定规则》规定,在船中两舷侧勘绘载重线标志,表明该船在不同航区、不同季节中航行时所允许的最大吃水线,以此规定船舶安全航行所需的最小干舷和最小储备浮力。船舶装载后实际水线未淹没相应载重线,则视为满足最小干舷的要求。

下面介绍常见的几种船舶载重线标志的特点。

1) 国际航行的不装载木材货物的船舶载重线标志

此类船舶载重线标志如图3-12所示,由甲板线、载重线圈、各载重线三部分组成。

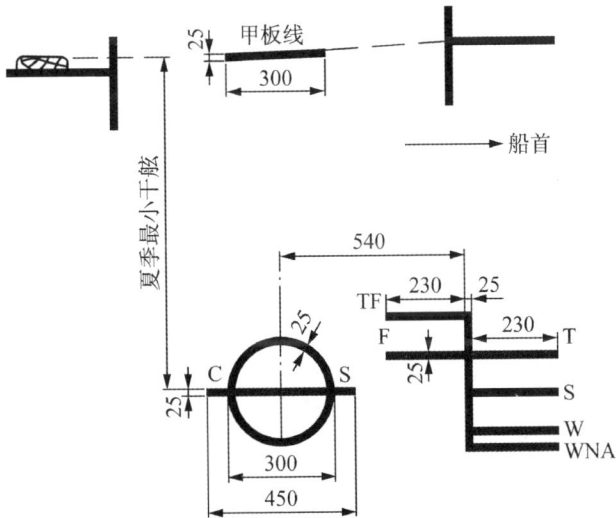

图3-12　载重线标志(右舷,单位为mm)

(1) 甲板线(deck line)。勘绘于船中两舷,其上边缘与干舷甲板边缘上表面处于同一水平位置,用以表明干舷甲板位置,作为量取有关最小干舷的基准线。

(2) 载重线圈(load line ring)。由中心位于船中的圆环和上边缘中点通过圆环中心的水平线两部分组成。圆环两侧标有字母"C"和"S",为中国船级社的缩写。从甲板线上边缘至圆环中心的垂直距离为夏季最小干舷。

(3) 各载重线(load lines)。位于载重线圈船首方向的、与一根铅垂线垂直的若干水平线表示不同种类的载重线。由甲板线上边缘至各载重线上边缘的垂直距离即为规定的各种最小干舷的大小。载重线共有以下 6 种：

夏季载重线(summer load line)：其高度与载重线圈中的水平线一致，标有缩写字母"S"。通常所说的船舶满载吃水是指龙骨基线至夏季载重线上边缘的垂直距离，称为夏季吃水。

热带载重线(tropical load line)：标有缩写字母"T"，较夏季最小干舷小 1/48 的夏季吃水。

冬季载重线(winter load line)：标有缩写字母"W"，较夏季最小干舷大 1/48 的夏季吃水。

夏季淡水载重线(fresh water load line in summer)：标有缩写字母"F"，较夏季载重线高 $\Delta_s/40\,TPC$(Δ_s、TPC 分别为夏季满载吃水时的标准海水排水量与每厘米吃水吨数。)(cm)或 1/48 的夏季吃水。

热带淡水载重线(tropical fresh water load line)：标有缩写字母"TF"，较夏季淡水载重线高 $\Delta_s/40\,TPC$(cm)或 1/48 的夏季吃水。

北大西洋冬季载重线(winter North Atlantic load line)：标有缩写字母"WNA"，较冬季载重线低 50 mm。船长不大于 100 m 的船需勘绘北大西洋冬季载重线。船长超过 100 m 的船舶，不勘绘此载重线，其处在北大西洋冬季季节期海区时仍使用冬季载重线。

2) 国际航行的装载木材货物的船舶载重线标志

《公约》和《法定规则》规定，对于在干舷甲板或上层建筑的露天部分装载木材货物，且船舶结构、设备和装载均满足公约和规则要求的木材船，可勘绘和使用木材载重线。

由于木材货物给船舶提供了一定的附加浮力，增加了船舶抵御海浪的能力，因而木材船最小干舷比相应的其他船舶最小干舷要小一些，各木材载重线高于相应的非木材载重线。

木材载重线在非木材载重线以外另行勘绘，位于载重线圈的船尾一侧一定距离处。各载重线一端在规定字母标志前加标英文字母"L"。木材载重线标志如图 3-13 所示，LT 干舷较 LS 干舷小 1/48 的夏季木材型吃水，LW 干舷较 LS 干舷大 1/36 的夏季木材型吃水，LWNA 干舷与 WNA 干舷相同，淡水木材干舷的规定同其他货船。

3) 国际航行船舶的全季节载重线标志

对于所有货船，如按《法定规则》的全面要求所核定的干舷大于《公约》所要求

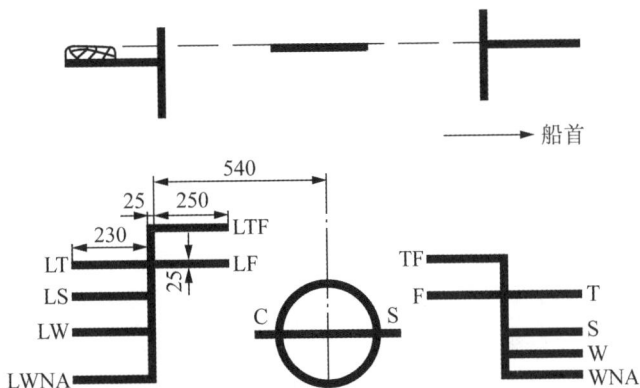

图 3-13　木材载重线标志(右舷,单位为 mm)

的最小干舷,因而其载重线勘绘于相当或低于该公约所核定的最小干舷的最低季节性载重线位置时,则仅需勘绘淡水载重线。此时,载重线标志如图 3-14 所示。

4) 国内航行船舶载重线标志

对于在我国国内沿海航行的船舶,由于海面风浪较小,对稳性、强度、抗沉性等的要求可低于国际航行的船舶,因此,《法定规则》规定,国内航行船舶的最小干舷比国际航行船舶的最小干舷小。

图 3-14　国际航行船舶全季节载重线标志(右舷)

国内航行船舶的载重线标志如图 3-15 所示。标志中所标识的是汉语拼音首字母,"ZC"表示标志勘绘机构是中国船检局。所勘绘的载重线有热带载重线(标以字母"R")、夏季载重线(标以字母"X")、热带淡水载重线(标以字母"RQ")和夏季淡水载重线(标以字母"Q")。同一船舶国内航行的各条载重线比国际航行的相应载重线高。

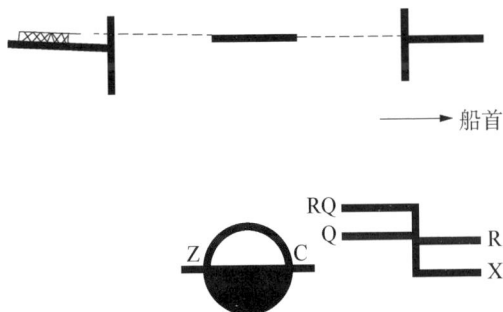

图 3-15　国内航行船舶的载重线标志(右舷)

依据《公约》和《法定规则》所核定的船舶最小干舷,由船级社或由其委托指定机关负责勘绘船舶载重线标志,并发给"国际船舶载重线证书"。当船舷为暗色底者,载重线标志漆以白色或黄色;当船舷为浅色底者,则漆以黑色。它们由主管机关认可,并勘绘在船中两舷作为永久性标志。

"国际船舶载重线证书"有效期为 5 年,在证书签发每周年前后 3 个月进行年度检验,以保证船体和上层建筑无实质性改变,使有关装置和设备处于有效状态。每 5 年至少有一次定期检验,以保证船体结构、设备、布置、材料和构件尺寸符合《公约》和《法定规则》的要求。

《公约》规定,国际航行的船舶出入有关国家的港口时,必须接受港务监督部门的检查,确保船舶载重线标志有效并按规定使用载重线标志。

3.2.4 载重线海图

在海上,风浪是影响船舶安全航行的重要因素。根据海洋风浪大小和频率,《公约》将世界范围内具有相似风浪条件的海域分成若干个区带或区域,在同一区带或区域内又按风浪变化的不同划分为不同的季节期。《公约》和《法定规则》要求在不同的风浪条件下使用不同的载重线以确定所允许装载的最大吃水。根据世界各海区在不同季节期的风浪状况,《公约》和《法定规则》中的"商船用地带、区域与季节期海图"(简称载重线海图)将其划分成不同的区带和季节区域。

1) 载重线海图对世界海区的划分

根据长期观测和积累的全球不同海区在不同季节内风浪的大小和频率的资料,将世界海区划分为以下几类:

(1) 区带(地带)(zones)指一年各季节中风浪变化不大,因此允许船舶全年使用同一载重线的海区。区带可分为热带区带(tropical zones)与夏季区带(summer zones)。热带区带指允许在该区带航行的船舶全年使用热带载重线的海区。夏季区带指允许在该区带航行的船舶全年使用夏季载重线的海区,该海区出现大风的频率较热带区带高些。

(2) 季节区域或季节区带(seasonal areas or seasonal zones)指一年各季节风浪变化较大,因而船舶在不同季节期内允许使用不同载重线的海区。季节区域(带)可分为热带季节区域(带)(tropical seasonal areas or zones)和冬季季节区域(带)(winter seasonal areas or zones)。在热带季节区域(带)航行的船舶,当处于规定的热带季节期时,允许使用热带载重线;当处于规定的夏季季节期时,则允许使用夏季载重线。在冬季季节区域(带)航行的船舶,当处于规定的冬季季节期时,允许使用冬季载重线;当处于规定的夏季季节期时,则允许使用夏季载重线。

（3）北大西洋冬季季节区带(North Atlantic winter seasonal zone)是指北大西洋冬季季节区带 Ⅰ 的全部和区带 Ⅱ 中位于 15°W 和 50°W 两子午线之间的部分。凡船长小于或等于 100 m 的船舶航行于这两个海区时,均应在规定的冬季季节期使用北大西洋冬季载重线,而在其余时间使用夏季载重线。对于船长大于 100 m 的船舶,在上述海区无须遵守此规定。

2) 我国沿海海区的划分

（1）国际航行船舶。根据《公约》规定,我国沿海海区分别属于夏季区带和热带季节区域。香港和苏阿尔港被认为处于热带季节区域和夏季区带的分界线上。我国政府在加入《公约》时,就该《公约》对我国沿海海区划分的规定声明保留。我国政府规定,我国沿海海区分为南北两个热带季节区域,即香港—苏阿尔恒向线以北,夏季季节期自 10 月 1 日至来年 4 月 15 日,热带季节期自 4 月 16 日至 9 月 30 日。香港—苏阿尔恒向线以南,夏季季节期自 10 月 1 日至来年 1 月 20 日,热带季节期自 1 月 21 日至 9 月 30 日,比《公约》规定延长了 4 个月。

国际航行的中国籍船舶可按上述规定执行,而悬挂缔约国国旗的外国籍船舶仍可执行《公约》的规定。

（2）国内航行船舶。汕头以北的中国沿海,夏季季节期自 11 月 1 日至来年 4 月 15 日,热带季节期自 4 月 16 日至 10 月 31 日。汕头以南的中国沿海,夏季季节期自 11 月 1 日至来年 2 月 15 日,热带季节期自 2 月 16 日至 10 月 31 日。

3.3 船舶重心与浮心

3.3.1 船舶重心

1) 一般公式

船舶重心是船舶所有重量的合力作用点。它的位置随载重及货物装载情况的不同而变化,它的高度直接影响船舶的稳性和摇摆性能,它的左右和前后位置将影响船舶的漂浮状态。若重心位于浮心之前,则船舶首吃水增大,尾吃水减小,产生首纵倾;反之则会产生尾纵倾。当重心位于浮心右侧,将产生右倾;反之会产生左倾。为了使船舶处于正浮状态,在放置各种重物时,必须经过周密的计算和考虑。因此,重心的位置对船舶的性能非常重要。

若船上各项重量为 w_i,相应的重心坐标为 (x_i, y_i, z_i),则船舶的重量 W、重心坐标 (x_g, y_g, z_g) 根据理论力学知识,可由式(3-10)求得。

$$W = w_1 + w_2 + \cdots + w_n = \sum_{i=1}^{n} w_i$$

$$x_g = \frac{\sum\limits_{i=1}^{n} w_i x_i}{\sum\limits_{i=1}^{n} w_i}, \quad y_g = \frac{\sum\limits_{i=1}^{n} w_i y_i}{\sum\limits_{i=1}^{n} w_i}, \quad z_g = \frac{\sum\limits_{i=1}^{n} w_i z_i}{\sum\limits_{i=1}^{n} w_i} \qquad (3-10)$$

式中，x_i、y_i 和 z_i 为各项重量 w_i 的重心坐标，而 $\sum_i^n w_i x_i$、$\sum_i^n w_i y_i$ 和 $\sum_i^n w_i z_i$ 则分别为各项重量对坐标平面 yOz、xOz 和 xOy 的静矩之和。

通常装货时尽量使船舶左右重量相等，即 $y_g = 0$。这样在具体计算时，只要计算纵向和垂向两个坐标。为避免差错，便于检查，常采用表格形式计算。

2) 载荷增减后的重量重心确定

如果船舶的原重量为 W、重心坐标为 (x_g, y_g, z_g)，增减载荷重量为 q、相应的重心坐标为 (x_q, y_q, z_q)，则由式(3-10)可得增减载荷后船舶新的重量 W_1、新的重心坐标 (x_{g1}, y_{g1}, z_{g1})，可以表示为

$$W_1 = W + q$$

$$x_{g1} = \frac{W x_g + q x_q}{W + q}, \quad y_{g1} = \frac{W y_g + q y_q}{W + q}, \quad z_{g1} = \frac{W z_g + q z_q}{W + q} \qquad (3-11)$$

式中，若船舶增加载荷，则 q 取正值；若船舶减少载荷，则 q 取负值。

3.3.2 船舶浮心

从力学上讲，船体的浮心是浮力的作用中心；从几何意义上讲，船体的浮心是排水体积的中心。船舶设计完毕以后，它的形状就已经确定，不论货物分布情况如何，只要保持正浮，吃水一定，则排水体积、形状、大小及浮心坐标也就一定了。因此，浮心位置随吃水而变化，在船舶设计时就可计算出来。由于船舶左右对称，所以浮心的横向坐标 $y_b = 0$，浮心的垂向坐标 z_b 和纵向坐标 x_b 随吃水的变化由船舶静水力曲线图(见图 3-16)的相应曲线可得。使用时只要知道装载货物后的吃水值就可以根据浮心曲线方便地查得船舶的浮心位置。

船舶的浮心和重心是两个不同的概念。重心是重力的作用中心，它的位置随货物分布情况不同而异；浮心是浮力的作用中心，不受货物分布不同的影响，只受吃水和水下体积形状变化的影响，两者不应混淆。

3.3.3 储备浮力

储备浮力(reserve buoyancy)是满载水线以上的船体水密空间所提供的浮力。

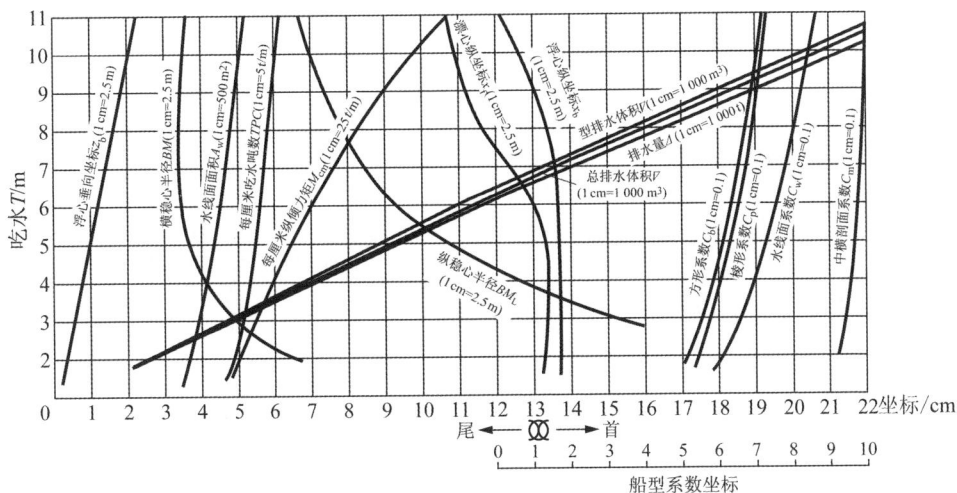

图 3-16　船舶静水力曲线图

储备浮力与船舶的抗沉性、安全性有很大的关系。

　　如前所述，船舶只要满足重力和浮力大小相等，方向相反并作用在同一垂线上即可得到平衡而漂浮在静水面上。因此从理论上说，船舶装载后的水线只要不超过甲板边线，船舶总是可以平衡于水面的，即船舶所能装载的重量是使装载后的船舶总重量与船体所有水密体积形成的浮力相等。但是实际上，船舶的满载水线只能是在甲板边线下相当一段距离处，即船舶装载后必须保留一部分浮力，该部分浮力称为储备浮力。

　　船舶之所以要具有一定的储备浮力，是因为它在航行中，重力和浮力往往会发生变化。例如，海浪打上甲板，上甲板结冰等会使重量增加；船舶破损后会丧失浮力，为了使浮力和重力重新得到平衡，就需要得到补偿浮力。

　　由于储备浮力与船舶航行安全有关，因此储备浮力的大小由船检机构加以规定和检查，我国海事局颁布的《法定规则》是限制和检查载重水线，即保证储备浮力的准则，设计和航运部门必须严格执行。国际航行的船舶必须根据《公约》的规定来确定船舶的储备浮力（最小干舷）。

　　《法定规则》具体规定了各类船舶的最小干舷值。最小干舷的大小反映了储备浮力的大小，因此计算和确定干舷高度就是对储备浮力的保证。

　　储备浮力的大小与船舶的用途、结构、航行季节和区域等因素有关。军用舰艇的储备浮力常达其满载排水量的 100%，海船的储备浮力约为其满载排水量的 25%～40%，内河船约为 10%～15%。油船及运木船因其本身的特点，储备浮力要比普通货船小。海面风浪冬季比夏季大,则要求冬季航行船舶具有较大的储备浮力。为了保证船舶具有一定的储备浮力,其实际吃水决不允许超过相应的载重水线。

3.3.4 水尺

船舶的水尺标志(draft mark)是勘绘在船体首尾左右两侧的船壳板上的吃水标志。大型船舶还在船中部的左右两舷标明水尺。水尺标志如图3-17所示。看到水尺就可知道船底离开水面多少水深,船舶有无纵向倾斜等。

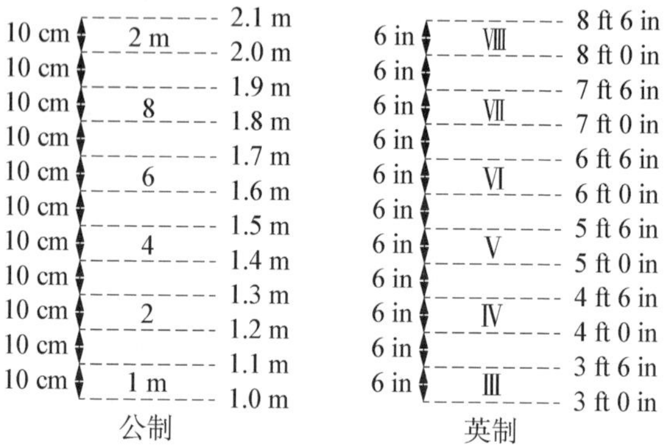

公制		英制	
10 cm	2 m — 2.1 m	6 in	Ⅷ — 8 ft 6 in
10 cm	— 2.0 m	6 in	— 8 ft 0 in
10 cm	— 1.9 m	6 in	Ⅶ — 7 ft 6 in
10 cm	8 — 1.8 m	6 in	— 7 ft 0 in
10 cm	— 1.7 m	6 in	Ⅵ — 6 ft 6 in
10 cm	6 — 1.6 m	6 in	— 6 ft 0 in
10 cm	— 1.5 m	6 in	Ⅴ — 5 ft 6 in
10 cm	4 — 1.4 m	6 in	— 5 ft 0 in
10 cm	— 1.3 m	6 in	Ⅳ — 4 ft 6 in
10 cm	2 — 1.2 m	6 in	— 4 ft 0 in
10 cm	— 1.1 m	6 in	Ⅲ — 3 ft 6 in
10 cm	1 m — 1.0 m	6 in	— 3 ft 0 in

图 3-17 水尺

水尺标志有公制和英制两种,一般以阿拉伯字和罗马字表示。

公制水尺标志以阿拉伯数字表示,字体高度为10 cm,字与字之间的垂向间隔也是10 cm;英制水尺标志是以罗马数字表示,字体高度为6 in(1 in=2.54 cm),字与字之间的垂向间隔也是6 in。

从水线面与船舶水尺标志的相交处便可观测船舶的实际吃水值。观测方法如下:

(1) 水线达到水尺标志上某数字的字底边缘时,表示该处的实际吃水值为该数字所表示的数值。

(2) 水线刚好淹没该数字,表示该处的实际吃水为该数字所表示的数值加上相应的字高。

(3) 水线位于字高的一半时,则表示该处的实际吃水为该数字所表示的数值加上相应字高的一半。

观测时应注意,当水面有波动时,应根据若干次观测所得的平均值确定实际水线的位置。为了提高观测精度,应选择水面较平静的时候观测,且保持视线与水面的夹角尽可能地小。

3.4 船舶平均吃水的变化

3.4.1 船舶平均吃水变化简介

船舶平均吃水变化就是假定船舶增加或减少载荷时,船体保持平浮状态的升沉,不引起横倾和纵倾的浮态变化,即船舶装卸货物后只发生吃水的增减,而不发生浮态的变化。这种情况只能发生在某一特定的条件下。

现设某船原吃水为 T,装货 $w(t)$ 后吃水增加到 T_1,则吃水增量 $dT = T_1 - T$,增加的浮力为 $d\Delta$。根据平衡条件,应有

$$w = d\Delta(t) \tag{3-12}$$

要使船舶保持原有的漂浮状态,必须使所装货物的重心位置与所增加的浮力作用中心在同一垂线上。当装载货物不多时,可认为吃水变化前后的水线面面积大小不变,均为 A_w。这样,所增加的排水体积为水线面面积 A_w 与吃水增量 dT 的乘积,增加的浮力为

$$d\Delta = \rho A_w dT(t) \tag{3-13}$$

增加的排水体积 $A_w dT$ 中心为这一薄层体积的中心,由于增加货物前后的水线面面积可近似看作不变,所以这一薄层体积的中心是通过上下水线面面积中心的。我们称水线面面积中心为漂心,以 $F(x_f, y_f, z_f)$ 表示,如图 3-18 所示。增减货物后引起的平均吃水变化值 dT 可由式(3-12)代入式(3-13)求得。

$$dT = \frac{w}{\rho A_w} \tag{3-14}$$

式(3-14)即平均吃水变化值计算式,须注意的是,增加载荷时 w 和 dT 为正,而减小载荷时 w 和 dT 为负。

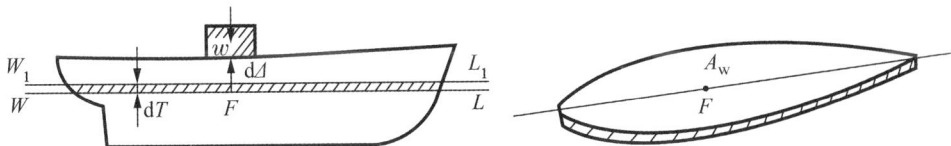

图 3-18 平均吃水变化

由此可知,引起船舶平均吃水变化的条件如下:

(1) 所装卸的货物重量不大(通常小于 10% 的满载排水量)。

(2) 所装卸货物的重心位置应通过水线面面积中心,即通过漂心 F 的垂线上。

3.4.2 每厘米吃水吨数

在实际应用中,为运算方便,常采用"每厘米吃水吨数"来计算少量货物装卸时的平均吃水变化值,或根据吃水变化值来估算货物的装卸量。每厘米吃水吨数是船舶平均吃水变化 1 cm 所需增减的货物吨数,记为 TPC,单位为 t/cm。

当已知需要装卸的货物重量 w 及每厘米吃水吨数 TPC 时,可根据式(3-15)求得平均吃水变化值 dT。

$$d\mathrm{T} = \frac{w}{TPC}(\mathrm{cm}) \tag{3-15}$$

式中,w 装货为正,卸货为负。

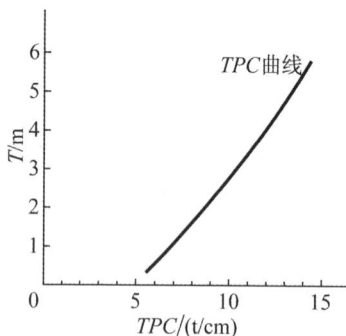

图 3-19 每厘米吃水吨数曲线

根据式(3-13),当 $dT = 0.01$ m 时,$d\Delta$ 应等于 TPC,因此有

$$TPC = 0.01\rho A_\mathrm{w}(\mathrm{t/cm}) \tag{3-16}$$

由于每厘米吃水吨数 TPC 是由水线面面积确定的,而水线面面积是随吃水变化的,因此 TPC 也是随吃水变化的。根据式(3-16)的关系,可以画出 TPC 与吃水 T 的关系曲线,此曲线为每厘米吃水吨数曲线,如图 3-19 所示(某船的 TPC 曲线)。所以,每厘米吃水吨数是随不同的船型、不同的吃水而变化的。

3.4.3 水密度变化对船舶浮态的影响

船舶平均吃水的变化情况可以近似地认为发生在船舶从淡水驶入海水或从海水驶入淡水。此时船舶重量不变,但由于水的密度发生变化,使排水体积发生变化。它们的关系如下:

$$W(\mathrm{t}) = \rho_{淡}\nabla_{淡} = \rho_{海}\nabla_{海} \tag{3-17}$$

或

$$\frac{\nabla_{淡}}{\nabla_{海}} = \frac{\rho_{海}}{\rho_{淡}} \tag{3-18}$$

式中，$\nabla_\text{淡}$（m^3）、$\rho_\text{淡}$（t/m^3）为船舶在淡水中的排水体积和淡水的密度；$\nabla_\text{海}$（m^3）、$\rho_\text{海}$（t/m^3）为船舶在海水中的排水体积和海水的密度。

由此可知，船舶排水体积和水的密度成反比。由于船舶由淡水驶入海水或由海水驶入淡水所引起的吃水变化不大，故可认为变化前后水线面面积近似不变，则两个排水体积的比值等于吃水的比值，即

$$\frac{\rho_\text{海}}{\rho_\text{淡}}=\frac{\nabla_\text{淡}}{\nabla_\text{海}}\approx\frac{T_\text{淡}}{T_\text{海}} \tag{3-19}$$

若取海水密度为 $1.025\ \text{t/m}^3$，淡水密度为 $1.0\ \text{t/m}^3$，则船舶平均吃水变化 $\text{d}T=T_\text{淡}-T_\text{海}=1.025\,T_\text{海}-T_\text{海}=0.025\,T_\text{海}$，即船舶从淡水驶入海水时，吃水减少 2% 多一些；从海水驶入淡水时，则增加 2% 多一些。实际上在水密度发生改变时，船的浮心位置随着吃水变化也有一定的改变，因此严格地说，还会发生纵倾现象。大多数船舶由淡水驶入海水时，吃水减小，浮心前移，产生尾倾现象。而当船舶从海水驶入淡水时，吃水增加，浮心后移，产生首倾现象。

在船舶积载和航线设计时，须较精确地计算舷外水密度变化对船舶平均吃水的影响，一般采用以下两种估算方法：

1）使用每厘米吃水吨数 TPC 修正方法

设船舶由 ρ_0 水域进入 ρ_1 水域，平均吃水的改变量为 δT。

在 ρ_0 水域，有浮性方程：　　　　$\nabla_0=\dfrac{\Delta}{\rho_0}$

在 ρ_1 水域，有浮性方程：　　　　$\nabla_1=\dfrac{\Delta}{\rho_1}$

即　　　　　　　$\delta\nabla=\dfrac{\Delta}{\rho_1}-\dfrac{\Delta}{\rho_0}=\Delta\left(\dfrac{1}{\rho_1}-\dfrac{1}{\rho_0}\right)$

又　　　　　　　$\delta\nabla=A_\text{w}\delta T,\ TPC|_\rho=\dfrac{A_\text{w}\rho}{100}$

故　　　$\delta T=\dfrac{\Delta}{A_\text{w}}\left(\dfrac{1}{\rho_1}-\dfrac{1}{\rho_0}\right)=\dfrac{\rho\Delta}{100\,TPC|_\rho}\left(\dfrac{1}{\rho_1}-\dfrac{1}{\rho_0}\right)$

$$\delta T=\frac{\Delta\rho_\text{s}}{100\,TPC}\left(\frac{1}{\rho_1}-\frac{1}{\rho_0}\right)(\text{cm}) \tag{3-20}$$

式中，$\rho_\text{s}=1.025\ \text{t/m}^3$，$TPC$ 取 $\rho_\text{s}=1.025\ \text{t/m}^3$ 水域中的值。

2）使用淡水超额量的修正方法

淡水超额量（fresh water allowance，FWA）是指船舶从标准密度海水水域进入标准密度淡水水域时平均吃水的增量。

设 $\rho_0 = 1.025 \text{ t/m}^3$，$\rho_1 = 1.000 \text{ t/m}^3$，则

$$\delta T = \frac{\Delta}{TPC}\left(\frac{1.025}{1.000} - \frac{1.025}{1.025}\right) = \frac{\Delta}{TPC} \times 0.025$$
$$= \frac{\Delta}{40TPC} = FWA \text{ (cm)} \qquad (3-21)$$

半淡水超额量(semi fresh water allowance，SFWA)是指船舶从标准密度海水水域进入半淡水 ρ' 水域时平均吃水的增量。即

$$SFWA = \frac{\Delta}{TPC}\left(\frac{\rho_s}{\rho'} - \frac{\rho_s}{\rho_s}\right) = \frac{\Delta}{40TPC} 40\left(\frac{1.025 - \rho'}{\rho'}\right)$$

$$SFWA = 40FWA\left(\frac{1.025 - \rho'}{\rho'}\right) \approx 40FWA(1.025 - \rho') \text{ (cm)} \quad (3-22)$$

式中，ρ' 为半淡水的密度($1.000 < \rho' < 1.025$)，t/m^3。

3.4.4 水尺检量

水尺检量是目前海运大宗散货运用得最频繁、最多的一种计重方式，它已广泛运用于生铁、煤炭、矿石、废钢、盐、化肥、硫黄等价值相对较低的散货计重，其计量结果可以作为商品结算、理赔、索赔、交接、计算运费、通关计税的法定依据。因此了解与水尺检量精度相关的影响因素，了解各种修正方法的运用，对维护发货人、承运人、收货人的利益都具有相当重要的作用。

1) 基本原理

水尺检量的基本原理如下：在货物装船前或卸货前，测量船舶吃水以及船舶燃油、淡水、压载水的存量，测量船舶舷外港水密度；同样在货物装船后或卸货后，测量船舶吃水以及船舶燃油、淡水、压载水的存量，测量船舶舷外港水密度。根据两次测量的数据，运用船载的载重表尺及排水量表等静水力资料，船舶水、油舱计量表和校正表等图表，来计算并确定船舶装载货物的质量。

2) 水尺计重的步骤与计算方法

(1) 测定原始数据。精确测定船舶六面吃水(T_{FP}、T_{FS}、T_{MP}、T_{MS}、T_{AP} 和 T_{AS})；精确测定船舶舷外港水密度 ρ；精确测定船舶油水、储备品等重量 $\sum G$。

(2) 修正船舶吃水和排水量。

a. 船舶横倾和纵向扭曲变形修正。

船首平均吃水：
$$T_F = \frac{T_{FP} + T_{FS}}{2} \qquad (3-23)$$

船舯平均吃水：
$$T_{Mm} = \frac{T_{MP} + T_{MS}}{2} \qquad (3-24)$$

船尾平均吃水：
$$T_A = \frac{T_{AP} + T_{AS}}{2} \qquad (3-25)$$

吃水差：
$$t = T_F - T_A \qquad (3-26)$$

b. 船舶首尾垂线修正(见图 3-20)。

修正后，
$$T_{F1} = T_F + C_F \qquad (3-27)$$

$$T_{A1} = T_A + C_A \qquad (3-28)$$

式中，首垂线吃水修正值：

$$C_F = \frac{t l_F}{L_{bp} - l_F + l_A} \qquad (3-29)$$

尾垂线吃水修正值：

$$C_A = \frac{t l_A}{L_{bp} - l_F + l_A} \qquad (3-30)$$

式中，l_F 为首吃水观察点至首垂线距离，m；l_A 为尾吃水观察点至尾垂线距离，m；l_F、l_A 符号约定：以吃水观察点为基准，当首、尾垂线在其前方时取"＋"，反之取"－"。

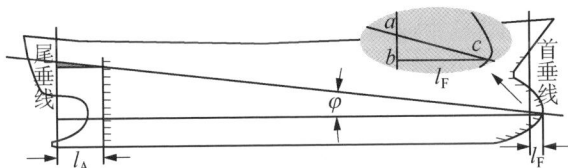

图 3-20　首尾垂线修正示意图

c. 船舶拱垂变形修正。

首尾平均吃水：
$$T_{M1} = \frac{T_{F1} + T_{A1}}{2} \qquad (3-31)$$

拱垂值：
$$\delta = T_{Mm} - T_{M1} \qquad (3-32)$$

经修正后，
$$T_{M2} = T_{M1} + \frac{3}{4}\delta \qquad (3-33)$$

d. 船舶纵倾修正(见图 3-21)。

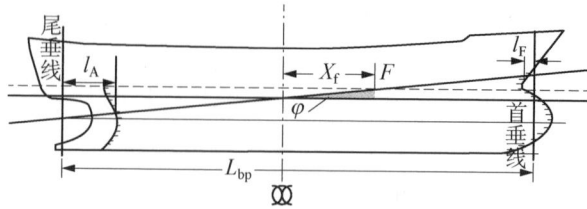

图 3-21 船舶纵倾修正示意图

a) 使用欧拉定律修正(适合吃水差 $|t| < 1.0$ m)。欧拉定律是指在某水线正浮漂浮的船舶,不改变其排水量,而纵倾时新的水线必定通过原来水线面的面积中心——漂心。由此可以导出实际平均吃水(漂心处吃水)与经拱垂修正后的吃水相差"漂心修正量",需要强调的是,应用欧拉定律进行排水量修正只适用于微小的纵倾,即吃水差小于 1 m 的情况。

经修正的平均吃水: $\qquad T_{M3} = T_{M2} + C$ (3-34)

纵倾吃水修正值:

$$C = \frac{t x_f}{L_{bp} - l_F + l_A} \tag{3-35}$$

b) 使用根本氏法修正(适合吃水差 $|t| \geqslant 1.0$ m)。20 世纪 60 年代,日本播磨造船厂工程师根本广太郎对船舶处于纵倾状态下的排水量修正问题得出了一个修正公式,同时提出了两个论点:第一个论点是"小纵倾时,吃水面如围绕其漂心旋转,排水量不变";第二个论点是"大纵倾时,吃水面如以其微分定倾中心(differential metacenter)旋转,排水量不变"。通过 40 多年的实践证明,根本氏修正公式计算准确、容易,已被国际上所接受并广为采用。

经修正的排水量: $\qquad \Delta_1 = \Delta_0 + \delta\Delta$ (3-36)

式中,Δ_0 由 T_{M2} 从船舶资料中查取($\rho = 1.025$ t/m³)。

$$\delta\Delta = \frac{t \times x_f \times TPC \times 100}{L_{bp} - l_F + l_A} + \frac{50 \times t^2}{L_{bp} - l_F + l_A} \times \frac{T_M}{Tz} \tag{3-37}$$

式中,$\dfrac{T_M}{Tz}$ 为由 T_{M2} 查取的每厘米纵倾力矩 M_{cm}(MTC)变化率。

e. 港水密度修正。

$$\Delta_2 = \frac{\Delta_1}{1.025} \rho \tag{3-38}$$

式中，ρ 为舷外港水密度值，t/m^3。

（3）计算散装货物重量 Q。

$$Q = (\Delta'' - \sum G'') - (\Delta' - \sum G')$$
$$= (\Delta'' - \Delta') - (\sum G'' - \sum G') \tag{3-39}$$

式中，Δ''、Δ' 分别为船上包括、不包括计重货物时，经修正后的排水量，t；$\sum G''$、$\sum G'$ 分别为船上包括、不包括计重货物时，船上油水等储备品的重量，t。

3.5　船舶吨位

船舶的装载能力除受船舶的载重性能限制外，还受到船舶容积性能的限制。船舶所具有的容纳各类载荷体积的性能称为船舶容积性能。表征船舶容积性能的指标包括货舱容积及船舶登记吨位。

3.5.1　货舱容积

货舱容积是指船体内部用来装载货物、燃料、淡水等载荷的围壁处所的容积，是船舶货舱内部空间大小的度量。按照丈量原则和适用对象的不同，货舱容积有型容积、散装容积、包装容积、液货舱容积、液舱容积五种。

1）型容积

是货舱的理论容积，即不包括外板厚、货舱内的骨架等在内，丈量所得到的货舱内部总容积。

2）散装容积

是货舱内能够装载散货，如散粮、矿砂、煤炭、盐等的最大货舱容积。是型容积中扣除骨架等所占容积后的容积。它包括船舶两舷壳板内缘、舱底板、舱盖板和横舱壁包围的容积，并扣除肋骨、支柱和横梁所占的容积。

3）包装容积

是货舱内能够装载包装件货的最大货舱容积。是型容积中扣除骨架及骨架间容积后的容积。它包括肋骨内护板内缘、横梁下缘到舱底板所包围的容积。因为一般包装货不能充分利用肋骨之间、横梁之间的空隙，所以包装容积比散装容积小，一般为散装容积的 $90\%\sim96\%$。在件杂货运输时，均使用包装容积。

4）液货舱容积

是指船舶的液货舱容纳特定的液体货物的最大容积。

5) 液舱容积

指船舶的燃料和润料舱柜、淡水舱柜、压载水舱容纳相应液体载荷的最大容积。

在《船舶稳性报告书》中有舱容图、货舱容积表和液舱容积表,方便驾驶人员直接查取有关舱柜容积的具体数据。

3.5.2 舱容系数与积载因数

舱容系数是船舶货舱总容积与船舶净载重量的比值,即每一净载重吨所能提供的货舱容积数。计算式如下:

$$\mu = \frac{V}{NDW} \tag{3-40}$$

式中,μ 为舱容系数,m^3/t;V 为船舶货舱的总容积,m^3;NDW 为船舶的净载重量,t。

舱容系数是船舶重要的容积性能,也是反映船舶载货性能的重要技术指标。即将舱容系数与货物的积载因数(指每吨货物所需占用的空间,m^3/t)相比较,判断船舶是适宜装重货还是装轻货。舱容系数越大船舶越适宜装轻货,反之,则适宜装重货。一般船舶资料中所指的舱容系数是指使用夏季载重线时最大续航能力下的数值;最大续航能力就是指船舶在装满燃料、淡水及其他消耗品以后,不再在途中进行补给而能够连续航行的最大距离。由于船舶的净载重量是随航程不同而变化的,因此舱容系数也是变化的。一般杂货船的舱容系数均在 $1.5\ m^3/t$ 以上,且有明显增大的趋势,有时达 $1.8\sim2.1\ m^3/t$,这是为了适应装运轻货的需要。

3.5.3 船舶登记吨位

船舶登记吨位是指按船舶吨位丈量规范的有关规定,丈量所得到的内部容积。是为船舶注册登记而规定的一种以容积折算的专门吨位,与以重量单位"吨"表示的船舶排水量和载重量不同,主要用于船舶登记。船舶参加运输生产前,根据国家规定须对船舶进行丈量以确定其登记吨位,每艘船经过丈量核算后,均将结果记入"吨位证书"内。

我国按照《法定规则》中吨位丈量的规定确定船舶登记吨位并核发吨位证书。我国政府已参加了《1969 年国际船舶吨位丈量公约》,《法定规则》的制定遵守了该公约的规定,因此,我国主管机关核发的吨位证书得到了国际上的承认。

船舶登记吨位分为总吨位和净吨位两种。

1）总吨位 GT

总吨位（gross tonnage，GT）是根据《1969 年国际船舶吨位丈量公约》或各国制定的丈量规范丈量确定的船舶总容积，是通过对船舶所有围蔽处所进行丈量计算后确定的吨位。

我国《法定规则》规定，船舶的总吨位按下式计算：

$$GT = K_1 V \qquad (3-41)$$

式中，V 为船舶所有围壁处所的容积，m^3；K_1 为系数，$K_1 = 0.2 + 0.02 \lg V$。

总吨位一般用于表示船舶的大小等级以及国家统计船舶数量的单位，作为计算造船、买卖船舶及租船费用的依据，作为船舶登记、检验和丈量的收费标准，计算海损事故赔偿的基准以及计算净吨位的依据等。

2）净吨位 NT

净吨位（net tonnage，NT）是根据《1969 年国际船舶吨位丈量公约》或各国制定的丈量规范丈量确定的船舶实际用作载货、载客的有效容积，是对船舶能够实际营运的载货、载客处所进行丈量计算后得出的吨位。

根据我国《法定规则》规定，船舶的净吨位按下式计算：

$$NT = K_2 V_c \left(\frac{4d}{3D} \right)^2 + K_3 \left(N_1 + \frac{N_2}{10} \right) \qquad (3-42)$$

式中，V_c 为船舶各载货处所的总容积，m^3；K_2 为系数，$K_2 = 0.2 + 0.02 \lg V_c$；K_3 为系数，$K_3 = 1.25 \dfrac{GT + 10\,000}{10\,000}$；$D$ 为《法定规则》所述的船长中点的型深，m；d 为《法定规则》所述的船长中点的型吃水，m；N_1 为不超过 8 个铺位的客舱中的乘客总数；N_2 为其他乘客数；GT 为船舶总吨位；且 $\left(\dfrac{4d}{3D} \right)^2$ 应不大于 1；$K_2 V_c \left(\dfrac{4d}{3D} \right)^2$ 应不小于 $0.25\,GT$；NT 应不小于 $0.30\,GT$。

$N_1 + N_2$ 为船舶乘客证书所述的准许乘客总数；当 $N_1 + N_2$ 小于 13 时，N_1 及 N_2 均取为零。

净吨位一般用于计算船舶向港口交纳各种费用和税收（如停泊费、引航费、拖带费及海关税）等的依据，作为计算航经苏伊士运河和巴拿马运河时的船舶通行税的依据等。但各运河都有自己的计算方法。净吨位大致在 63%～70% 总吨位范围内。

船舶吨位丈量均以国际单位为计算单位，精确至小数点后两位。量计所得总吨位和净吨位的数值采用整数，不计小数点后的数值。在"国际吨位证书（1969）"

中的总吨位和净吨位,只填写数字,数字后面没有单位"吨"。

除以上总吨位及净吨位外,有些船舶还必须丈量运河吨位(canal tonnage)。巴拿马运河当局和苏伊士运河当局为了维护有关国家的利益,各自规定了自己的船舶吨位丈量规范,从而形成运河吨位。运河吨位是船舶按照运河当局制定的船舶吨位丈量规范而量取的登记吨位。运河吨位主要有苏伊士运河吨位和巴拿马运河吨位两种,分别包括了总吨位与净吨位。同一船舶的运河总吨位与净吨位一般比该船的总吨位和净吨位大。

运河总吨位的主要用途是船舶在经过运河时,作为向运河当局交纳通航费的计费依据。

本章小结

浮性是船舶最基本的性能,当船舶在静水中处于平衡状态时,重力等于浮力,重量等于排水量,重心与浮心在同一铅垂线上。重心是重力的作用中心,位置随货物分布不同而变化;而浮心是浮力的作用中心,只受吃水和水下体积形状变化的影响;为描述重心与浮心的位置,船舶有自己的坐标系统。船舶有四种浮态,为保证船舶航行安全,船上有储备浮力与载重线标志,还有看吃水的水尺标志。

当船舶装卸的货物重量不大且所装卸货物的重心通过漂心的垂线时,船舶会发生平均吃水的变化,此时只有吃水的增减而无浮态的改变;在船舶从淡水驶入海水或从海水驶入淡水时,最易发生这种变化。

船舶除具有载重能力的衡量指标外,还有衡量船舶内部容积的指标,即计入船舶吨位证书的船舶登记吨位,有总吨位与净吨位之分。

习题与思考题

一、名词解释

浮态,重力,浮力,重心,浮心,首倾,尾倾,排水量,载重量,空船重量(不变重量),载重量(可变重量),漂心,每厘米吃水吨数,平均吃水变化,储备浮力,载重线标志,水尺,型容积,散装容积,包装容积,舱容系数,总吨位,净吨位。

二、简答题

(1) 船舶在静水中保持平衡状态的基本条件是什么?

(2) 重心与浮心的变化各取决于什么?

(3) 民用船舶排水量的种类及组成?

(4) 船舶空船重量(不变重量)与载重量(可变重量)分别包括哪些部分?

（5）装卸少量货物,要使船舶只产生平均吃水变化的条件有哪些?

（6）每厘米吃水吨数在确定船舶平均吃水变化时有何用处? 其单位是什么?

（7）当船舶由淡水进入海水,或由海水进入淡水时,浮态将分别产生何种变化? 为什么?

（8）储备浮力有何意义? 其大小怎样表示?

（9）载重线标志及水尺各有何作用?

（10）船舶登记吨位与船舶总重量有何区别?

（11）舱容系数与积载因数之间有何关系?

（12）总吨位与净吨位各有何用途?

三、选择题

（1）当船舶首吃水小于尾吃水时,船舶为( )。

A. 尾倾　　　　　B. 正浮　　　　　C. 首倾　　　　　D. 平浮

（2）船舶由淡水驶入海水时,除了吃水减小或排水体积减小以外,还会产生( )现象。

A. 尾倾　　　　　B. 正浮　　　　　C. 首倾　　　　　D. 平浮

（3）船舶水线面面积的中心为( )。

A. 浮心　　　　　B. 稳心　　　　　C. 重心　　　　　D. 漂心

（4）船舶排水体积的中心是( )。

A. 浮心　　　　　B. 稳心　　　　　C. 重心　　　　　D. 漂心

（5）少量货物装在通过( )的垂直轴上,则船舶平行下沉。

A. 浮心　　　　　B. 稳心　　　　　C. 重心　　　　　D. 漂心

四、计算题

（1）内河客货船的尺度和要素如下: $T=2.4\text{ m}$, $C_b=0.66$, $C_w=0.88$,假如卸下货重 $P=8\%$ 的排水量,求船舶平均吃水变化和最终吃水?

（2）某船每厘米吃水吨数 $TPC=14\text{ t/cm}$,在漂心的垂线上取出多少吨货物才能使船平行上浮 6 cm? 若增加重量 63 t,则船将下沉多少?

（3）已知某船重量分布如表 3-1 所示,试求船舶的重量和重心坐标。

表 3-1　某船重量和重心计算表

项目	重量/t	重心距基线高/m	垂向静矩/t·m	重心距船中/m	纵向静矩/t·m
空船重量	5 000	10		+4.8	
No. 1 货舱	800	9		-54.0	

(续表)

项目	重量/t	重心距基线高/m	垂向静矩/t•m	重心距船中/m	纵向静矩/t•m
No. 2 货舱	2 200	8		−32.2	
No. 3 货舱	2 400	7.5		−10.8	
No. 4 货舱	2 000	7.2		+30.4	
No. 5 货舱	900	9.5		+56.6	
船员、行李、备品	80	12		+4.52	
燃油、润滑油等	1 400	6		−3.23	
淡水	320	8		+2.86	
合计					

（4）某船自上海港装货运往大连，问在上海港（$\rho_0 = 1.01 \text{ t/m}^3$）装到多大吃水，才能使船出海时（$\rho_1 = 1.025 \text{ t/m}^3$）达到满载吃水 8.25 m？

第4章

船 舶 稳 性

▼

船舶在航行中,经常会受到风浪等外力的作用而发生倾斜。如何使这种倾斜能够得到及时扶正而不致倾覆,这种问题就是船舶稳性问题。当船舶受到外力作用离开原来平衡位置而发生倾斜,外力消除后,仍能回到原来平衡位置的性能就称为稳性(stability)。它是使船舶抵抗一定的外力作用,而不致倾覆的一种性能,是保证船舶安全航行的一项重要性能。

在航行中船舶产生倾斜的原因很多,如风压力、波浪的冲击力、螺旋桨与舵的侧压力、船舶回转时的离心力、船上重物移动或装卸货物以及船舱进水时对船产生的不平衡力等。

4.1 稳性分类

根据外力作用的大小、快慢、方向的不同,船舶稳性一般可分为以下几类。

按船舶倾斜角度的大小,船舶稳性可分为小倾角稳性(又称初稳性)和大倾角稳性两种。前者研究船舶倾角小于10°或15°时的稳性问题,后者则研究倾角大于10°或15°时的稳性问题。船舶稳性之所以要划分为初稳性和大倾角稳性,是因为在讨论初稳性问题时,可做一些尚能接近实际的简化假定。但在讨论大倾角稳性问题时,这些假定与实际情况出入较大,无法应用,造成了初稳性和大倾角稳性在讨论前提、方法和衡准上有较大的差别,故必须分别加以讨论。

船舶倾斜的方向可以是各种各样的,为讨论问题的方便,常把任意方向的倾斜分为横向倾斜和纵向倾斜两种。根据船舶倾斜方向的不同,相应地把稳性分为横稳性和纵稳性两种。其中横稳性(transverse stability)研究船舶受外力作用,横向倾斜时的回复性能。纵稳性(longitudinal stability)则研究船舶受外力作用,纵向倾斜时的回复性能。一般情况下,大倾角倾斜只发生在横向,故只有在讨论横稳性问题时才有大倾角稳性问题。

根据船舶倾斜时有无角速度和角加速度,船舶稳性还可分为静稳性(static stability)和动稳性(dynamical stability)两种。前者讨论船舶在外力矩的静力作用下发生倾斜时的稳性问题,即角速度和角加速度可以忽略不计;而后者讨论船舶在外力矩的动力作用下发生倾斜时的稳性问题,有显著的角速度和角加速度,不能忽略不计。因此静稳性和动稳性在外力性质、计算方法及度量标准上都有明显的区别,应分别予以讨论。

4.2 船舶的三种平衡状态

从理论力学中我们知道,一个在外力作用下发生倾斜的物体,在外力矩消除后,可能有三种状态发生,即稳定平衡、不稳定平衡和中性平衡,船舶也如此。

4.2.1 稳定平衡

当船舶受外力作用,自正浮位置向右(或左)倾斜一小角度,在外力消除后,若能回复到原来的平衡位置,则称原平衡为稳定平衡,如图 4-1(a)所示。

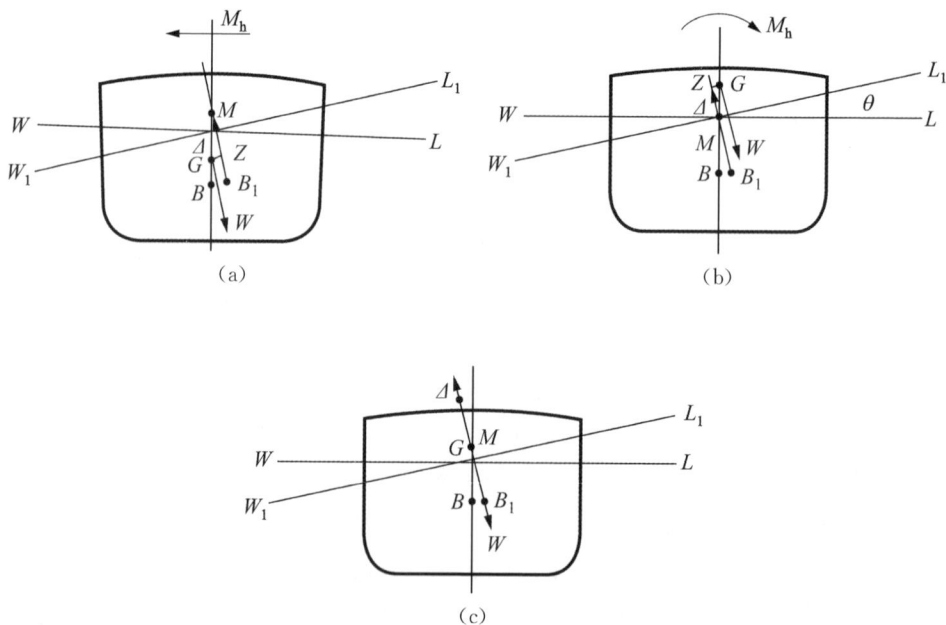

图 4-1 船舶的三种平衡

(a) 稳定平衡 (b) 不稳定平衡 (c) 中性平衡

在未受外力作用前,船舶一般是平浮在水面上的,此时作用于船舶的重力 W 和浮力 Δ 的大小相等,方向相反,且作用在同一铅垂线上,船舶处于静止平衡状态。当船舶受横向外力作用后,失去平衡,发生横向倾斜,此时船的重量并未改变,重心仍在原来的位置 G 点,但由于船舶横倾后水下排水体积的形状发生了变化,浮心位置就从原来的 B 点移到新的位置 B_1 点。重力通过重心 G 点垂直向下作用,而浮力则通过 B_1 点垂直向上作用。重力与浮力不再作用于同一铅垂线上,则船的重力 W 和浮力 Δ 将形成一个力偶矩,此力偶矩的方向与外力矩方向相反。当外力矩消失后,此力偶矩使船舶回复到初始平衡位置,这个力偶矩称为复原力矩或回复力矩,通常以符号 M_h 表示,其力臂为 GZ,如图 4-1 所示。小倾角倾斜前后浮力作用线的交点称为稳心,以符号 M 表示。当稳心 M 点位于重心 G 点之上时,船舶才能处于稳定平衡状态,这时 G 点到 M 点的距离 GM 为正值。GM 称为初稳性高度。

4.2.2 不稳定平衡

如图 4-1(b)所示,当船舶受到外力矩作用横倾至 θ 角时,重力与浮力不在同一垂线上,形成的力偶矩 M_h 与外力矩方向一致,即使外力矩很快消失,船舶也会继续倾斜,直至倾覆,此时船舶的原平衡状态称为不稳定平衡状态,此时重心 G 点在稳心 M 点之上,初稳性高度 GM 值为负值。

4.2.3 中性平衡

如图 4-1(c)所示,当船舶受到外力矩作用而产生倾斜时,重力与浮力恰好作用在同一垂线上,其重心 G 点与稳心 M 点重合,力偶矩 M_h 等于零。当外力消除后,船舶不会回复到原来位置,也不会继续倾斜,而保持在该倾斜位置上,这种现象称为中性平衡,GM 为零。处于中性平衡的船舶,其平衡只在某一倾角 θ 上出现,平衡只是暂时的。因此,严格来说也是不稳定平衡状态。

从对上述三种情况的分析可以看出,船舶只有处于稳定平衡状态才具有稳性。船舶稳定与否取决于重心 G 点与稳心 M 点的相对位置。重心 G 点在稳心 M 点之下,即初稳性高度 GM 大于零($GM > 0$),则船舶具有稳性。

4.3 初稳性高度与初稳性公式

4.3.1 船舶初稳性的简化假定

如前所述,初稳性是研究船舶倾角小于 $10°$ 或 $15°$ 时的稳性问题,它是稳性研究中的一个重要问题。为研究方便起见,有如下三个接近实际情况的假定。

(1) 船舶在做小角度等体积倾斜时,倾斜前后水线面的交线必通过初始水线面面积的形心——漂心。船舶等体积倾斜就是指船舶在外力矩作用下产生倾斜时,只发生排水体积形状的变化,而排水体积的大小保持不变。

(2) 倾斜中稳心位置几乎不变,是一个定点。

(3) 船舶倾斜过程中,浮心移动的轨迹近似一个以 BM 为半径的圆弧。

为研究清楚起见,这里分横稳性和纵稳性两种情况讨论船舶的初稳性。

4.3.2 横稳性

如图 4-2 所示,船舶受外力作用横向倾斜一角度 θ 后,由于重量分布未变,重心 G 的位置不变,浮心则由于排水体积形状改变而由 B 点移到 B_1 点,此时,由重力和浮力形成的回复力矩或复原力矩为

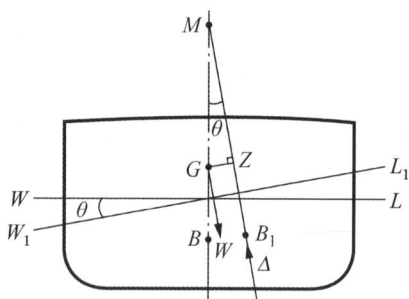

$$M_h = \Delta \times GZ$$
$$GZ = GM \times \sin\theta \qquad (4-1)$$

图 4-2 横倾

式中,Δ 为船舶的排水量,t;GZ 为船舶重心 G 到浮力作用线的垂直距离,称为复原力臂或回复力臂,m;GM 为横稳心 M 在重心 G 之上的距离,m,称为横稳性高度,又称为初稳性高度;θ 为船舶的横倾角。

则回复力矩或复原力矩可写为

$$M_h = \Delta \times GM \times \sin\theta \ (\text{t} \cdot \text{m}) \qquad (4-2)$$

在倾角较小时,$\sin\theta \approx \theta$,故有

$$M_h = \Delta \times GM \times \theta \ (\text{t} \cdot \text{m}) \qquad (4-3)$$

式(4-2)或式(4-3)称为初稳性公式。公式表示了复原力矩和排水量以及横稳性高度之间的关系。可见,在排水量一定的情况下,复原力矩的大小和方向取决于横稳性高度 GM 的大小和方向。初(横)稳性高度为正值时,即稳心 M 在重心 G 之上,复原力矩为正值,船舶处于稳定平衡状态。且初(横)稳性高度越大,则复原力矩越大。初(横)稳性高度越小,则复原力矩也越小。初(横)稳性高度为负值时,即稳心 M 在重心 G 之下,复原力矩为负值,船舶处于不稳定平衡状态。初(横)稳性高度为零时,即稳心 M 和重心 G 重合,复原力矩为零,船舶处于中性平衡状态。所以初(横)稳性高度是衡量初稳性好坏的主要标志。

由于初稳性高度和初稳性之间存在着这样密切的关系,所以设计和使用部门常常用控制适宜的初稳性高度来控制船舶的初稳性,船检部门则通常用规范来规定初稳性高度,以检查船舶初稳性是否满足要求。根据上述复原力矩和初稳性高度的关系可知,初稳性高度增大对初稳性的提高是有利的,但是任何规范都没有对初稳性高度提出过大的要求。这是因为初稳性高度 GM 值过大会使船舶摇摆剧烈,给船舶的使用和航海性能带来不利的影响。因此,初稳性高度要控制适中。

初稳性高度 GM 值的大小从定义上看,取决于两个方面:一是稳心 M 点的高度(稳心距基线高)用坐标 Z_m 表示;二是重心 G 点的高度用 Z_g 表示。GM 值与 Z_m 和 Z_g 的关系由图 4 - 3 可知。

$$GM = Z_m - Z_g \qquad (4 - 4)$$

重心高度 Z_g 的计算在前面已有介绍。稳心高度 Z_m 值可按式(4 - 5)计算。由图 4 - 3 可知,

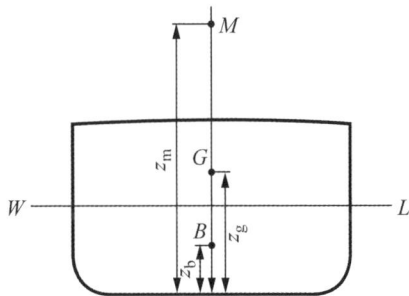

图 4 - 3 初稳性高度

$$Z_m = Z_b + BM \qquad (4 - 5)$$

式中,Z_b 为浮心垂向坐标,m,当吃水一定时,可查浮心垂向坐标曲线而得;BM 为浮心 B 点到稳心 M 点之间的距离,m,称为初稳性半径,该值可根据吃水的多少查稳心半径曲线得到,也可按式(4 - 6)求得。

$$BM = \frac{I_x}{\nabla} \qquad (4 - 6)$$

式中,I_x 为水线面面积对横倾轴线的惯性矩,m⁴(惯性矩是涉及物体转动的物理量,它的大小反映了物体转动难易的程度,在计算平面图形惯性矩时,其值等于此平面上的各个微小面积对转轴距离平方的乘积之和);∇ 为船舶排水体积,m³。

对于矩形水线面:$I_x = lb^3/12$,l 为水线面长,m;b 为水线面宽,m。

从式(4 - 4)～式(4 - 6)可以看出,提高初稳性高度的措施如下:提高浮心高度 Z_b,增加船宽 B,降低船舶重心高度 Z_g。在船型及载重量已定的情况下,浮心高度、船宽一定,故主要途径是降低重心高度。重心高度可以通过合理积载、调节压载舱、减小自由液面、悬挂货物等方法来控制。

4.3.3 纵稳性

对于纵稳性(纵倾均为小倾角)情况,可类似横稳性得到纵稳性公式,如图 4 - 4

所示。当船舶纵倾一小角度 φ 后,浮心由 B 点移到 B_1 点,船舶的重心位置不变, 重力与浮力构成的回复力矩为

$$M_H = \Delta \times GZ_L$$

$$GZ_L = GM_L \times \sin \varphi \approx GM_L \times \varphi \qquad (4-7)$$

式中,Δ 为船舶的排水量,t; GZ_L 为船舶重心 G 到浮力作用线的垂直距离,m,称 为复原力臂或回复力臂;GM_L 为重心 G 到纵稳心 M_L 的距离,m,称为纵稳性高 度,又称初纵稳性高度,向上为正;φ 为船舶的纵倾角,倾角较小时,$\sin \varphi \approx \varphi$。

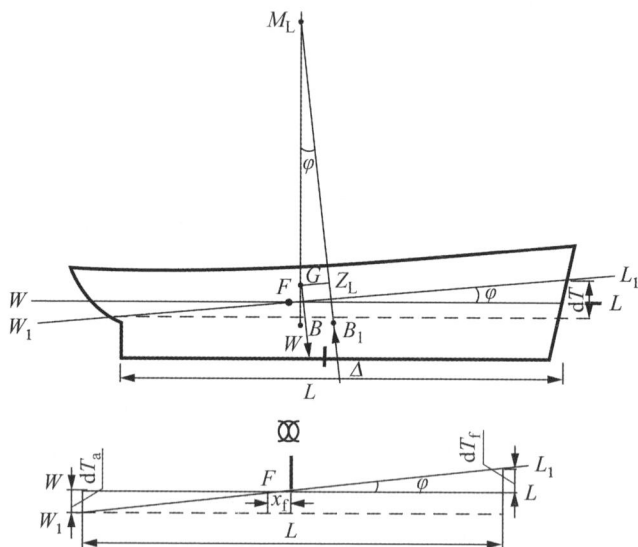

图 4-4 纵倾

纵稳性高度 GM_L 由图 4-4 可得

$$GM_L = Z_{M_L} - Z_g = Z_b + BM_L - Z_g \qquad (4-8)$$

式中,Z_{M_L} 为纵稳心距基线高,m; Z_g 为重心 G 点的高度,m; Z_b 为浮心高度,m; BM_L 为浮心 B 点到纵稳心 M_L 点的距离,m,称为纵稳性半径,可查纵稳心半径曲 线而得。

BM_L 计算式为

$$BM_L = \frac{I_f}{\nabla}$$

式中,I_f 为水线面面积对纵倾轴线的惯性矩,m⁴(纵倾轴过水线面的漂心);∇ 为船

舶排水体积,m³。对于矩形水线面,$I_f = l^3 b/12$, l 为水线面长,m; b 为水线面宽,m。

一般船舶的纵稳心半径要比横稳心半径大得多,所以纵稳性高度 GM_L 也比横稳性高度 GM 大得多。例如,比较箱形船的 BM_L 和 BM,可得

$$\frac{BM_L}{BM} = \frac{\dfrac{1}{12} \times \dfrac{L^2}{T}}{\dfrac{1}{12} \times \dfrac{B^2}{T}} = \left(\frac{L}{B}\right)^2$$

一般货船的 $L/B = 6.8 \sim 8.0$,则 $\dfrac{BM_L}{BM}$ 为 $46 \sim 64$。可见 BM_L 远远大于 BM,纵稳性要比横稳性大得多,所以一般船舶的纵稳性是足够的。

4.3.4　横倾 1° 力矩与每厘米纵倾力矩

为了便于解决实际问题,可以利用上述稳性公式方便得到横倾 1° 力矩与每厘米纵倾力矩。

1) 横倾 1° 力矩

根据船舶横稳性公式可以方便地求得引起船舶横倾 1° 的力矩 M_0。根据平衡条件,船舶横倾角 $\theta = 1° = \dfrac{1}{57.3}$ rad 时的回复力矩 $\Delta \times GM \times \dfrac{1}{57.3}$ 应与横倾 1° 力矩相等,即有

$$M_0 = \Delta \times GM \times \frac{1}{57.3} \text{ (t · m)} \tag{4-9}$$

若已知船舶所受横倾力矩为 M_Q,则由横倾 1° 力矩 M_0 可求出横倾角为

$$\theta = \frac{M_Q}{M_0} \text{ (°)} \tag{4-10}$$

当船舶排水量及初稳性高度确定后,横倾 1° 力矩是定值。对某一特定船舶,可查对应的静水力曲线得到。

2) 每厘米纵倾力矩

同理,应用船舶纵稳性公式可以求得引起船舶纵倾 1 cm 的纵倾力矩 M_{cm}。船舶发生纵倾时,因纵倾角 φ 较小,故纵倾值常用首尾吃水差来表示,如图 4-4 所示,它们的关系为

$$\varphi \approx \tan \varphi = \frac{\mathrm{d}T}{L} = \frac{T_{\mathrm{F}} - T_{\mathrm{A}}}{L} \qquad (4-11)$$

在计算时,通常取首倾为正,尾倾为负,L 不特别指明时指船舶垂线间长 L_{bp}。将式(4-11)代入式(4-7),得到

$$M_{\mathrm{H}} = \Delta \times GM_{\mathrm{L}} \times \frac{\mathrm{d}T}{L} \qquad (4-12)$$

若取 $\mathrm{d}T = 1 \text{ cm} = \dfrac{1}{100} \text{ m}$,则船舶纵倾 1 cm 的纵倾力矩 M_{cm} 为

$$M_{\mathrm{cm}} = \Delta \times GM_{\mathrm{L}} \times \frac{1}{100L} = \frac{\Delta \times GM_{\mathrm{L}}}{100L} \ (\mathrm{t \cdot m}) \qquad (4-13)$$

式(4-13)称为每厘米纵倾力矩公式,若已知船舶所受纵倾力矩为 M_{QL},则由每厘米纵倾力矩 M_{cm} 可求出船舶产生的吃水差为

$$\mathrm{d}T = \frac{M_{\mathrm{QL}}}{M_{\mathrm{cm}}} \ (\mathrm{cm}) \qquad (4-14)$$

4.4 船舶静水力资料

船舶在营运过程中,经常需要根据具体装载情况计算和校核船舶的浮态、稳性等性能,而船舶的浮态、稳性等性能与船体所受的浮力及其分布密切相关。为此,船舶设计部门根据船体型线图把若干表示浮力及其分布的性能参数与船舶平均吃水之间的函数关系预先加以计算并编制成船舶静水力资料,供船舶使用者查用。船舶静水力资料包括静水力曲线图、载重表尺和静水力参数表。

4.4.1 静水力曲线图

将船舶的浮性要素、初稳性要素及船型系数三者与吃水之间的关系曲线集中画在一张图上,就组成了静水力曲线图。因此,静水力曲线图是若干只与吃水和船型有关的参数曲线的组合图,如图 4-5 所示(某船的静水力曲线图)。

静水力曲线图上的曲线包括浮性曲线、稳性曲线和船型系数曲线。静水力曲线图全面表达了船舶在静止正浮状态下浮性和稳性要素随吃水变化的规律。

1) 浮性曲线

浮性曲线是静水力曲线图中用来表示浮力的大小、变化量以及浮心随平均吃

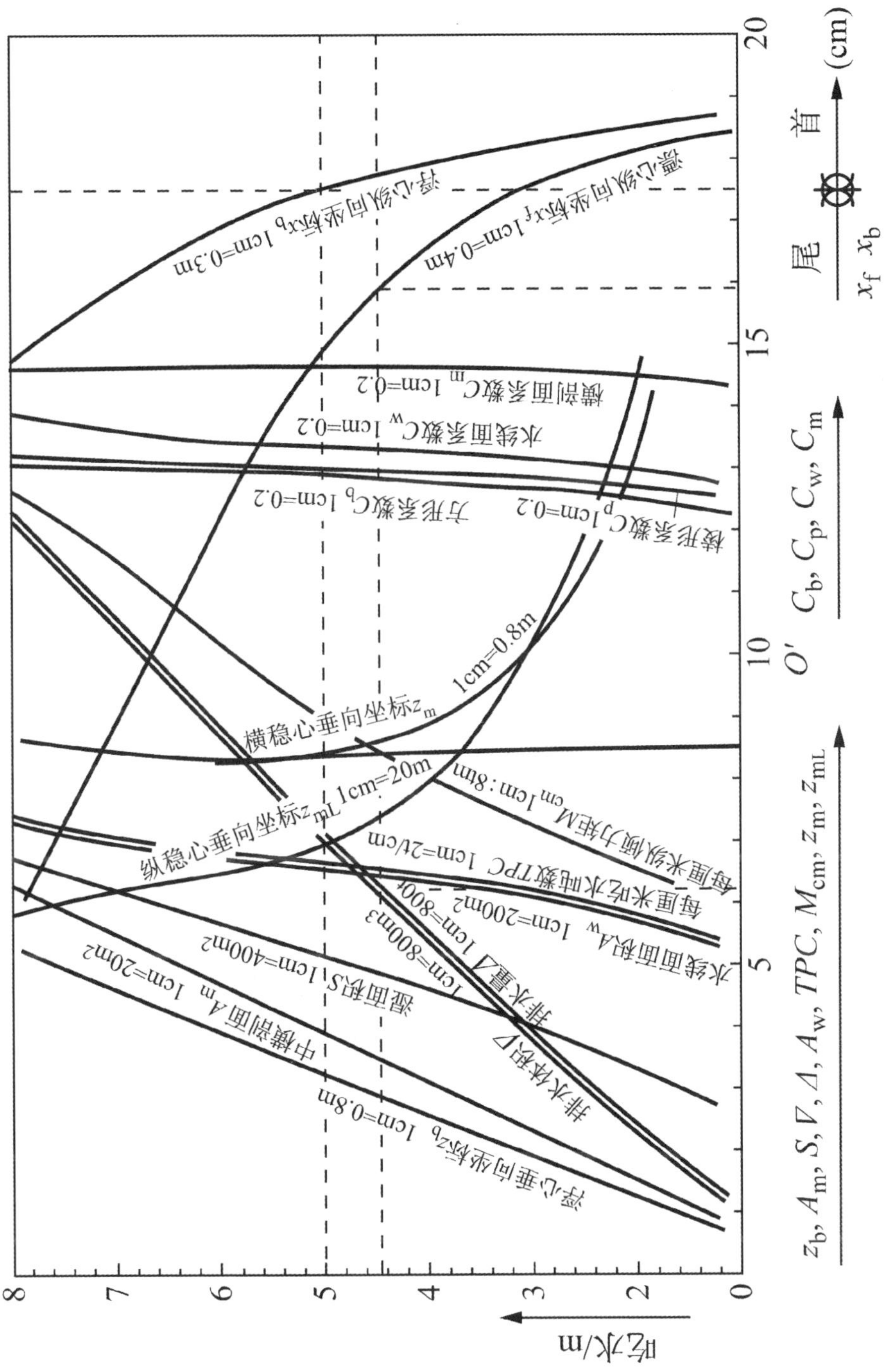
浮心纵向坐标x_b 1cm=0.3m
漂心纵向坐标x_f 1cm=0.4m
横剖面系数C_m 1cm=0.2
水线面系数C_w 1cm=0.2
方形系数C_b 1cm=0.2
棱形系数C_p 1cm=0.2
横稳心垂向坐标z_m 1cm=0.8m
纵稳心垂向坐标z_{mL} 1cm=20m
每厘米纵倾力矩M_{cm} 1cm : 8tm
每厘米吃水吨数TPC 1cm=2t/cm
水线面面积A_w 1cm=200m²
排水量Δ 1cm=800t
排水体积∇ 1cm=800m³
湿面积S 1cm=400m²
中横剖面A_m 1cm=20m²
浮心垂向坐标z_b 1cm=0.8m
吃水/m
0
2
3
4
5
6
7
8
5
10
15
20
O'
z_b, A_m, S, V, Δ, A_w, TPC, M_{cm}, z_m, z_{mL}
C_b, C_p, C_w, C_m
尾
首
x_f x_b
(cm)

图 4 – 5　静水力曲线图

水变化的关系曲线。包括如下曲线：

  (1) 型排水体积曲线 $\nabla = f(T)$；

  (2) 排水量曲线 $\Delta = f(T)$；

  (3) 浮心垂向坐标曲线 $z_b = f(T)$；

  (4) 浮心纵向坐标曲线 $x_b = f(T)$；

  (5) 漂心纵向坐标曲线 $x_f = f(T)$；

  (6) 水线面面积曲线 $A_w = f(T)$；

  (7) 每厘米吃水吨数曲线 $TPC = f(T)$；

  (8) 纵倾 1 cm 力矩曲线 $M_{cm} = f(T)$。

  2) 稳性曲线

  稳性曲线是静水力曲线图中表示与船舶的横向或纵向的初稳性有关的参数随平均吃水变化的关系曲线。包括如下曲线：

  (1) 横稳心垂向坐标曲线 $z_m = f(T)$，或初稳性半径曲线 $BM = f(T)$；

  (2) 纵稳心垂向坐标曲线 $z_{mL} = f(T)$，或纵稳性半径曲线 $BM_L = f(T)$。

  3) 船型系数曲线

  船型系数曲线是静水力曲线图中表示船型系数随平均吃水变化的关系曲线。包括如下曲线：

  (1) 方形系数曲线 $C_b = f(T)$；

  (2) 棱形系数曲线 $C_p = f(T)$；

  (3) 水线面系数曲线 $C_w = f(T)$；

  (4) 中横剖面系数曲线 $C_m = f(T)$。

  由于上述各曲线的数值相差较大，为了使图面布局均匀，避免重叠，各曲线采用了不同的比例，不同的坐标原点。

  如图 4-5 所示，静水力曲线图中的纵坐标表示船舶的平均吃水，它是各参数共同的自变量；横坐标则表示与各参数数值有关的参考坐标值，称为计量长度。

  静水力曲线图的使用方法如下：

  (1) 根据装载状态下的船舶平均型吃水在纵坐标轴上确定一点。

  (2) 通过该点作与横坐标轴平行的横线与所要查取的曲线相交。

  (3) 按照该交点的横坐标读取计量长度。

  (4) 将读取的计量长度与该曲线上标示的单位长度所代表的参数数值比例相乘，即得到相应参数的数值。

  计量长度读数的读取要注意起点。

4.4.2　载重表尺

载重表尺是按刻度标尺的形式表示在静水正浮状态下船舶排水量、总载重量等特性参数和平均型吃水之间的关系而绘制的一种图表。在船舶出厂时，船厂计算出该船不同的平均吃水与其对应的排水量、总载重量、横稳心距基线高度、每厘米吃水吨数、每厘米纵倾力矩等数值，列成图表，有的还附上载重线标志，如图 4-6 所示（1 ft=0.304 8 m）。

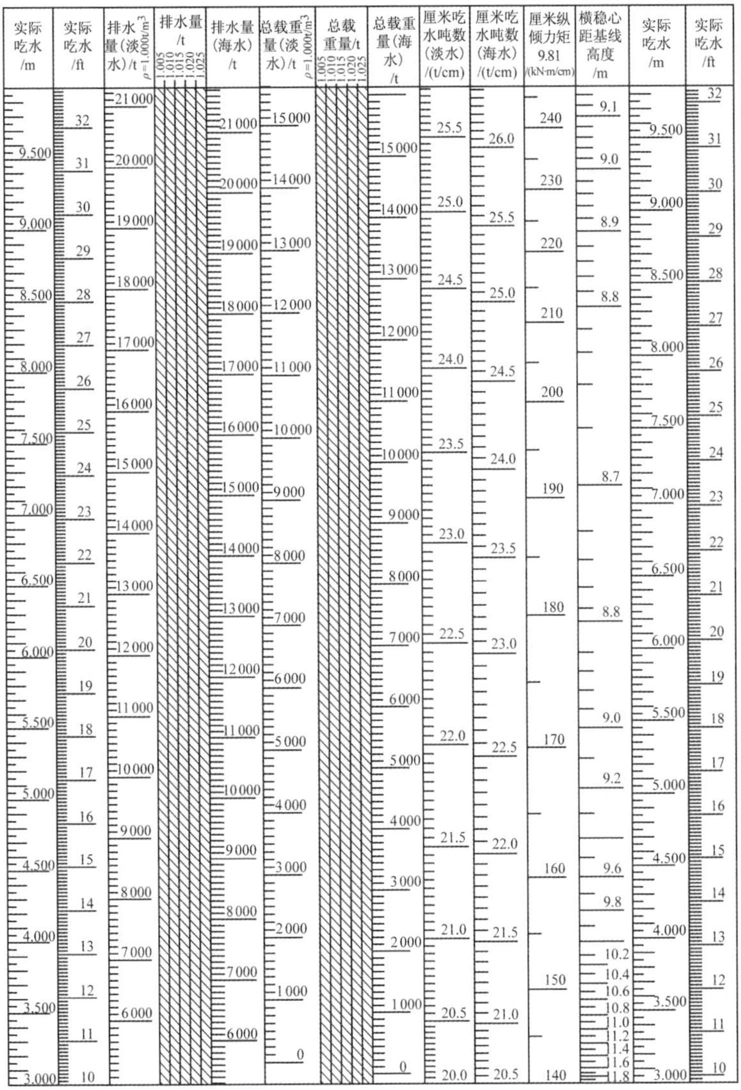

图 4-6　载重表尺

利用载重表尺求取有关参数比使用静水力曲线图更直观和实用。有些载重表尺上标示了不同吃水和不同水密度时的排水量和总载重量标尺。从该标尺上可以求取不同吃水、不同水密度时的船舶排水量和总载重量值,也可以求取某一排水量在不同水密度条件下的船舶平均吃水的改变量。

载重表尺的使用方法如下:

(1) 根据船舶实际平均吃水在吃水标尺上找到其位置点。

(2) 通过该位置点作一条水平横线。

(3) 从该横线与各参数标尺的交点处直接读出各参数的数值。

同样,可以根据船舶排水量查取平均吃水及其他各数值。

4.4.3　静水力参数表

静水力参数表又称为船舶性能数据表,以数值表格的形式给出了船舶在静止正浮的条件下其平均型吃水与各性能参数之间的关系。

若已知船舶型吃水,则可直接在表中查取有关参数值。与静水力曲线图和载重表尺相比,静水力参数表在使用时不需借助任何绘制工具就能直接获取数据,具有省时可靠的特点。

在查静水力参数表时,若查表数值不在表中所列,可用线性内插法求取有关参数值。

4.5　船上货物移动对浮态与稳性的影响

船舶在实际营运中经常会发生货物移动,当船上货物向任意方向移动(如重心由 x_1、y_1、z_1 移动到 x_2、y_2、z_2)时,必定会引起船舶的浮态及稳性的变化,使船舶产生横倾、纵倾及初稳性高度的增减。为便于讨论,一般先分别做垂向、横向和纵向移动的讨论,然后讨论任意移动。在此之前首先介绍一下货物移动所遵循的重量、重心移动原理。

4.5.1　重量、重心移动原理

如图 4-7 所示,重量 P_1 的重心在 g_1 点上,重量 P_2 的重心在 g_2 点上,P_1 和 P_2 的合力作用在 G 点上。如果 P_2 从 g_2 点移到 g_2' 点上,则 G 点移到 G_1 点上,G_1 点满足下列规律:

(1) $GG_1 /\!/ g_2 g_2'$(移动方向平行)。

(2) $GG_1 = \dfrac{P_2 \times g_2 g_2'}{P_1 + P_2} = \dfrac{\text{移动重量和移动距离的乘积}}{\text{总重量}}$。

证明： 因为 G 点是 P_1 和 P_2 的合重心，所以有

$$P_2 \times g_2 G = P_1 \times g_1 G$$

即 $\dfrac{g_2 G}{g_1 G} = \dfrac{P_1}{P_2}$

同理可得 $\dfrac{g_2' G_1}{g_1 G_1} = \dfrac{P_1}{P_2}$

由上述两式可得

$$\frac{g_2 G}{g_1 G} = \frac{g_2' G_1}{g_1 G_1}$$

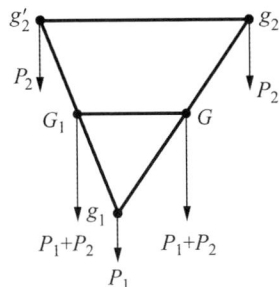

图 4-7　重心移动原理

上式表明两个三角形相似，即 $\triangle GG_1 g_1 \backsim \triangle g_2 g_2' g_1$，所以 $GG_1 \; /\!/ \; g_2 g_2'$。
同时，由两个相似三角形对应边成比例的关系可知

$$\frac{g_2 g_2'}{GG_1} = \frac{g_1 g_2}{g_1 G} = \frac{g_1 G + G g_2}{g_1 G} = 1 + \frac{G g_2}{g_1 G} = 1 + \frac{P_1}{P_2} = \frac{P_1 + P_2}{P_2}$$

因此得到

$$GG_1 = \frac{P_2 \times g_2 g_2'}{P_1 + P_2} \qquad (4-15)$$

得证。

4.5.2　货物垂向移动对船舶浮态与稳性的影响

如图 4-8 所示，设船上某一货物重 w，重心在 $A_1(x_1,\ y_1,\ z_1)$ 点上，将其垂直上移至 $A_2(x_1,\ y_1,\ z_2)$ 点上，此时船舶排水量为 Δ，由于它的移动使船舶重心相应地由 G 点移动到 G_1 点上。根据重量、重心移动原理，重心移动距离 GG_1 由式(4-16)决定。

$$GG_1 = \frac{w(z_2 - z_1)}{\Delta} \qquad (4-16)$$

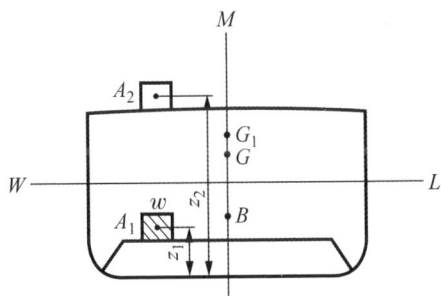

图 4-8　船上货物垂向移动

式中，Δ 为船舶排水量，t；w 为移动货物的重量，t；$(z_2 - z_1)$ 为货物移动的距离，m。

由图 4-8 可知,货物上移后船舶的初稳性高度为

$$G_1M = GM - GG_1 = GM - \frac{w(z_2 - z_1)}{\Delta} \qquad (4-17)$$

由式(4-17)可知,货物上移时(即 $z_2 > z_1$),初稳性高度减小,稳性变差。货物下移时(即 $z_2 < z_1$),初稳性高度增大,稳性变好。船舶浮态因船舶总重量不变,货物移动后重心与浮心仍处于同一垂线上,正浮条件未被破坏,船舶仍漂浮于原水线。

结论:船上货物垂向移动时不会改变船舶的浮态,只会改变船舶的初稳性高度。当货物上移时,由于重心也上移,使初稳性高度减小;反之,当货物下移时,使初稳性高度增大。

4.5.3　货物横向移动对船舶浮态与稳性的影响

如图 4-9 所示,设船上某一货物重 w,重心在 $A_1(x_1，y_1，z_2)$ 点上,将其横移至 $A_2(x_1，y_2，z_2)$ 点上,横移距离为 $(y_2 - y_1)$,此时船舶排水量为 Δ,根据重量、重心移动原理,重心移动距离 GG_1 由式(4-18)决定。

$$GG_1 = \frac{w(y_2 - y_1)}{\Delta} \qquad (4-18)$$

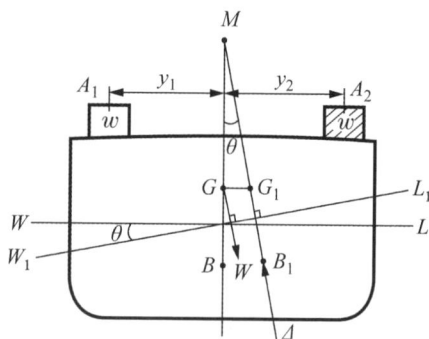

图 4-9　船上货物横向移动

由于重心移动后使重力与浮力的平衡遭到破坏,它们构成一个使船舶横倾的力矩。当船舶倾斜到新的水线 W_1L_1 时,排水体积形状发生变化,浮心由 B 点移到 B_1 点,使重力与浮力又处在同一垂线上,即浮力作用线和重力作用线在垂直于 W_1L_1 的同一垂线上,此时船舶又处于平衡状态,但产生了一个横倾角,由图 4-9 可知,横倾角 θ 为

$$\tan \theta = \frac{GG_1}{GM} = \frac{w(y_2 - y_1)}{\Delta GM} \qquad (4-19)$$

式中,$(y_2 - y_1)$ 可正可负,根据货物移动的方向而定。向右舷移动为正,向左舷移动为负。一般规定:船舶向右倾斜,θ 为正值;向左倾斜,θ 为负值。

货物横移时,由于重心高度无变化,所以对初稳性高度无影响,仍保持原值不变。

结论:船上货物横向移动时船舶横稳性高度不变,船舶将发生横向倾斜。

4.5.4　货物纵向移动对船舶浮态与稳性的影响

如图 4-10 所示,设船上某一货物重 w,重心在 $A_1(x_1,\ y_2,\ z_2)$ 点上,将其纵移至 $A_2(x_2,\ y_2,\ z_2)$ 点上,纵移距离为 (x_2-x_1),此时船舶排水量为 Δ,根据重量、重心移动原理,重心移动距离 GG_1 由式(4-20)决定。

$$GG_1=\frac{w(x_2-x_1)}{\Delta} \tag{4-20}$$

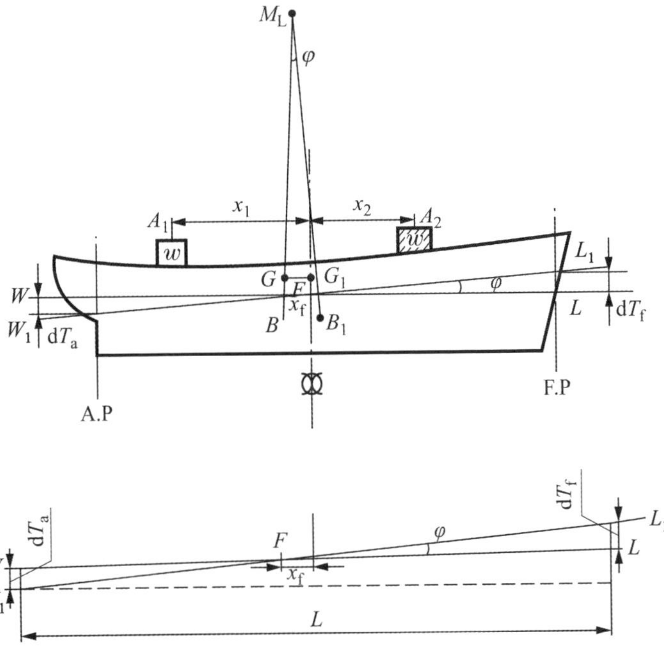

图 4-10　船上货物纵向移动

船舶的重心由 G 点纵向水平移动到 G_1 点,与横移情况相似,船舶将产生纵倾,新的水线为 W_1L_1。应用上述货物横向移动的方法,可以得到类似的结果。货物沿纵向水平移动后,船舶产生的纵倾角 φ 为

$$\tan\varphi=\frac{GG_1}{GM_L}=\frac{w(x_2-x_1)}{\Delta\times GM_L} \tag{4-21}$$

式中,(x_2-x_1) 可正可负,正号表示货物向首移动,使船产生首倾;负号表示货物向尾移动,使船产生尾倾。一般规定:船舶向首倾斜,φ 为正值;向尾倾斜,φ

为负值。

货物纵移时,由于重心高度无变化,所以对纵稳性高度无影响,仍保持原值不变。

船舶产生纵倾后,首尾吃水将发生变化。倾斜后的首尾吃水值由图 4-10 可求得。

首吃水为 $\qquad T_{F1} = T_F + FL \times \tan\varphi = T_F + \left(\dfrac{L}{2} - x_f\right)\tan\varphi \qquad$ (4-22)

尾吃水为 $\qquad T_{A1} = T_A - FW \times \tan\varphi = T_A - \left(\dfrac{L}{2} + x_f\right)\tan\varphi \qquad$ (4-23)

式中,x_f 为水线面漂心的纵坐标,m。

结论:船上货物纵向移动时,船舶纵稳性高度不变,船舶将发生纵向倾斜。

4.5.5 货物任意方向移动对浮态与稳性的影响

叠加上述三个方向的移动,就能得到货物做任意方向移动时浮态和稳性的变化情况。

如图 4-11 所示,设船舶原正浮于水线 WL、排水量为 Δ、重心为 G、浮心为 B、横稳心为 M、纵稳心为 M_L,设船上某一货物重 w,重心在 $A(x_1,\ y_1,\ z_1)$ 点上移至 $A_1(x_2,\ y_2,\ z_2)$ 点上,则此时货物做任意方向的移动,可以看作为垂向移动、横向移动和纵向移动的叠加,即由下列三个方向的分位移组成:

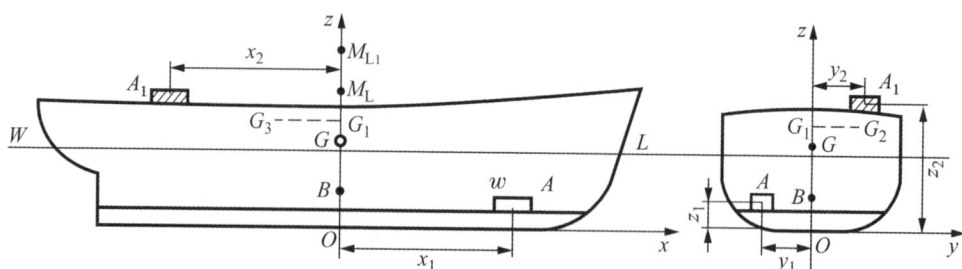

图 4-11 船上货物任意方向移动

(1) 沿垂直方向的移动 $=(z_2 - z_1)$。

(2) 沿水平横向的移动 $=(y_2 - y_1)$。

(3) 沿水平纵向的移动 $=(x_2 - x_1)$。

船的浮态与稳性所发生的变化是由三个方向分位移的变化所产生的总结果。这样便可按照下列步骤求得重量沿任意方向移动后船的浮态及稳性。

首先考虑重量沿垂直方向移动,求出新的稳性高 G_1M 及 G_1M_L,再利用已求得的新的稳性高,求出横倾角 θ、纵倾角 φ 及首尾吃水。

(1) 新的稳性高:

$$G_1M = GM - GG_1 = GM - \frac{w(z_2 - z_1)}{\Delta} \tag{4-24}$$

$$G_1M_L = GM_L - GG_1 = GM_L - \frac{w(z_2 - z_1)}{\Delta} \approx GM_L \tag{4-25}$$

(2) 横倾角由式(4-26)求得。

$$\tan\theta = \frac{w(y_2 - y_1)}{\Delta \times G_1M} \tag{4-26}$$

(3) 纵倾角由式(4-27)求得。

$$\tan\varphi = \frac{w(x_2 - x_1)}{\Delta \times G_1M_L} \tag{4-27}$$

(4) 首尾吃水由式(4-28)和式(4-29)求得。

首吃水为 $T_{F1} = T_F + \left(\dfrac{L}{2} - x_f\right)\tan\varphi = T_F + \left(\dfrac{L}{2} - x_f\right)\dfrac{w(x_2 - x_1)}{\Delta \times G_1M_L}$

$$\tag{4-28}$$

尾吃水为 $T_{A1} = T_A - \left(\dfrac{L}{2} + x_f\right)\tan\varphi = T_A - \left(\dfrac{L}{2} + x_f\right)\dfrac{w(x_2 - x_1)}{\Delta \times G_1M_L}$

$$\tag{4-29}$$

4.5.6　倾斜试验

通过上述讨论,我们知道船舶重心高度对船舶稳性有很大的影响,因此确定船舶实际重心位置对正确估计船舶稳性有十分重要的意义。有关船舶重心高度的计算在前述章节中已有介绍。在船舶设计阶段有详细的分项计算,但是由于船舶设计计算时有的重量是依据同类型船舶估算的,准确度不高;有的重量虽然依据实际情况给予了精确计算,但在施工时往往改变了计算状态,如钢板厚度的变更、设备重量的变更等,使竣工或改建后船舶的实际重心位置与设计计算时的重心位置有所出入。所以,船检部门规定,在船舶建成或改装后,必须用试验方法求得船舶的实际重心高度。这个试验称为倾斜试验,通过试验一方面可以检验船舶设计计算重心高度的准确程度,另一方面还可为后续估计同类型船舶的重心高度提供较为可靠的重心位置参考资料。因此,倾斜试验的目的是确定船舶的重量和重心位置,

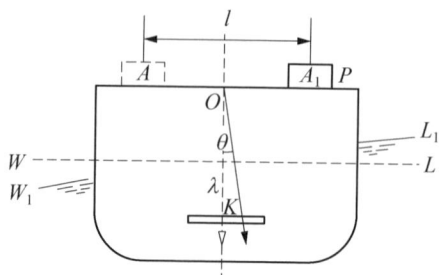

图 4-12 倾斜试验原理

试验的结果要求精确可靠。

倾斜试验的原理与货物横向移动的原理相同。如图 4-12 所示,设船舶正浮于水线 WL,排水量由吃水 T 根据静水力曲线图查出为 Δ,当船上有重量为 P 的重物由 A 点横向移动到 A_1 点,横移距离为 l 时,船舶产生横倾角 θ,根据货物横向移动公式有

$$\tan\theta=\frac{Pl}{\Delta\times GM},或有 GM=\frac{Pl}{\Delta\times\tan\theta} \qquad (4-30)$$

船舶做倾斜试验时,P、l 由试验者自行确定,用摆锤测定横倾角 θ,摆锤用细绳悬挂在船上 O 点,下端装有水平标尺,摆锤长为 λ,当船产生横倾时,可在标尺上读出摆锤移动的距离 K,则由货物横向移动公式可得

$$\tan\theta=\frac{Pl}{\Delta\times GM}=\frac{K}{\lambda} 或 GM=\frac{Pl}{\Delta\frac{K}{\lambda}} \qquad (4-31)$$

由于初稳性高度 $GM=Z_{\mathrm{m}}-Z_{\mathrm{g}}$

所以可求得船舶的重心高度为

$$Z_{\mathrm{g}}=Z_{\mathrm{m}}-GM=Z_{\mathrm{m}}-\frac{Pl}{\Delta\frac{K}{\lambda}} \qquad (4-32)$$

式中,Δ、Z_{m} 可由静水力曲线查得,故重心高度可求得。

倾斜试验的方法与步骤规范有明确的规定。做倾斜试验前,应先测量首、尾吃水和船中吃水以及水的密度,以便精确地求出排水量。

倾斜试验所用的移动重物一般是生铁块,将它们分成 P_1、P_2、P_3、P_4 四组,堆放于甲板上指定的位置,如图 4-13 所示,每组重物的重量相等,即 $P_1=P_2=P_3=P_4$。为了形成足够的倾斜力矩,使船舶能产生 2°～4° 的横倾角,移动重物的总重量为船舶排水量的 1%～2%,移动距离 l 约为船宽的 3/4。

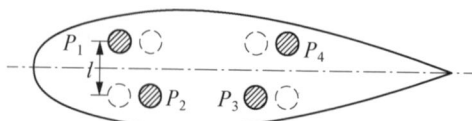

图 4-13 试验时移动重物位置

试验时摆锤下端装有翼板并浸在油槽或水槽内,其目的是使摆锤能迅速停止摆动,便于精确读数。通常在船上设置 2~3 个摆锤,分别装在首部、中部和尾部。横倾角 θ 取几个摆锤所得数据的平均值。此外,横倾角也可以用 U 形玻璃水管测量。

为了提高试验结果的精确程度,被试验的船舶重复倾斜几次,计算出各次的 GM 值,然后取其算术平均值,即得船舶的初稳性高度。

由于影响 Z_m 的因素很多,所以对试验时条件要求有限制,如无风、无自由液面、人员不能走动等。同时为不妨碍船的横倾,应将系泊缆绳全部松开。

4.6　悬挂货物、自由液面对船舶稳性的影响

4.6.1　悬挂货物对船舶稳性的影响

船上装载悬挂货物,如吊举货物、吊挂冷藏肉类等货物时,船舶一旦倾斜,它们也会跟着发生倾斜,使船舶稳性变坏,使用时应更加注意。现讨论如下。

如图 4-14 所示,设船舶排水量为 $\Delta(\mathrm{t})$,漂浮于水线 WL 上,船上装有重量为 $p(\mathrm{t})$ 的悬挂货物,悬挂点为 s,悬挂货物的重心为 a 点,悬挂长度为 sa。当船舶倾斜 θ 角后,位于重心 a 的货物将绕 s 点移到 a_1 点。货物重力

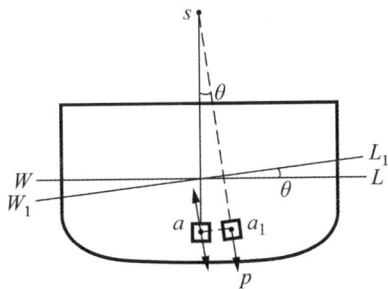

图 4-14　悬挂货物对船舶稳性的影响

作用线垂直于水线 W_1L_1。显然,讨论悬挂货物对船舶稳性的影响实质上就是讨论货物由 a 点移到 a_1 点后对稳性的影响。

根据力学原理可以证明,任意一个力的移动可以看作为这个力没有移动而增加了一个力偶,其关系如图 4-14 所示。原来作用于 a 点的力 p 移到 a_1 点后对物体的效果和力仍然作用于 a 点而增加了一个力偶 $M = p \times aa_1$ 的效果相等,$\overline{aa_1}$ 为两平行力之间的垂直距离。按照这个原理,可以把作用于 a_1 点的悬挂物看作为仍然作用于 a 点而附加了力偶 $p \times sa \times \sin\theta$。由于该力偶的方向与复原力矩方向相反,故其结果是使船舶倾角加大,而复原能力减弱。

设货物未悬挂时的回复力矩为 $M_h = \Delta \times GM \times \sin\theta$,此时初稳性高度为 GM,考虑货物悬挂后的回复力矩为 M_{h1},则根据力矩平衡条件有

$$M_{h1} = M_h - p \times sa \times \sin\theta \qquad (4-33)$$

即

$$\Delta \times GM_1 \times \sin\theta = \Delta \times GM \times \sin\theta - p \times sa \times \sin\theta \qquad (4-34)$$

式中,GM_1 为考虑货物悬挂后的初稳性高度,m。

整理后得

$$GM_1 = GM - \frac{p \times sa}{\Delta} = GM - \frac{p \times (z_s - z_a)}{\Delta} \qquad (4-35)$$

可见,船上有悬挂货物时的初稳性高度恒小于没有悬挂货物时的初稳性高度。悬挂货物使稳性变差。比较货物的垂向移动公式可知,悬挂货物对稳性的影响相当于将货物从实际重心位置 a 上移至悬挂点 s,因此常把 s 点称为悬挂货物的虚重心。由此可看出,悬挂货物总是使稳性减小。显然 sa 越大,则悬挂长度越长,初稳性减小得越多。

船舶在起吊大件货时,应特别注意此时对船舶稳性的影响,因为此时的重量 p 及悬挂长度都较大,易造成危险。而减小悬挂货物对船舶稳性的影响的有效措施是降低悬挂点 s 的高度。

当船上有若干个悬挂货物时,必须逐一加以计算各个初稳性高度并进行叠加,其对初稳性高度的总影响值为 $\sum_{i=1}^{n} \frac{p_i l_i}{\Delta}$,其中 p_i 为各悬挂货物重量,l_i 为各悬挂长度。考虑它们的影响后,初稳性高度为

$$GM_1 = GM - \sum_{i=1}^{n} \frac{p_i l_i}{\Delta} \qquad (4-36)$$

纵稳性高度为

$$GM_{L1} = GM_L - \sum_{i=1}^{n} \frac{p_i l_i}{\Delta} \qquad (4-37)$$

4.6.2 自由液面对船舶稳性的影响

当船上设置的液体(燃油、淡水、压载水、货油和润滑油等)舱室或舱柜没有被液体充满时,船若发生倾斜,则舱内液体也将随着发生倾斜直至液面与水面平行,这种可以自由流动的液面称为自由液面。舱内液体的流动使液体体积形状发生了变化,使液体体积重心向一侧移动,结果与悬挂物相同,将使稳性下降。

如图 4-15 所示,设船舶排水量为 $\Delta(t)$,正浮于水线 WL。舱内液体体积为 $v(\mathrm{m}^3)$,液体密度为 $\rho_1(\mathrm{t/m}^3)$,则液体重量为 $w = \rho_1 v$。自由液面 $AB \parallel WL$,液体

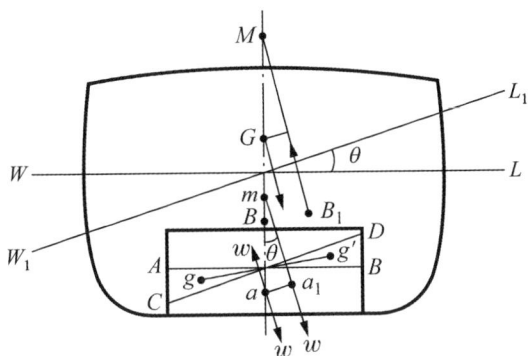

图 4-15 自由液面对船舶稳性的影响

重心在 a 点，当船舶倾斜 θ 角度后，漂浮于水线 W_1L_1 时，自由液面也发生倾斜，倾斜至 CD，$CD \parallel W_1L_1$，液体重心移至 a_1 点。与悬挂货物一样，可以把实际作用在 a_1 点的力 w 看作为 w 仍作用于 a 点，而增加了一力偶矩 $M = w \times aa_1$，此力矩与回复力矩方向相反，使船舶稳性下降。距离 aa_1 可以通过下列关系求出：把液体舱室看作为一条船舶，AB、CD 看作为船舶漂浮水线 WL、W_1L_1，a、a_1 点看作为船舶 B、B_1 点，倾斜前后液体重力作用线交点 m 看作为船舶横稳心 M，因此，am 相当于 BM。因为 $BM = I_x/\nabla$，所以 $am = i_x/v$，i_x 为自由液面对本身纵向中心轴的惯性矩（m^4），其大小与自由液面的形状有关。由图示可知 $aa_1 = am \times \sin\theta$，所以有

$$aa_1 = i_x \times \sin\theta/v \tag{4-38}$$

则自由液面引起的力偶矩为

$$w \times aa_1 = \rho_1 \times v \times i_x \times \sin\theta/v = \rho_1 \times i_x \times \sin\theta \tag{4-39}$$

因力偶矩方向与复原力矩方向相反，故使船舶稳性降低，根据力矩平衡条件有

$$M_{\mathrm{h1}} = M_{\mathrm{h}} - w \times am \times \sin\theta \tag{4-40}$$

展开得
$$\Delta \times GM_1 \times \sin\theta = \Delta \times GM \times \sin\theta - w \times \frac{i_x}{v} \times \sin\theta \tag{4-41}$$

此时的船舶初稳性高度为

$$GM_1 = GM - \frac{w}{v} \times \frac{i_x}{\Delta} = GM - \frac{\rho_1 \times i_x}{\Delta} \tag{4-42}$$

由式（4-42）可知，自由液面对初稳性高度的影响值与液体的密度 ρ_1 及自由液面的惯性矩 i_x 成正比，与排水量 Δ 成反比，与舱内液体的体积 v 的大小无关。

船舶空载时排水量较小,若自由液面惯性矩又较大时,初稳性高度将有较大的减小,需特别注意。

减小自由液面影响的方法是设置纵向水密隔板。例如,长 l、宽 b 的矩形自由液面惯性矩为 $i_x = lb^3/12$,如果在 $b/2$ 处设纵向水密隔板,则 $i_x = 2i_{x1} = 2\left(\dfrac{l}{12}\right)\left(\dfrac{b}{2}\right)^3 = \dfrac{1}{4}\left(\dfrac{1}{12}lb^3\right)$。是原来数值的 $1/4$,即装了一道纵向水密隔板后,自由液面对初稳性的影响比原来减少了 $3/4$。同样,若设两道纵隔板,则 i_x 为原值的 $1/9$,以此类推,纵隔舱越多则 i_x 越小,自由液面对初稳性的影响也就越小,所以油舱通常都设置有 $1 \sim 2$ 道纵舱壁。

当船上有若干个液舱时,初稳性高度的影响值为各舱室自由液面影响值的总和 $\displaystyle\sum_{i=1}^{n} \dfrac{\rho_{1i} \times i_{xi}}{\Delta}$。考虑自由液面修正后的初稳性高度为

$$GM_1 = GM - \sum_{i=1}^{n} \frac{\rho_{1i} \times i_{xi}}{\Delta} \tag{4-43}$$

式中,ρ_{1i} 为各液舱中液体的密度,t/m^3;i_{xi} 为各液舱自由液面对本身纵向中心轴的惯性矩,m^4。

船舶在营运过程中装载或使用油水时,应尽可能地减少自由液面的舱柜数。

甲板积水或舱室中的意外积水会造成意外的自由液面,产生额外的稳性影响,严重时会导致船舶倾覆。故使用人员必须经常认真检查甲板两舷排水口是否畅通,舱室中纵舱壁是否水密,以免不必要地增加自由液面的影响。

惯性矩 i_x 由液体表面形状和大小决定。通常由设计单位进行计算,并将其结果列在稳性报告书中。船上常用的是长为 l、宽为 b 的矩形液体舱,其惯性矩 i_x 可根据式(4-44)计算:

$$i_x = \frac{1}{12}lb^3 \tag{4-44}$$

4.7　装卸货物对船舶浮态与稳性的影响

船舶在营运过程中,常常需要装载或卸去货物,货物在任意位置的装卸都会使船舶的重心位置和吃水发生改变,从而引起浮态与稳性的变化。讨论装卸货物对船舶浮态与稳性的影响,实质是讨论重量增减对船舶浮态与稳性的影响。

船上增加重量会引起船舶发生如下变化:

（1）使排水量增加、吃水增加、静水力特性变化。船上增加重量后，根据二力平衡原理，浮力也将随之增加，故使排水量和吃水增大。最终的排水量应等于原来的排水量加上所增加的重量。排水量的增加既然伴随着吃水增大，那么必然会造成所有与吃水有关的船型系数、浮性和稳性参数的变化。如果应用静水力曲线图，上述参数都必须按照增加重量后的新吃水值查取。

（2）使重心位置变化、初稳性高度发生变化。重量增加会使重心位置发生变化，新的重心位置可用力矩原理求出。重心位置的变化及由吃水增加引起的稳心位置的变化都造成了初稳性高度 GM 的变化。

（3）使船舶产生纵横倾斜。重量增加在某一非特定位置上时，船舶重心将发生横向或纵向移动，不能与原浮心保持在同一垂线上而使船舶发生倾斜。这时，船舶的倾斜力矩由所增加的重量和所增加的浮力组成。其中所增加的重量作用点在货物重心 A 上，所增加的浮力作用点在所增加的浮力层的中心 F 上，它们大小相等，方向相反且互相平行，如图 4-16 所示。设两作用力之间的距离为 l，增加重量为 w，则倾斜力矩为 $w \times l$。倾斜力矩在横向的分量 $w \times l_x$ 造成船舶的横向倾斜；倾斜力矩在纵向的分量 $w \times l_y$ 造成船舶的纵向倾斜。倾斜轴线通过增加重量后的水线面面积形心 F。根据增加重量后的排水量、横稳性高度、纵稳性高度、漂心坐标及倾斜力矩，可以算出纵、横倾角及首尾吃水值。

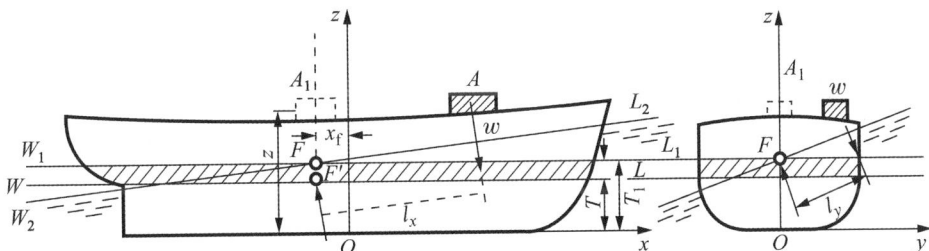

图 4-16　增加重量对浮态和稳性的影响

增加重量后会引起船舶浮态和稳性的变化量，在重量增加值小于 10% 排水量时可以利用有关的公式进行计算。在重量增加值大于 10% 排水量时则可利用静水力曲线进行计算。

4.7.1　少量装卸对船舶浮态与稳性的影响

为讨论方便，下面分两个阶段进行，首先假定重量增加在过漂心的垂线上，如图 4-16 中的点 $A_1(x_f, 0, z)$，则船舶发生的是平均吃水变化，求出平均吃水的变化值及由此产生的三心(浮心、重心和稳心)的变化;然后再将增加的重量由上述位置移动到实际装载的位置,如图 4-16 所示的点 $A(x,y,z)$。如果发生的是船上货物移动,则用前述的货物移动对浮态与稳性的影响公式即可求出纵、横倾角和首、尾吃水的变化值。

1) 少量装卸在通过漂心的垂线上

假定货物装载在通过漂心的垂线上,如图 4-16 所示,设船舶原漂浮于水线 WL,吃水为 T。若在通过漂心 $A_1(x_f,0,z)$ 的垂线上装载少量货物 $w(t)$,其漂浮于水线 W_1L_1,吃水增加到 T_1,则船舶发生平均吃水变化,即船舶只发生吃水的增减而浮态不会发生变化。若已知该吃水的每厘米吃水吨数 $TPC(t/cm)$ 或水线面面积 $A_w(m^2)$,则吃水变化值 $\Delta T(m)$ 为

$$\Delta T = \frac{w}{\rho A_w} = \frac{w}{100TPC}(m) \tag{4-45}$$

增加重量后的吃水 T_1 为

$$T_1 = T + \Delta T = T + \frac{w}{\rho A_w} = T + \frac{w}{100TPC}(m) \tag{4-46}$$

以上两式装货 w 为正,卸货 w 为负。

接下来计算增加重量后的横稳性高度及纵稳性高度。如图 4-17 所示,设船舶原有的横稳性高度为 GM、纵稳性高度为 GM_L。在 A_1 处增加重量 $w(t)$ 后引起浮力增加 $\delta\Delta$,浮力层作用中心为 F',船舶横倾 θ 角后造成力矩 $wA_1F'\sin\theta$,使复原力矩减小到 M_{h1},如图 4-17 所示,则根据力矩平衡条件有

$$M_{h1} = \Delta GM\sin\theta - w\left[z - \left(T + \frac{\Delta T}{2}\right)\right]\sin\theta \tag{4-47}$$

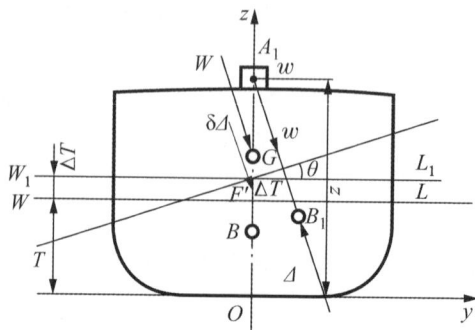

图 4-17 少量装卸在通过漂心的垂线上对稳性的影响

式中，z 为 A_1 点距基线的高度，m；M_{hl} 为考虑装卸货物后的回复力矩，t·m。

设船上装载 $w(t)$ 货物后的初稳性高度为 GM_1，则船上装载少量货物后的回复力矩为

$$M_{hl} = (\Delta + w) \times GM_1 \times \sin \theta \qquad (4-48)$$

将式(4-48)代入式(4-47)可得

$$(\Delta + w) \times GM_1 \times \sin \theta = \Delta \times GM \times \sin \theta - w \left[z - \left(T + \frac{\Delta T}{2} \right) \right] \sin \theta$$

所以有

$$GM_1 = GM + \frac{w}{\Delta + w} \left[\left(T + \frac{\Delta T}{2} \right) - z - GM \right] \qquad (4-49)$$

同理，可求得纵稳性高度 GM_{L1} 为

$$GM_{L1} = GM_L + \frac{w}{\Delta + w} \left[\left(T + \frac{\Delta T}{2} \right) - z - GM_L \right] \qquad (4-50)$$

由于在一般情况下，$GM_L \gg \left(T + \frac{\Delta T}{2} \right) - z$，故后者常可以忽略，近似认为

$$GM_{L1} = GM_L - \frac{w}{\Delta + w} GM_L = \frac{\Delta}{\Delta + w} GM_L \qquad (4-51)$$

讨论： 少量装卸在通过漂心的垂线上，稳性是变好了，还是变差了，取决于 z（装卸货物距基线的高度）。

当 $z = \left(T + \frac{\Delta T}{2} \right) - GM$ 时，初稳性不变；

当 $z > \left(T + \frac{\Delta T}{2} \right) - GM$ 时，初稳性变差；

当 $z < \left(T + \frac{\Delta T}{2} \right) - GM$ 时，初稳性变好。

2) 少量装卸在任意位置上

假定货物装载在任意位置 $A(x, y, z)$ 上，如图 4-16 所示，可以认为货物先装载在通过漂心 $A_1(x_f, 0, z)$ 的垂线处，经过上述计算后，再将货物由点 $A_1(x_f, 0, z)$ 移至点 $A(x, y, z)$，则有下列货物装载状态。

(1) 首先将货物装载在通过漂心 $A_1(x_f, 0, z)$ 的垂线上，由式(4-46)、式(4-49)及式(4-50)可以分别求出装载后的吃水 T_1、横稳性高度 GM_1 及纵稳性高

度 GM_{L1}。

(2) 然后将货物由 $A_1(x_{\text{f}}, 0, z)$ 移至 $A(x, y, z)$，由前述的货物移动公式，横倾角可由式(4-52)求得。

$$\tan \theta = \frac{w(y-0)}{(\Delta + w) \times GM_1} \tag{4-52}$$

纵倾角可由式(4-53)求得。

$$\tan \varphi = \frac{w(x-x_{\text{f}})}{(\Delta + w) \times GM_{\text{L1}}} \tag{4-53}$$

最终首吃水：

$$T_{\text{F1}} = T_{\text{F}} + \Delta T + \left(\frac{L}{2} - x_{\text{f}}\right) \tan \varphi = T_{\text{F}} + \Delta T + \left(\frac{L}{2} - x_{\text{f}}\right) \frac{w(x-x_{\text{f}})}{(\Delta + w) \times GM_{\text{L1}}}$$

$$\tag{4-54}$$

最终尾吃水：

$$T_{\text{A1}} = T_{\text{A}} + \Delta T - \left(\frac{L}{2} + x_{\text{f}}\right) \tan \varphi = T_{\text{A}} + \Delta T - \left(\frac{L}{2} + x_{\text{f}}\right) \frac{w(x-x_{\text{f}})}{(\Delta + w) \times GM_{\text{L1}}}$$

$$\tag{4-55}$$

注意：以上公式推导是装货情况，如果是卸货，则应将 w 改为 $-w$，ΔT 改为 $-\Delta T$。

4.7.2　大量装卸对船舶浮态与稳性的影响

在增加少量重量后的浮态和稳性计算时，因为船舶的吃水变化较小，可以假定吃水变化前后的水线面面积及面积形心不变。但在做增加大量重量(一般超过10%排水量)后的浮态和稳性计算时，因吃水变化较大，不能再用上述假定，所以上述少量装载讨论中的一些公式就不再适用。通常，最方便的方法是根据静水力曲线图计算。

设船舶原排水量为 Δ，重心纵向坐标为 x_{g}，重心高度为 z_{g}。当船上装货 $w(\text{t})$，其重心在 (x, y, z) 后，其求解步骤如下：

(1) 确定装卸重量 w 后的排水量 $\Delta_1 = \Delta + w$。

(2) 确定增加重量后的吃水 T_1、浮心位置 x_{b1}、z_{b1}，稳心高度 z_{m1}、z_{mL1}，漂心纵向位置 x_{f1} 及每厘米纵倾力矩 M_{cm1}。

以上各项数值均由静水力曲线查得。其对应的吃水值由 Δ_1 确定，如图 4-18

所示。在排水量曲线上,可根据 Δ_1 值,找出吃水值 T_1,然后再根据 T_1 值在各条曲线上求出上述各值。

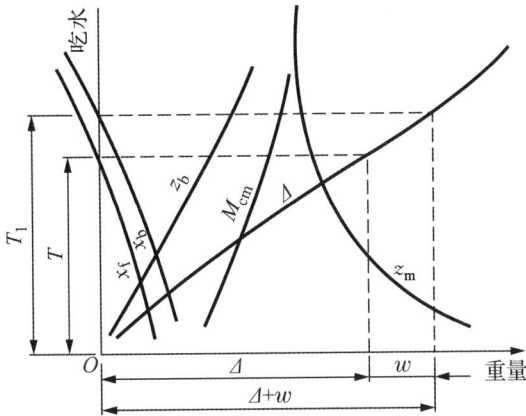

图 4-18　大量装卸在任意位置上

（3）计算重量增加后的重心坐标 x_{g1} 及 z_{g1}。根据力矩平衡,求出船舶的新重心位置为

$$x_{g1} = \frac{\Delta \times x_g + w \times x}{\Delta + w} \qquad (4-56)$$

$$z_{g1} = \frac{\Delta \times z_g + w \times z}{\Delta + w} \qquad (4-57)$$

（4）计算增加重量后的横稳性高度 GM_1 及纵稳性高度 GM_{L1}。由静水力曲线图上查到的 z_{b1}、z_{m1}、z_{mL1} 及式（4-57）求出的重心高度 z_{g1},可得新的初稳性高度为

$$GM_1 = z_{m1} - z_{g1} \qquad (4-58)$$

$$GM_{L1} = z_{mL1} - z_{g1} \qquad (4-59)$$

（5）计算横倾角 θ、纵倾角 φ 及首吃水 T_f 和尾吃水 T_a。

横倾角为

$$\tan\theta = \frac{w \times y}{(\Delta + w) \times GM_1} \qquad (4-60)$$

由于船舶重心 x_{g1} 和浮心 x_{b1} 不在同一直线上,重力与浮力引起的纵倾力矩为

$$M_{QL} = (\Delta + w) \times (x_{g1} - x_{b1}) \tag{4-61}$$

根据 T_1 查得的每厘米纵倾力矩 M_{cm1},得到纵倾值为

$$dT = \frac{M_{QL}}{100M_{cm1}} = \frac{(\Delta + w) \times (x_{g1} - x_{b1})}{100M_{cm1}} \tag{4-62}$$

则纵倾角可由式(4-63)求得

$$\tan \varphi = \frac{dT}{L} \tag{4-63}$$

船舶首吃水为

$$T_{F1} = T_1 + \left(\frac{L}{2} - x_{f1}\right)\frac{dT}{L} \tag{4-64}$$

船舶尾吃水为

$$T_{A1} = T_1 - \left(\frac{L}{2} + x_{f1}\right)\frac{dT}{L} \tag{4-65}$$

注意:以上公式推导的是装货情况,如果是卸货,则应将 w 改为 $-w$, dT 改为 $-dT$。

通过上述关于货物装载对浮态和稳性的讨论,可以得到如下一些有用的结论:

(1) 增加重量会使船舶下沉,一般情况下还会引起船舶的倾斜。当增加重量的重心与增加的排水量的浮心在同一垂线上时,只引起船舶的平行下沉,因此在少量装载时,只要将重量增加在通过水线面漂心的垂线上即可。

而当重量减少时会使船舶上浮,一般情况下还会引起船舶的倾斜。当减少重量的重心与减少的排水量的浮心在同一垂线上时,只引起船舶的平行上浮。因此在少量卸载时,只要把货物卸载在通过水线面漂心的垂线上即可。

(2) 增加重量对稳性的影响由重量放置高度 z 决定。当货物装载的高度 $z = \left(T + \dfrac{\Delta T}{2}\right) - GM$ 时,初稳性高度不变;当 $z > \left(T + \dfrac{\Delta T}{2}\right) - GM$ 时,初稳性高度减小;当 $z < \left(T + \dfrac{\Delta T}{2}\right) - GM$ 时,初稳性高度增加。通常称 $z = \left(T + \dfrac{\Delta T}{2}\right) - GM$ 的平面为极限平面或中和面。重量增加在中和面以下则稳性提高,在中和面以上则稳性下降。

同样地,重量减少对初稳性的影响由重量卸除的高度 z 决定。当 $z = \left(T + \dfrac{\Delta T}{2}\right) - GM$ 时,初稳性高度不变;当 $z < \left(T + \dfrac{\Delta T}{2}\right) - GM$ 时,初稳性高度减

小;当 $z > \left(T + \dfrac{\Delta T}{2}\right) - GM$ 时,初稳性高度增加。

（3）增减重量对纵稳性高度影响不大,在少量装卸时其影响可以忽略不计。

4.8　大倾角稳性与静稳性

前面讨论的问题是假定船舶倾角小于 $10°$ 或 $15°$ 时的稳性问题,即所谓船舶的初稳性问题。但是,船舶在实际营运中,经常会受到一些较大的外力距作用,使船舶产生的倾斜角度过大,甚至导致船舶倾覆,因此规范对船舶在大倾角情况下的稳性也有要求,有必要对大倾角稳性进行讨论。

4.8.1　大倾角稳性与初稳性的比较

船舶的大倾角稳性是指当船舶在外力距作用下,船舶横倾角度超过 $10°$ 或 $15°$ 时的船舶稳性。船舶在海上航行时,受风、浪作用而发生大角度横倾比小角度横倾的情况更常见。

船舶大倾角稳性按受到外力性质不同而分为两种。一种是静稳性,它是指当船舶受到缓加静力作用后,产生大角度横倾时的角速度及角加速度值可以忽略时船舶的回复能力。另一种是动稳性,它是指当船舶受到突加动力作用后,产生大角度横倾时的角速度及角加速度值不可忽略时船舶的回复能力。

初稳性与大倾角稳性是有区别的,首先,两者讨论的倾角范围不同。初稳性讨论的是横倾角不大于 $10°$ 或 $15°$ 时船舶的回复能力,而大倾角稳性讨论的横倾角大于 $10°$ 或 $15°$。其次,在研究初稳性时有三个简化假定,即船舶倾斜时浮心的移动轨迹是以横稳心半径 BM 为圆弧,倾斜前后稳心 M 的位置保持不变,等体积倾斜水线相交于过水线面漂心的直线上。这些假定在小角度倾斜时,因出入水部分的体积形状大体相同,与实际情况较为符合。但是,当实际倾斜角度超过上述范围时,出入水部分的体积形状有了明显的差别,使浮心、稳心及倾斜水线的位置与初稳性中假设的情况有了明显的差别,如果继续使用初稳性中的简化假定,则将会使计算结果与实际情况有明显的不符。因此,在讨论大倾角稳性问题时,必须考虑浮心的实际移动轨迹、稳心的实际位置和倾斜水线的实际位置。这样,尽管大倾角稳性和初稳性一样讨论船舶的复原能力问题,但在具体计算和度量上有明显的区别。由于讨论大倾角稳性时,稳心 M 不再是一个定点,所以大倾角稳性的大小虽仍然取决于稳性力矩的大小,但不能再用初稳性高度 GM 或回复力矩 $M_{\mathrm{h}} = \Delta \times GM \times \sin\theta$ 来表征,而用静稳性力臂 l_{s} 或静稳性力矩 $M_{\mathrm{h}} = \Delta \times l_{\mathrm{s}}$ 作为衡量大倾角稳性的标志,对动稳性则用回复力矩所做的功 $T_h = M_h \times \theta$ 的大小来衡量。最后,初稳性的稳性力臂由 $GZ = GM \times \sin\theta$ 求得,大倾角稳性的静稳性力臂 GZ 则由稳性交叉曲线求得。

4.8.2 大角度倾斜时的回复力矩

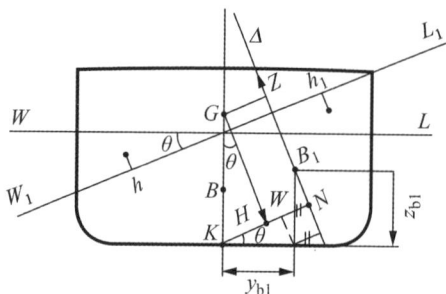

图 4 - 19 大倾角稳性

下面将讨论船舶在大角度横倾时的回复力矩。如图 4 - 19 所示,设船舶正浮于水线 WL,重心为 G,浮心为 B,排水量为 Δ,重力为 W。受外力倾斜一大角度 θ,水线倾斜至 W_1L_1,浮心从 B 点移至 B_1 点,过 G 点向倾斜后浮力作用线作垂线交于 Z 点,则船舶的回复力矩为 $M_h = \Delta \times GZ(\text{t} \cdot \text{m})$,$GZ$ 称为回复力臂或静稳性力臂(用 l_s 表示)。

为讨论问题方便起见,现取坐标原点为 K 点,并过 K 点作倾斜后浮力作用的垂线 KN,由于 KN 与倾斜后的浮心位置有关,即与船舶水下体积形状有关,故又称为形状稳性力臂(l_θ)。同理,从重心 G 点作 KN 的垂线交于 H 点,而 KH 值的大小与重心高低有关,故该值又称重量稳性力臂。

在确定 KN 与 KH 后,船舶的静稳性力臂 l_s 可用式(4 - 66)表示。

$$GZ = KN - KH = KN - Z_g \sin\theta \tag{4-66}$$

式中,GZ 为回复力臂或称为静稳性力臂(l_s);KN 为形状稳性力臂(l_θ),只与船舶水下形状有关;$Z_g \sin\theta$ 为重量稳性力臂,只与重心高度有关。

此外,由图 4 - 19 所示的几何关系可知,如果已知倾斜后的浮心坐标 $B_1(y_{b1}, z_{b1})$,则可得

$$GZ = KN - Z_g \sin\theta = (y_{b1}\cos\theta + z_{b1}\sin\theta) - Z_g \sin\theta \tag{4-67}$$

式(4 - 67)表明大倾角稳性的力矩已不可能再用初稳性公式取代,而且其值除了与倾角、重心高度有关外,还与横倾后的浮心位置有关。

4.8.3 静稳性曲线

在实际应用中,对船舶大倾角稳性常常要求知道船舶在某一倾角范围的静稳性力臂 $GZ(l_s)$ 的变化规律。因此,对于船舶大倾角稳性常用一条静稳性曲线来加以全面描述。

静稳性曲线如图 4 - 20 所示,是船舶于某一装载情况时,静稳性力臂 l_s(GZ 或力矩 M_h)随横倾角 θ 变化的函数曲线。它的横坐标是横倾角,纵坐标是静稳性力臂或回复力矩。

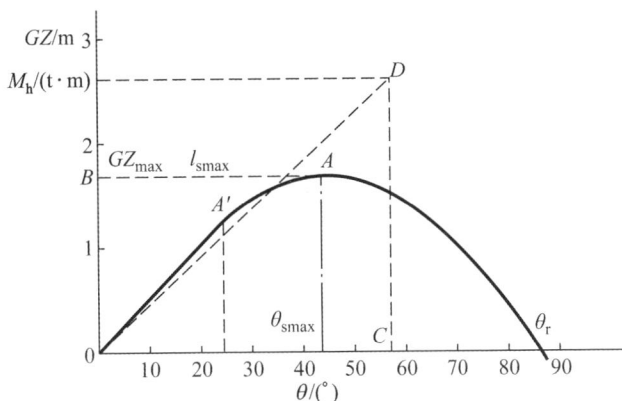

图 4 - 20　静稳性曲线

静稳性曲线有如下几个特征参数:

(1) 最大静稳性力臂 l_{smax}(极限静倾力矩),它是过曲线峰点 A,作一水平线与纵坐标相交于点 B 后,所得到的数值表征了船舶在受外力作用后所具有的抵御外力的最大的稳性能力。

(2) 最大静倾角 θ_{smax}(极限静倾角),它是对应于最大静稳性力臂 l_{smax} 的横倾角,该值反映了当船舶以最大稳性能力抵御外力达到平衡时的倾角。

(3) 稳性消失角 θ_r 及稳距。稳性消失角是静稳性力臂经过峰值后达到零值时的倾角。稳距是船舶从 $0°$(正浮)开始横倾至稳性消失角 θ_r 时的静稳性力臂 l_s 均为正值的区域,又称稳性范围。超过稳性消失角,则船舶就出现负的静稳性力臂值,此时的负静稳性力臂将起到加速船舶横倾的作用,直至船舶倾覆。

(4) 可以证明静稳性曲线在原点处的斜率(切线)等于初稳性高度 GM。即在静稳性曲线原点作该曲线的切线后,再在横坐标上 $57.3°$ 处的点 C 作一垂线与切线相交于点 D,则线段 CD 即为船舶在小倾角时的初稳性高度 GM。

(5) 静稳性曲线下的面积是动稳性的重要标志。

需注意的是,上述静稳性曲线仅针对船舶在一特定排水量及重心高度 z_g,当船舶排水量及重心高度发生变化时,静稳性曲线形状及特征参数也将发生改变。

4.8.4　稳性交叉曲线(稳性横截曲线)

要得到一条船舶在给定的排水量及重心高度下的静稳性曲线,最简便的方法是采用稳性交叉曲线(或称为稳性横截曲线)求得。

如图 4‑21 所示为某条船的稳性交叉曲线,稳性交叉(横截)曲线是一簇以排水体积∇为横坐标,以形状稳性力臂 l_θ 为纵坐标的等倾角曲线。稳性交叉曲线的作用是计算不同排水量(排水体积)及重心高度情况下的静稳性曲线,即静稳性力臂随倾角变化的曲线。

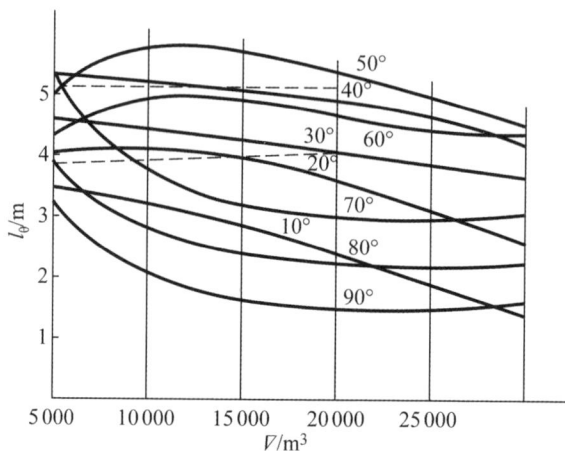

图 4‑21　稳性交叉曲线

由稳性交叉曲线求解在给定排水量及重心高度 z_g 的情况下的静稳性曲线步骤如下:

(1) 在某一给定排水量时,可求得一条横坐标为倾角 θ,纵坐标为形状稳性力臂 l_θ 的曲线,方法如图 4‑22 所示。

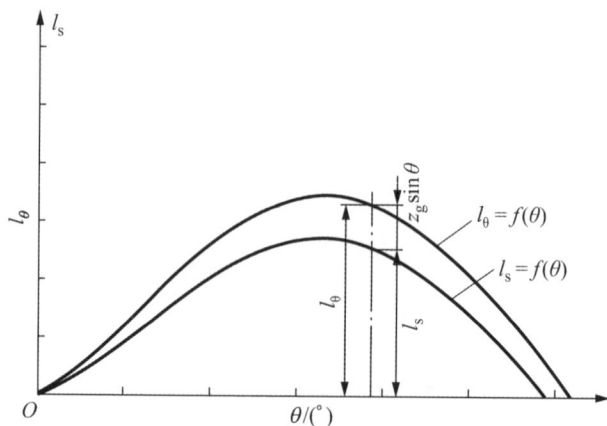

图 4‑22　由形状稳性曲线求静稳性曲线

（2）在形状稳性力臂曲线上减掉各对应倾角下的重量稳性力臂 $z_g \sin \theta$ 就可得到一条静稳性力臂曲线（静稳性曲线），方法如图 4-22 所示。

由稳性交叉曲线经过二次转换后求得的静稳性曲线反映了船舶在某一排水量及重心高度时的静稳性。如果在另一装载及重心高度情况下，可以按同样的方法求得此时的静稳性曲线。

有了静稳性曲线后，可以根据船舶的静稳性力矩（回复力矩）等于外倾力矩的船舶平衡原理来求在此状态下的平衡角。

4.9　动稳性

4.9.1　动稳性与静稳性的区别

前述的稳性问题是假定船舶受到一个不随倾角变化并逐渐作用在船上的外力矩的作用，即受到外力矩的静力作用。船舶倾斜缓慢，角速度和角加速度极小，可以忽略不计。当外力矩 M_q 和回复力矩 M_h 相等时，船舶处于平衡状态，该平衡角称为静平衡角 θ_s，如图 4-23 所示，这种稳性称为静稳性。

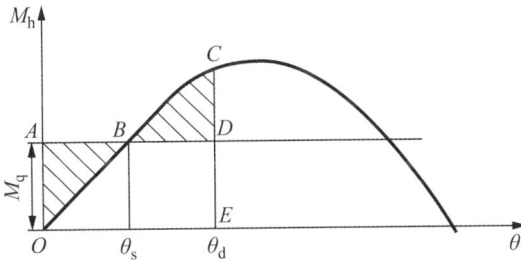

图 4-23　静平衡角及动平衡角

船舶在海上航行时，经常受到的是阵风的突然袭击及海浪的猛烈冲击，这种作用称为外力距的动力作用。此时船舶倾斜速度较快、角速度和角加速度较大，故不能再忽略不计。当外力矩与回复力矩相等时，因惯性的缘故，船舶不会停止而要继续倾斜，只有当外力矩所做的功 T_q 被回复力矩所做的功 T_h 完全抵消时，船的角速度才变为零并停止倾斜。我们称该平衡角为动平衡角 θ_d。如图 4-23 所示，$\theta_d > \theta_s$。因此，在同一外力距作用下，考虑外力距的动力作用比考虑外力距的静力作用要危险。为了确保船舶安全，在进行稳性校核时必须考虑外力距的动力作用，这时的稳性称为动稳性。

归纳起来,动稳性与静稳性的区别在于:①动稳性考虑角速度与角加速度,静稳性则不考虑;②平衡条件不同,静力作用的平衡条件是外力距与回复力矩相等;而动力作用只有在外力距所做的功与回复力矩所做的功相等时才平衡;③衡量标准不同,回复力矩不能作为衡量动稳性的指标,而代之以回复力矩所做的功。

4.9.2　动稳性的衡量标准

船舶在外力距的动力作用下所发生的运动过程大致如下(见图 4 - 23):

(1) 当 $0 < \theta < \theta_s$ 时,$M_q > M_h$,船在外力矩 M_q 的作用下加速倾斜。

(2) 当 $\theta = \theta_s$ 时,$M_q = M_h$,外力矩已不能使船继续倾斜,但由于船舶已达到最大角速度,在惯性作用下船舶将继续倾斜。

(3) 当 $\theta_s < \theta < \theta_d$ 时,$M_q < M_h$,回复力矩使船舶减速倾斜。

(4) 当 $\theta = \theta_d$ 时,角速度等于零,船舶停止倾斜,但由于 $M_h > M_q$,故船舶开始回复。在回复过程中,船舶的运动情况与上述倾斜情况类似。

由上面的分析可知,船舶受到动力作用后,将在 θ_s 处发生周期性运动,在水和空气的阻尼作用下,运动逐渐减弱,最后仍然停留在 θ_s 处。但是运动中可能产生的最大倾角将在 θ_d 处。

在外力矩的动力作用下,根据功能原理,船舶只有在外力距所做的功 T_q 被回复力矩所做的功完全抵消时才能使角速度变为零且停止倾斜。根据这个原理,船舶的动平衡角 θ_d 将在两力矩做功相等的地方。船舶倾斜到 θ_d 时,力矩做功可用式(4 - 68)~式(4 - 70)表示。

外力矩做的功:

$$T_q = \int_0^{\theta_d} M_q \mathrm{d}\theta = M_q \theta \qquad (4 - 68)$$

回复力矩做的功:

$$T_h = \int_0^{\theta_d} M_h \mathrm{d}\theta \qquad (4 - 69)$$

平衡时,有

$$T_q = T_h \rightarrow M_q \theta_d = \int_0^{\theta_d} M_h \mathrm{d}\theta \qquad (4 - 70)$$

若用图形表示,$T_q = T_h$ 表示面积 $OADE$ =面积 $OBCE$,如共有面积 $OBDE$ 抵消,即面积 OAB =面积 BCD。 C 点所对应的位置即为动平衡角 θ_d,如图 4 - 23

所示。

　　由于船舶动平衡角取决于力矩所做的功,因此,动稳性的优劣主要用回复力矩所做的功的大小来衡量。回复力矩做的功越大,表示船舶能够承受的突加外力距也越大,船舶的动稳性越好。

4.9.3　静稳性曲线的应用

　　下面简要介绍静稳性曲线的 4 方面应用。

　　(1) 求静倾角:如图 4 - 24 所示的静稳性曲线,作用静倾力矩 M_q,使 $OA = M_q$,过 A 作水平线 AA' 与曲线相交于 B 点,则 B 点对应的倾角即为静倾角 θ_s。

　　(2) 求动倾力矩作用时的动倾角:如图 4 - 24 所示的静稳性曲线,作用动倾力矩 M_q,使 $OA = M_q$,过 A 作水平线 AA',再作垂线 ED,使面积 $OAB =$ 面积 BEC,则 D 点对应的角度即为动倾角 θ_d。

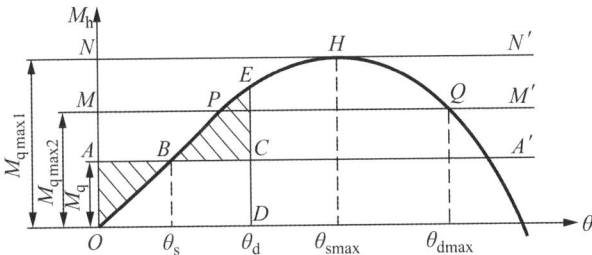

图 4 - 24　静稳性曲线的应用

　　(3) 求最大(极限)静倾力矩 M_{qmax1} 与最大(极限)静倾角 θ_{smax}:如图 4 - 24 所示的静稳性曲线,作水平线 NN' 与静稳性曲线最高点相切于 H,则其水平线的纵坐标即为最大静倾力矩 M_{qmax1},其所对应的倾角为最大静倾角 θ_{smax}。

　　(4) 求最大(极限)动倾力矩 M_{qmax2} 与最大(极限)动倾角 θ_{dmax}:如图 4 - 24 所示的静稳性曲线,作水平线 MM',使面积 $OMP =$ 面积 PHQ,则 MM' 线的纵坐标对应的力矩为极限动倾力矩 M_{qmax2},交点 Q 所对应的角度即为极限动倾角 θ_{dmax}。

　　最大动倾力矩为船舶所能抵抗的最大突加外力矩。最大动倾角为最大动倾力矩所做的功完全被回复力矩所做的功所抵消时对应的倾角。

　　当实际的动倾力矩超过最大动倾力矩时,表现在静稳性曲线上,因实际水平线高于 MM',故面积 OMP 增大,而面积 PHQ 减小,即船舶回复力矩所做的功小于动倾力矩所做的功,使船舶处于无法抵抗的状态而倾覆。

4.10 稳性衡准

为了保证船舶的安全航行,国际海事组织(IMO)和各航运国家都对船舶的完整稳性提出了基本衡准要求。我国《船舶与海上设施法定检验规则(2008)》(以下简称《法定规则》)采纳了 IMO 对船舶完整稳性的要求。下面简要介绍我国《法定规则》对船舶稳性衡准的要求。

4.10.1 《法定规则》对国际航行海船完整稳性的基本要求

我国《法定规则》对国际航行海船完整稳性的要求是在 IMO 文件(《2008 年国际完整稳性规则》)的基础上,以单一文件的形式规定了国际航行船舶稳性的衡准要求,包括 A、B 两部分。A 部分为强制性衡准,B 部分为对某些船舶的建议和附加指南。

《法定规则》适用于船长为 24 m 及以上的下列类型船舶和其他海运工具的最低稳性要求,包括货船、载运木材甲板货的货船、客船、渔船、特种用途船、近海供应船、海上移动式钻井平台、方驳和在甲板上载运集装箱的货船和集装箱船。

A 部分强制衡准包括两部分,第一部分为对静稳性曲线特征所做的要求,第二部分为突风与横摇衡准(气象衡准),即对动稳性所做的要求。

第一部分对静稳性曲线特征提出了基本衡准要求,即船舶在核算装载状况下经自由液面修正后,要求同时满足:

(1) 初稳性高度 GM 不小于 0.15 m。

(2) 对静稳性力臂 GZ 曲线的要求:静稳性力臂曲线在横倾角 0°~30°之间所围面积应不小于 0.055 m·rad;静稳性力臂曲线在横倾角 0°~40°或进水角(如果这个角度小于 40°)之间所围面积应不小于 0.09 m·rad;静稳性力臂曲线在横倾角 30°~40°之间或 30°与进水角(如果这个角度小于 40°)之间所围面积应不小于 0.03 m·rad。

(3) 在横倾角等于或大于 30°处,静稳性力臂 GZ 应不小于 0.2 m。

(4) 最大静稳性力臂对应的横倾角(极限静倾角)不小于 25°。

第二部分针对突风与横摇衡准(气象衡准)。气象衡准要求对每种标准载况,考虑船舶抵抗横风和横摇联合作用的能力,如图 4-25 所示,它要求:

(1) 船舶受到垂直于其中心线的一个定常风压的作用,产生一个定常风倾力臂 l_{wl}。

(2) 假定由于波浪作用,船由平衡角 θ_0 向上风一侧摇至一个横摇角 θ_1,在定

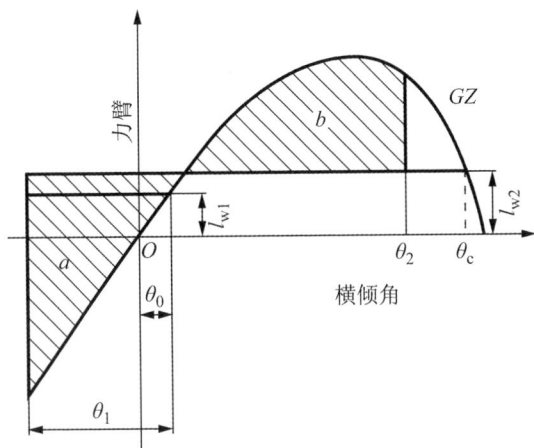

图 4-25　突风和横摇(气象衡准)

常风作用下的横倾角 θ_0 应不大于 16° 或甲板边缘进水角的 80%,取较小者。

(3) 然后,船舶受到一个阵风风压,产生一个阵风倾侧力臂 l_{w2}。

(4) 在此情况下,在船舶的静稳性曲线中,面积 b 应等于或大于 a。其中,

$$l_{w1} = \frac{pAZ}{1\,000g\Delta}\ (\text{m}) \tag{4-71}$$

$$l_{w2} = 1.5l_{w1}(\text{m}) \tag{4-72}$$

式中,p 为单位计算风压,取 504 Pa;A 为水线以上船体和甲板货件的侧投影面积,m^2;Z 为从面积 A 的中心到水线下船体侧面积中心或近似地到平均吃水 1/2 处的垂直距离,m;Δ 为排水量,t;g 为重力加速度,9.81 m/s^2。

图 4-25 中的角度如下:θ_0 为定常风作用下的横倾角;θ_1 为由于波浪作用向上风一侧的横摇角;θ_2 的取值可以为进水角 θ_f 或 50° 或 θ_c,取较小值;θ_f 为船体、上层建筑或甲板室上不能风雨密关闭的开口浸水时的横倾角;θ_c 为风倾力臂 l_{w2} 与静稳性曲线的第二个交角。确定 l_{w1} 的替代方法及 θ_1 的具体计算方法详见《法定规则》。

除此之外,《法定规则》还规定了适用于客船、5 000 载重吨及以上油船、运载木材甲板货的货船、载运散装谷物的货船及高速船的特殊衡准。

而 B 部分则对未列入 A 部分的渔船、方驳、船长大于 100 m 的集装箱船、近海供应船、特种用途船、海上移动式钻井平台提出了建议的稳性衡准及进行安全操作而采取的措施,以最大限度地减少对船舶、船上人员和环境的危害;并对制定稳性资料、防止船舶倾覆的操作规定、结冰计算、水密完整性的考虑以及空船参数的确

定提供指南。

4. 10. 2 《法定规则》对国内航行海船完整稳性的基本要求

《法定规则》针对国内海上航行的中国籍船舶,对船长为 20 m 及以上的排水型及高速船、近海和沿海航区海船(除帆船、机帆船、非营业游艇外)分别规定了对其完整稳性的基本要求和特殊要求。以下简要介绍《法定规则》对于近海航区(指距中国海岸 120~200 n mile 的海域)和沿海航区(指距中国海岸不超过 20 n mile 的海域)航行的各类货船完整稳性的基本要求。

《法定规则》对货运船舶稳性衡准包括三个方面:一是关于稳性衡准数,二是关于静稳性曲线特征,三是对稳性的特殊要求。

1) 稳性衡准数

稳性衡准数 K 是衡量船舶具有的抵御最小倾覆力矩的能力,是指船舶的最小倾覆力矩 M_q 与风压倾侧力矩 M_f 的比值,或最小倾覆力臂 l_q 与风压倾侧力臂 l_f 的比值,即

$$K = \frac{M_q}{M_f} = \frac{l_q}{l_f} \geqslant 1 \tag{4-73}$$

船舶在各种装载状态下的稳性衡准数 K 不小于 1。最小倾覆力矩(臂)计及船舶横摇由静稳性曲线图或动稳性曲线图求取,风压倾侧力矩(臂)由式(4-74)求取。

$$l_f = \frac{pA_f Z}{9\ 810\Delta} \tag{4-74}$$

式中,p 为单位计算风压,按不同航区及 Z 的不同查表得到;A_f 为船舶受风面积,m^2,为所核算装载情况下船舶正浮时,实际水线以上船舶各部分在船舶中纵剖面上的侧投影面积,由满实面积和非满实面积两部分组成;Z 为计算风力作用力臂,m,为在所核算装载情况下船舶正浮时受风面积中心至水线的垂向距离,受风面积中心应用通常确定图形重心的方法求得;Δ 为所核算装载情况下船舶的排水量,t。

2) 静稳性曲线特征

(1) 经自由液面修正后的初稳性高度 GM 不小于 0.15 m。

(2) 横倾角等于或大于 30°处的回复力臂应不小于 0.2 m,如船体进水角小于30°,则进水角处的回复力臂不小于该规定值。

(3) 船舶最大回复力臂所对应的横倾角 θ_{smax} 应不小于 25°(1999 年版《法定规则》规定该值为 30°),如进水角小于最大回复力臂所对应的横倾角 θ_{smax},则进水角

即为最大回复力臂所对应的横倾角 θ_{smax}。

（4）当船舶的船宽与型深比 B/D 大于 2 时，横倾角可以适当减小。其减小值 $\Delta\theta$ 为

$$\Delta\theta = 20\left(\frac{B}{D} - 2\right)(K - 1)\ (°)\tag{4-75}$$

式中，D 为船舶的型深，m；B 为不包括船壳板的最大船宽，m，但当 $B > 2.5D$ 时，取 $B = 2.5D$；K 为稳性衡准数，当 $K > 1.5$ 时，取 $K = 1.5$。

此外，《法定规则》还对客船、双体客船、干货船、运木船、集装箱船等提出了稳性的特殊要求，如旅客集中于一舷的稳性要求等。

4.10.3　船舶稳性资料应用简介

为便于驾驶人员掌握船舶稳性情况，《法定规则》规定，船舶设计或建造部门应负责提供经船检部门（船级社）核准的船舶稳性报告书或船舶装载手册，其主要内容如下：①船舶主要参数；②基本装载情况稳性总结表；③主要使用说明；④各种基本装载情况稳性计算；⑤液体舱自由液面惯性矩表及对初稳性高度修正的说明；⑥进水点位置及进水角曲线；⑦许用重心高度曲线图或最小许用初稳性高度曲线图；⑧油船装卸操作手册。

所谓许用重心高度是指为保证船舶不倾覆，在满足《法定规则》对船舶稳性的各项要求的前提下，船舶重心高度的最大值。其值随排水量变化而变化。所谓最小许用初稳性高度是指为保证船舶不倾覆，在满足《法定规则》对船舶稳性的各项要求的前提下，船舶初稳性高度的最小值。其值也随排水量变化而变化。

此外，还应包括船舶静水力参数，各类舱的舱容及其中心坐标，风压倾侧力臂，加载 100 t 货物首、尾吃水变化标尺或图表，横摇周期与 GM 的关系曲线，稳性交叉参数等资料。对于有稳性衡准特殊要求的船舶，在报告书或手册中还须提供相关的计算资料。

根据报告书或手册中提供的船舶资料，驾驶人员利用稳性报告书可了解和掌握船舶稳性的整体状况，核算船舶实际装载状态下的稳性及校核船舶的摇摆性等。

应该指出，不同国家的报告书或手册对应不同船舶，其所包括的内容不完全相同，在使用时必须首先了解其基本内容及所适应的稳性规则。

本章小结 ··

船舶稳性是保证船舶在受到外力作用后不至倾覆的性能。完整的稳性包括初

稳性(小倾角稳性)与大倾角稳性、横稳性与纵稳性、静稳性与动稳性。当稳心位于重心之上,即船舶初稳性高度大于零或是回复力矩大于零时,船舶具有初稳性,常规船的纵稳性高度远大于横稳性高度。

　　船上货物移动会对船舶浮态与稳性产生影响,货物上下移动会影响船舶的初稳性高度,而横向与纵向移动会使船舶产生横倾与纵倾;除此之外,船上货物的悬挂与液舱自由液面的存在也会使稳性变差。悬挂货物对稳性的影响相当于将货物从实际重心位置上移至悬挂点(虚重心);而自由液面对初稳性高度的影响与液体的密度及自由液面的惯性矩成正比,与排水量成反比,与液舱内液体的体积大小无关。

　　装卸货物对船舶浮态与稳性的影响分成大量装卸与少量装卸的影响。当装卸的重量小于10%排水量时,可将其先装在通过水线面漂心的垂线上(发生平均吃水变化),然后再将其从漂心的位置移至任意位置进行计算;在重量增减值大于10%排水量时,则可利用静水力曲线计算装卸货物对船舶浮态与稳性的影响。

　　船舶的大倾角稳性是船舶横倾角度超过10°或15°时的船舶回复能力。静稳性是指当船舶受到静力作用后,产生大角度横倾时的角速度及角加速度值可以忽略时船舶的回复能力;而产生大角度横倾时的角速度及角加速度值不可忽略时船舶的回复能力为动稳性。回复力矩(力臂)的大小用来衡量船舶的大倾角稳性与静稳性;而回复力矩所做的功的大小是动稳性的衡量标准。由于静稳性曲线完整地反映了船舶不同载况下的完整稳性,故常用来进行稳性衡准。

习题与思考题

一、名词解释

　　稳性,初稳性,大倾角稳性,横稳性,纵稳性,静稳性,动稳性,稳心,初稳性高度,纵稳性高度,初稳性半径,回复力矩,横倾1°力矩,每厘米纵倾力矩,静水力曲线图,自由液面,静稳性曲线。

二、简答题

　　(1) 船舶具有初稳性的条件是什么?

　　(2) 讨论船舶初稳性时有哪些简化假定?

　　(3) 初稳性高度与哪些船舶性能要素有关? 船舶营运中可以通过哪些方法来控制和调节船舶的初稳性高度?

　　(4) 静水力曲线图由哪些参数组成?

　　(5) 重物在船体内部的垂向、横向和纵向移动对船舶稳性与浮态各有何影响?

(6) 任意方向移动货物将对船舶的浮态及稳性带来哪些变化?

(7) 采取何种措施能有效地减少自由液面对初稳性的影响? 为什么?

(8) 悬挂货物对初稳性有何影响? 减小悬挂货物对初稳性影响的有效措施是什么?

(9) 船舶进行倾斜试验的目的是什么? 倾斜试验的原理是什么?

(10) 初稳性与大倾角稳性有何区别?

(11) 静稳性与动稳性有何区别?

(12) 在相同数值的力矩作用下,动平衡角比静平衡角大还是小? 为什么?

三、选择题

(1) 船舶具有稳性的条件是(　　)。

A. 稳心位于重心之下　　　　　　　B. 浮心位于重心之下

C. 稳心位于重心之上　　　　　　　D. 稳心位于浮心之上

(2) 船舶小角度倾斜前后浮力作用线的交点是(　　)。

A. 浮心　　　　　B. 稳心　　　　　C. 重心　　　　　D. 漂心

(3) 在静水力曲线图中,哪两条曲线中查出的数据相互成正比(　　)。

A. 淡水排水量曲线和海水排水量曲线

B. 水线面面积曲线和每厘米吃水吨数曲线

C. A、B 都对

D. A、B 都不对

(4) 在静水力曲线图中,不能查到(　　)。

A. 排水量　　　B. 浮心高度　　　C. 重心高度　　　D. 船型系数

(5) 船舶稳心是指船舶倾斜前后(　　)。

A. 重力与浮力两作用线的交点　　　B. 浮心和重心的交点

C. 两条浮力作用线的交点　　　　　D. 两条重力作用线的交点

(6) 矩形液体舱内设置一道纵舱壁可以减小自由液面影响的(　　)。

A. 1/12　　　　　B. 1/4　　　　　C. 1/2　　　　　D. 3/4

(7) 对于同一艘船,其静稳性曲线随以下哪项因素而变化(　　)。

A. 船舶排水量　　　　　　　　　　B. 船舶吃水

C. 船舶重心高度　　　　　　　　　D. A、B 和 C 都对

四、计算题

(1) 某船在某吃水时的排水量 $\Delta = 360$ t,横稳性高度 $GM = 1$ m,求横倾 $1°$ 力矩。

(2) 已知某船每厘米纵倾力矩为 50 t·m,求调整首尾吃水差 50 cm 所需

力矩。

（3）已知某船装载货物后的横倾 1°力矩为 20 t·m，求 50 t 货物装在距纵中剖面 2 m 处产生的横倾角。

（4）某内河船的排水量 $\Delta = 820$ t，水线面面积对纵向轴的惯性矩 $I_x = 2\,380$ m^4，初稳性高度 $GM = 1.70$ m，求重心在浮心上的高度。

（5）已知箱形船和水下横剖面为等腰三角形的棱柱体船船长 $L = 100$ m，船宽 $B = 10$ m，吃水 $T = 5$ m，如图 4-26 所示，试求两船的初稳心半径和稳心距基线高度。

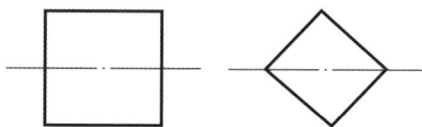

图 4-26　两船型横剖面

（6）某内河货船 $L = 40$ m，$B = 6$ m，$T = 1.5$ m，$C_b = 0.6$，$GM = 1.2$ m，现把一台重为 30 t 的辅机从机舱垂直吊到甲板上，移动的距离为 3.2 m，求机器移动后的初稳性高度。

（7）某船的初稳性高度 $GM = 1.2$ m，排水量 $\Delta = 1\,000$ t，如把船内 10 t 货物向上移动 3 m，再横移 5 m，求横倾角。

（8）已知某船排水量 $\Delta = 19\,503$ t，初稳性高度 $GM = 0.78$ m，现用船内重吊杆将第三舱内重量为 150 t 的大件货吊卸到码头，货物初始位于中纵剖面，其重心距离基线高度为 10 m，悬挂点距基线高度为 42 m，货物转向码头后，挂点水平横移距离为 19 m。挂点高度下降 2 m，试求货物卸落码头前船舶的横倾角。

（9）已知某内河长方形船的船长 $L = 100$ m，船宽 $B = 12$ m，吃水 $T = 6$ m，重心垂向坐标 $z_g = 3.6$ m，该船的中纵剖面两边各有一淡水舱，其尺度为长 $l = 10$ m，宽 $b = 6$ m，深 $d = 4$ m。在初始状态下，两舱都装满了淡水。求在一个舱内的水耗去一半时船的横倾角。

（10）一块长 4 m 的方木，横截面的边长各为 1 m，木头的密度为 0.5 t/m^3，如果浮在淡水中，且方木横截面一边平行于水线，它的 GM 值是多少？此时方木稳性属于哪一种平衡状态？

第 5 章

船 舶 抗 沉 性

▼

所谓船舶抗沉性(破舱稳性)就是船舶在一舱或数舱破损进水后,仍能漂浮于水面,并保持一定浮态和稳性的能力。各类船舶对于抗沉性的要求是不同的:军用舰艇在战斗中受损伤的机会较多,同时又要求它在遭到某种程度损伤后仍能保持一定的作战能力或返回基地的能力。所以对军用舰艇的抗沉性要求要比民用船舶高得多。在民用船舶中,对客船的抗沉性要求又要比货船高一些。为了保证安全航行,我国《船舶与海上设施法定检验规则(2008)》(以下简称《法定规则》)对各类民用船舶的抗沉性要求提出了明确的规定。

船舶的抗沉性主要是通过使船舶具有足够的储备浮力和稳性,将船舶用水密横舱壁合理地分隔成若干水密舱室(即船舶分舱)来保证的。

5.1 船舶海损及抗沉性

船舶在使用过程中有可能发生海损事故,导致船体破损,海水进入船体内。这种海损事故虽然是偶然事件,但它将造成严重的后果,甚至使生命财产遭受重大损失。例如 1912 年 4 月 15 日,英国大西洋邮船"泰坦尼克"(Titanic)号在新建成的第一次航行中,于大西洋北部纽芬兰岛附近和冰山相撞,船壳破口长达 100 m,首部五个舱被淹水。相撞后两个多小时便全部沉没在冰海之中。该船长约 270 m,排水量为 46 000 t,全船 2 200 多名乘员中死亡了 1 157 人,造成了航运史上空前的大悲剧,震惊世界。

1956 年 7 月 25 日,在离纽约 200 n mile 的海面上,排水量为 29 000 t 的意大利客船"安得烈多里亚"(Andrea Doria)号与载重量为 20 000 t 的瑞典邮轮"斯德哥尔摩"(Stockholm)号在雾天相撞。邮轮船头进入客船深达 9～19 m,船头拔出后重量掉落约数百吨,但它仍能驶回纽约。客船在邮轮船头拔出后,即横倾 20°～25°,10 小时后横倾达 90°,然后逐渐沉没于海底。损失共约 290 亿美元。

上述海损事故虽然是偶然事件,但它的发生使人命和财产遭受重大损失。为了保障船舶的安全,各主要航海国家代表先后于 1914 年、1929 年、1948 年、1960年和 1974 年召开了国际海上人命安全会议,签订和修改了《国际海上人命安全公约》(*International Convention for the Safety of Live at Sea*, SOLAS),此后又进行了多次修订。公约对航行于公海的船舶提出了船舶救生设备、无线电通信设备和助航设备的基本要求,还特别规定了船舶应具备的抗沉性。

5.2 破舱进水对浮态与稳性的影响

5.2.1 三类典型破损进水情况

船舶破损,海水进入舱内,根据船舱进水情况,可分为下面三类。

第一类舱室:舱的顶部位于水线之下,船体破损后海水灌满整个舱室,但舱顶未破损,因此进水量不随破舱水线位置而变,且没有自由液面。破损的双层底舱和顶盖在水线下的深舱柜属于这类舱,如图 5-1(a)所示。

第二类舱室:进水舱未被灌满,舱内的水不与船外的水相通,因此有自由液面。为调整船舶浮态而灌水的舱以及船体破洞已被堵塞但水还没有抽干的舱室都属于这类舱,如图 5-1(b)所示。

第三类舱室:舱的顶盖在水线以上,舱内的水与船外的水相通,因此舱内水面随进水后水线的位置而变化。这在船体破损时较为普遍,也是最典型的进水舱情况,如图 5-1(c)所示。

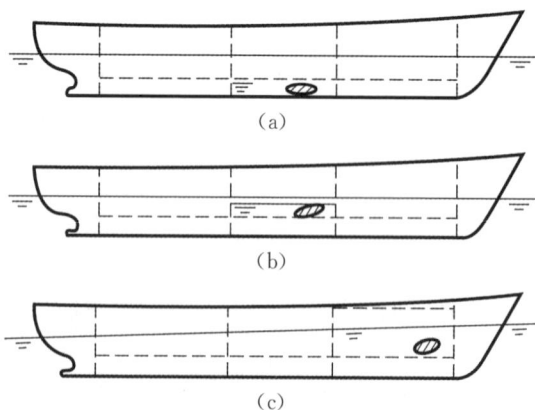

(a)

(b)

(c)

图 5-1 三类船舱进水情况

(a) 第一类舱室进水情况 (b) 第二类舱室进水情况 (c) 第三类舱室进水情况

5.2.2　破舱的浮态与稳性计算原理

根据三种不同的进水舱情况,在具体计算破舱后的浮态和稳性时,可以分别采用增加重量法或损失浮力法。增加重量法的计算原理是将破舱进水后的进水看成是故意加载的液体。采用船舶装载液体货物时的浮态和稳性的计算方法求得所需的各值。该法适用于第一类和第二类的进水舱情况。其中对第一类进水情况,在计算时不计自由液面的影响;对第二类进水情况,要计算自由液面的影响;至于第三类进水情况,因舱内的水和船外的水相通且舱内的水面和船体外的水面位于同一水平面,故进水量随时在变化,要由最终水线位置决定,因而用增加重量法计算较困难,常采用损失浮力法计算。

损失浮力法的计算原理是将破舱进水的那部分船内体积看成是脱离船体的一部分,即该部分的浮力已经损失,将它从船舶排水量中扣除,使船舶浮力减少。为维持总排水量不变(因船舶总重量不变),需通过吃水增加来补偿,从而计算出新的水线位置及各有关参数,同时得出最终浮态和初稳性高度。故此法又称为固定排水量法。比较适用于第三类破舱进水情况。

应该指出的是,用上述两种方法计算所得的初稳性高度是不同的,因为它们对应的排水量及重心变化高度不同,但可以证明稳性系数 ΔGM 是相同的。因此计算所得的最终平衡水线及倾角是相同的。

无论进水情况属于哪一类,也无论采用何种计算方法,船舶破舱进水都会引起船舶的吃水增加,并使与吃水有关的各项静水力参数,如排水量、浮心、稳心位置等发生变化,从而改变船舶的静水力性能。同时由于重量增加,使船舶的重心位置也发生变化,这些都将直接影响到船舶的浮态和稳性。一般说来,由于破舱进水属于不对称进水,故除了使吃水增加外,还会发生纵倾和横倾现象。当倾角大到一定程度时就可能导致船舶倾覆。因此,一旦发生进水情况,必须采取及时的扶正措施,扶正方法可以是排水或往进水舱室灌水或把破舱一侧的水转移到另一侧等。破舱进水后的初稳性高度应根据进水后的稳心高度及进水后受自由液面影响的程度确定。

5.2.3　渗透率

船舱内有各种结构构件、设备、机械和货物(或液体载荷)等,它们在舱内已占据了一定的空间。因此,船舱内实际进水体积 v_1 总是小于空舱的型体积 v。两者的比值称为体积渗透率 μ_v,即

$$\mu_v = v_1/v$$

或 $$v_1 = \mu_v v \qquad (5-1)$$

体积渗透率 μ_v 的大小视舱室的用途及装载情况而定,我国《法定规则》对国际航行海船 μ_v 数值的规定如表 5-1 所示。

表 5-1 体积渗透率表

处所	体积渗透率 μ_v
起居处所	0.95
机器处所	0.85
储物处所	0.60
空舱处所	0.95
液体处所	0 或 0.95[①]

① 视何者导致较严重的后果而定。

除上述体积渗透率 μ_v 外,尚有面积渗透率 μ_a,表示实际进水面积 a_1 与空舱面积 a 之比。μ_a 与 μ_v 之间并无一定联系,通常 μ_v 小于 μ_a,但并非所有情况都是这样。在一般计算中,μ_a 及 μ_v 可取相同的数值。通常所谓的渗透率是指体积渗透率。

5.3 船舶分舱与抗沉性衡准

5.3.1 船舶分舱考虑的因素

船舶分舱考虑的因素很多,包括船舶使用性、船舶的建造、船舶强度及船舶抗沉性的要求等。从使用的角度来看,同样的船长,舱室越多,船舶在港口装卸越不方便,影响港口的装卸效率;对船舶建造来说,增加了船体重量,使每个舱室施工空间变小,给船舶建造带来不便。但会使船舶的纵向强度提高,一般也会带来抗沉性的改善。

一般船舶舱壁的划分及舱壁数量的多少是根据规范对船舶强度的要求、使用需要、重量大小及各种因素决定的。多数船舶在满足规范规定的基础上,再根据使用要求及布置情况进行设置,最后根据抗沉性要求进行检验。若满足抗沉性要求则给予确定;若不符合要求则进行调整。

5.3.2　抗沉性的确定性衡准方法

长期以来,船舶抗沉性的衡准方法一直采用计算方便、物理概念清晰的确定性方法,即以业务衡准数、分舱因数和渗透率等作为衡准基础的安全公约。该衡准方法要求船舶设置一定数量的水密舱壁,使船舶破损后的浸水被限制在一定的范围内,以此保证船舶在一舱或数舱破损后,其水线不超过限界线并具有一定的破舱稳性。这种方法称为确定性衡准方法。

确定性衡准方法规定,船舶任一舱的实际舱长 l(两相邻实际水密横舱壁间的距离)应满足下列不等式:

$$l < l_\text{p} \tag{5-2}$$

式中,l_p 为许可舱长(permissible length of compartment),即允许的两水密横舱壁的间距。

$$l_\text{p} = F l_\text{F} \tag{5-3}$$

式中,l_F 为可浸长度(floodable length),即保持船舶破舱浮态所需的两水密横舱壁的极限间距;F 为分舱因数(factor of subdivision),由船舶长度和业务衡准数决定。

水密横舱壁上达的最高一层甲板,称为舱壁甲板。在船舶侧视图上,在舱壁甲板上表面向下量 76 mm(即 3 in)处画一条与舱壁甲板边线平行的线,这条线称为安全限界线(margin of safety line,简称限界线),如图 5-2 所示。限界线上各点的切线表示船舶破损后所允许的最高水线。

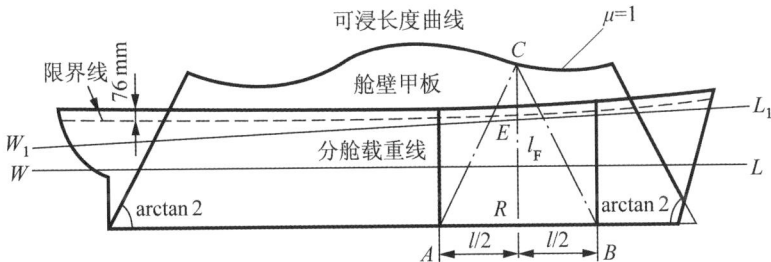

图 5-2　可浸长度曲线

船舶分舱计算时的初始水线在抗沉性计算中称为分舱载重线。在计算可浸长度时,假设渗透率 $\mu=1$,即实际进水体积 v_1 等于舱室的理论进水体积 v。因此,可浸长度是船舶处于分舱载重线时,设船舶某一假想舱长为 AB 的舱破舱进水(见

图5-2),使船舶下沉和纵倾,最终平衡于新的水线时与限界线相切的 W_1L_1(E 是切点),把这一假想舱的长度 AB 定义为该舱长中点 R 处的可浸长度 l_F。即船舱破损后,海损水线恰好与安全限界线相切的进水舱的舱长称为可浸长度或极限舱长。

可浸长度是公约和规范规定的两水密横舱壁间的极限长度,它意味着对应的干舷最小。当船舶实际两水密横舱壁的间距 $l > l_F$ 时,则破舱后将导致甲板淹水;当船舶实际两水密横舱壁的间距 $l < l_F$ 时,则破舱后的平衡水线 W_1L_1 将在限界线以下,即甲板不淹水。

通常分舱计算时,取船舶的满载水线为分舱载重线。故当满载水线作为分舱载重线且能满足抗沉性要求时,其他吃水情况就偏于安全。

可浸长度的大小与其所在位置 R 有关。为了便于表示,将 R 点的可浸长度表示为 R 点的垂距 $RC = l_F$。将沿船长所设各 R 点垂距的端点连接成如图5-2所示的曲线,称为可浸长度曲线,由此可得沿船长任一位置的可浸长度。由图5-2可知,位于船中部的可浸长度,虽然舱室进水体积较大,但因船舶几乎仅有平行下沉,故可浸长度较大。船中前后则因同时有纵倾,故可浸长度较小。位于首尾两端,因船体形状瘦削,进水量显著减少,故可浸长度又增大。可浸长度还与干舷高度有关,干舷高度越大,可浸长度越大,反之则越小。此外,可浸长度与渗透率有关。考虑了平均渗透率的可浸长度曲线如图5-3所示。

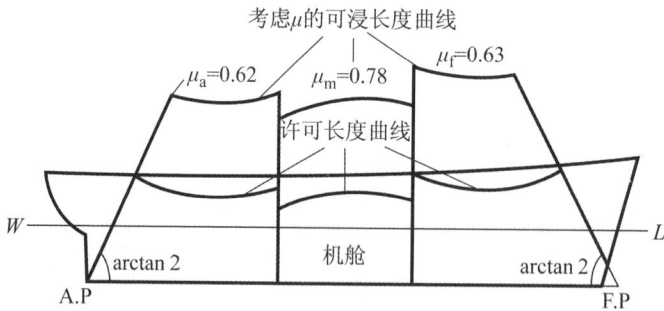

图5-3 计入渗透率的可浸长度曲线

因为许可长度 l_p 为可浸长度和分舱因数 F 的乘积,而分舱因数的大小与船长 L 及业务衡准数 C_s 有关,F、L 及 C_s 之间的关系如图5-4所示。由图5-4可知,船舶越长,抗沉性要求越高。业务衡准数 C_s 是衡量船舶业务性质的数值,它主要与旅客所用处所的容积和限界线以下船舶的总容积之比有关。当 $C_s \leqslant 23$ 时,表征船舶以货运为主;当 $C_s \geqslant 123$ 时,表征船舶以客运为主;当 $23 < C_s < 123$ 时,

表征客货混合。客运业务占比较大的船舶,当 C_s 较大时,对抗沉性要求较高。分舱因数 F 的值可根据船长 L 和业务衡准数 C_s 由图 5-4 查得。由图 5-4 可知,在业务衡准数 C_s 一定时,L 越大,F 越小;在 L 一定时,C_s 越大,F 越小。$0.5 < F \leqslant 1.00$ 的船舶,为一舱制船舶。这类船舶的任一舱破损进水后都不致沉没。显然同样是一舱制船舶,但由于其 F 值大小不同,故破舱后其保持的干舷高度也不同,即安全程度不同。F 值较小的船舶,破舱后下沉和纵倾较小,故较安全。$0.33 < F \leqslant 0.25$ 的船舶,为二舱制船舶。这类船舶的任何相邻两舱破舱进水后,均不致沉没。$0.25 < F \leqslant 0.33$ 的船舶,为三舱制船舶。

根据求得的 F 值和可浸长度曲线,用式(5-3)可求得沿船长任一位置处的许可舱长,并可画出如图 5-3 所示的许可舱长曲线。

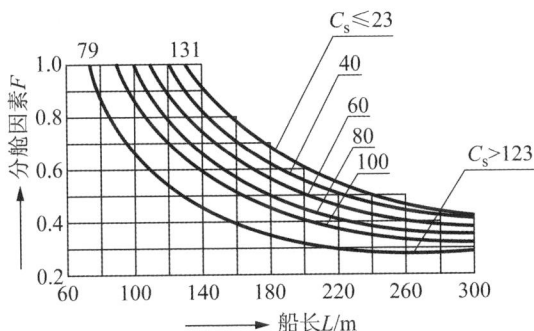

图 5-4 分舱因数

需要说明的是,在上述可浸长度和许可舱长的计算中,都没有考虑破舱后的稳性问题,因此实际抗沉性衡准中,还需根据规范对破舱稳性的具体要求进行稳性校核计算。

我国《法定规则》对于国际航行单体客船破舱稳性的要求(确定性方法)是船舶破损后(若为不对称进水,已经采取平衡措施后)其最终状态应满足:

(1) 用损失浮力法求得的初稳性高度应不小于 0.05 m。

(2) 在不对称进水情况下,一舱进水的横倾角不得超过 7°,两个或两个以上相邻舱室进水的横倾角不得超过 12°。

(3) 在任何情况下,船舶进水终了的破舱水线的最高位置不得超过限界线。

(4) 正值的剩余复原力臂(不应小于 0.1 m)在平衡角以后应有一个 15°的最小值范围。

(5) 从平衡角到某个角度(《法定规则》中有明确规定)之间的复原力臂曲线下的面积应不小于 0.015 m·rad。

5.3.3 抗沉性的概率衡准方法

近二十年来,抗沉性理论新的发展方向是用概率方法来研究船舶抗沉性的衡准。船舶在海上航行中发生船舱破损事故具有很大的随机性,因此采用概率方法研究船舶抗沉性衡准更为合理。1962 年政府间海事协商组织(IMCO)的分舱、稳性和载重线分委会开始收集资料,着手研究基于概率论的新的衡准方法。1973 年,IMCO 第八届大会的 A. 265 决议通过了新的衡准规则,即《国际航行客船的分舱与稳性规则》,作为 1960 年公布的《国际海上人命安全公约》(SOLAS)第 2 章第 2 节的等效规则,并于 1980 年 5 月正式生效。适用于货船的基于概率论的抗沉性衡准方法的《1990 年 SOLAS 修正案》也于 1992 年 2 月 1 日生效。已于 2009 年 1 月 1 日生效的《2009 年 SOLAS 修正案》已对概率计算方法的抗沉性衡准做了较大幅度的修改,它适用于船长 80 m 及以上的货船和所有客船(不考虑船长)。

《2009 年 SOLAS 修正案》对货船破舱稳性的要求是:船舶"达到的分舱指数 A"应不小于"要求的分舱指数 R"。

船舶达到的分舱指数 A 由下式确定:

$$A = \sum P_i S_i \tag{5-4}$$

式中,i 为所考虑的每一个舱或舱组;P_i 为所考虑的舱或舱组可能浸水的概率,不考虑任何水平分隔,仅与在船长方向上的破损位置和长度有关;S_i 为所考虑的舱或舱组浸水后的生存概率,包括水平分隔的影响。

计算 A 时假定船舶处于正浮。式(5-4)表示的总和是指计及整个船长范围内每一个单独舱和两个及两个以上相邻舱组的所有浸水情况,计算一直到那些舱或舱组浸水后无助于增加分舱指数 A 值时止。即任何所考虑的舱或舱组浸水后,只要在浸水的最终阶段船的浮态和稳性满足最低要求,使得生存概率 S_i 大于零,就能对达到的分舱指数 A 有贡献。

要求的分舱指数 R 是根据海损事故资料统计分析得出的一个最低的分舱标准。R 按下式计算:

$$R = 1 - \left[1 / \left(1 + \frac{L_s}{100} \frac{R_0}{1 - R_0} \right) \right], \quad 80 \leqslant L_s \leqslant 100 \tag{5-5}$$

式中,

$$R_0 = 1 - \frac{128}{L_s + 152} \tag{5-6}$$

$$R = R_0, \ L_s > 100 \tag{5-7}$$

式中,L_s 为船舶的分舱长度,m。分舱长度一般是指水密船体部分的最大型长,详细的规定见相关法规条文。

新规则最重要和主要的特点是采用概率计算方法。一艘破损的船舶能否残存是由大量的随机因数决定的。破损时对船舶的影响取决于如下因素:哪一个舱或相邻一组舱进水,破损时船舶的吃水及完整稳性,破损处所的渗透率以及破损时的海况等。这些因素是相互关联的,它们之间的关系及其影响可随不同情况而变化,因此,只能以概率作为比较基础,用一些近似的办法或定性的判断来对船舶的安全进行估计和校核。

新规则的制订基础如下:

(1) 对实船的海难资料做破损统计,得出破损范围(长度、深度)、位置的分布函数,再求得某一舱或舱组进水概率的计算公式。

(2) 以模型试验及船舶碰撞时的海况报告为基础得出某一舱或舱组进水后船舶不致倾覆或沉没的概率计算公式。

(3) 最后,船舶破损后残存的概率就等于进水概率乘以不致倾覆、沉没的概率总和。

目前概率衡准方法的计算全部依赖于专用软件,如 NAPA、Tribon 等。

未来在抗沉性衡准中还需考虑船舱破损后的船体剩余强度问题。对于舱壁腐蚀严重的船舶,当初始状态发生一舱进水后,存在着因进水舱水位过高、横舱壁水压过大导致破损,从而引起两舱或多舱进水的可能性。

本章小结

船舶抗沉性是船舶在一舱或数舱破损进水后,仍能漂浮于水面,并保持一定浮态和稳性的能力。它是船舶破损后安全性的保障能力,主要通过使船舶具有足够的储备浮力和稳性以及合理的船舶分舱来保证。

船舶破损后有三类船舱进水情况;增加重量法适用于第一类和第二类的破舱进水情况的抗沉性计算;损失浮力法比较适用于第三类破舱进水情况的抗沉性计算。

船舶抗沉性的衡准方法有确定性衡准与概率衡准两种,目前的趋势是采用概率衡准方法。

习题与思考题 ··

一、名词解释

抗沉性,安全限界线,渗透率,可浸长度,许可舱长,分舱因数。

二、简答题

(1) 船舶破舱进水后将导致哪些参数发生变化?

(2) 船舶抗沉性一般可以通过哪些方法来保证?

(3) 什么是一舱制、二舱制船舶?

(4) 增加重量法的计算原理是什么?

(5) 损失浮力法的计算原理是什么?

三、选择题

(1) 按照船舶进水舱的分类,舱顶位于水线以上,舱内外水相通的是第( )类舱。

A. 一   B. 二   C. 三   D. 四

(2) 船舶双层底中的燃油舱进水灌满,属于( )。

A. 第一类舱室   B. 第二类舱室   C. 第三类舱室   D. 第四类舱室

(3) 自( )边线向下 76 mm 所作的一条曲线,称为( )。

A. 上甲板/最低限界线   B. 舱壁甲板/限界线

C. 遮蔽甲板/最高限界线   D. 平台甲板/安全限界线

(4) 若许可舱长与可浸长度相等,则船舶分舱因数必定等于( )。

A. 10.0   B. 1.0   C. 0.5   D. 不确定

(5) 某船分舱因数是( ),则该船属于( )制船。

A. 0.45/一舱   B. 0.3/二舱   C. 0.56/三舱   D. 0.21/四舱

(6) 在船舶各舱渗透率相同的条件下,其可浸长度一般在( )处最大。

A. 船首   B. 船中   C. 船尾   D. 不确定

(7) 当设定的船舶渗透率较大时,其可浸长度( ),许可舱长( )。

A. 较大/较大   B. 较大/较小   C. 较小/较小   D. 较小/较大

第6章

船 舶 快 速 性

▼

船舶浮性、稳性及抗沉性是保证船舶其在完整及破损情况下的安全性的三个重要静力性能。除此之外，为保证船舶航行时的经济性、安全性及运输质量，船舶还具备三个动力性能，即船舶快速性、摇摆性能、操纵性。本章首先介绍船舶快速性。

6.1 船舶快速性的基本概念

船舶航行时受到水和空气对船体的作用力，作用力的方向与船舶的运动方向相反，称为阻力 R。船舶要在水中运动，就需将主机发出的功率，通过螺旋桨（或推进器）转化成推力 T，克服阻力，推动船舶前进，如图 6-1 所示。

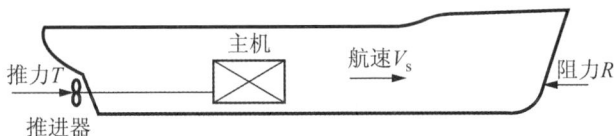

图 6-1 快速性概念示意图

显然，船舶产生推力的大小取决于主机功率的大小和推进器将主机功率转换成推船前进功率的效率（称为推进效率）的高低。因此，一条船航速的高低是由船体受到的阻力大小、主机功率大小和螺旋桨（推进器）效率高低三个因素决定的。

船舶快速性的概念是用来描述船舶能达到速度高低的能力，是指对一定排水量的船舶，主机以较小的功率消耗达到较高航速的性能，是船舶的一项重要技术性能，对船舶的经济性影响很大。

船舶快速性的概念涉及两个方面：一是对一定排水量的船舶，在给定主机功率消耗的条件下能达到的航速的高低，航速高，快速性好，反之则差；二是对一定排水量的船舶,为维持一定航速所需主机功率的大小,功率小,快速性好,反之则差。所以船舶快速性的好坏不能单纯从船舶航速的快慢来下结论。

可以说,一条船舶快速性的优劣取决于船舶的阻力和推进性能。也就是研究船舶快速性要从研究船舶阻力和推进性能两个方面入手。

设船舶以航速 V_s 航行时受到的阻力是 R,而船舶克服阻力 R 以 V_s 匀速航行时消耗的主机功率为有效功率,记为 P_E,则 P_E、R、V_s 三者的关系如下:

$$P_E = RV_s(\text{kW}) \tag{6-1}$$

式中,R 为船舶阻力,kN;V_s 为航速,m/s。由于 1 hp = 75 kgf·m/s = 0.735 kW,如果有效功率采用马力(hp)为单位,则有下式成立:

$$P_E = \frac{RV_s}{75}(\text{hp}) \tag{6-2}$$

式中,R 为船舶阻力,kgf(1 kgf = 9.81 N);V_s 为航速,m/s。

6.2 船舶阻力

6.2.1 船舶阻力分类及成因

1) 船舶阻力的划分

船舶在航行时受到的阻力称为总阻力,从不同的角度,船舶阻力有不同的分类方法。由于船舶是在水和空气两种介质中运动的,因此按船舶航行的介质可将船舶阻力划分为空气阻力和水阻力两部分。而实际船舶是在有波浪的水面上运动的,但直接研究船舶在此种情况下的阻力十分困难,因此可将船舶总阻力划分为船在静水中的阻力(船舶在静水中做匀速直线运动时的阻力)以及船舶在波浪中的阻力增值(船在波浪中的阻力与船在静水中的阻力之差)两部分。由于真实船体由主船体和附体两部分组成,因此从船体的角度来看,相应的阻力也可划分为主体所受的阻力(称为裸体阻力)和附体所受的阻力(称为附体阻力)。裸体船是不包括船体附件,如舵、舭龙骨、轴支架等在内的光船体。

在实际应用中,将船舶总阻力划分为基本阻力 R_0 和附加阻力 ΔR 两大部分。基本阻力是指不包括附体在内的裸体船在静水中运动时的阻力。基本阻力按阻力产生的原因不同,分为摩擦阻力 R_f、旋涡阻力(黏性压差阻力,简称黏压阻力)R_{vp} 和兴波阻力 R_w 三部分,摩擦阻力与旋涡阻力由于都是由黏性引起的阻力,因此两者也称为黏性阻力。附加阻力一般按产生的原因分为污底阻力、附体阻力、空气阻

力和涴涛阻力四部分。具体划分如图 6-2 所示。用公式可将总阻力表达成如下
形式。

$$R = R_0 + \Delta R = (R_f + R_{vp} + R_w) + (R_1 + R_2 + R_3 + R_4) \quad (6-3)$$

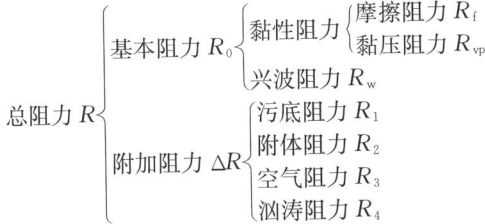

$$总阻力\ R \begin{cases} 基本阻力\ R_0 \begin{cases} 黏性阻力 \begin{cases} 摩擦阻力\ R_f \\ 黏压阻力\ R_{vp} \end{cases} \\ 兴波阻力\ R_w \end{cases} \\ 附加阻力\ \Delta R \begin{cases} 污底阻力\ R_1 \\ 附体阻力\ R_2 \\ 空气阻力\ R_3 \\ 涴涛阻力\ R_4 \end{cases} \end{cases}$$

图 6-2　阻力组成

　　船舶航行时的水阻力的大小与航速密切相关,航速越高,阻力越大。但总阻力
中各阻力成分所占的比例却随航速的不同而变化。对低速船来说,摩擦阻力是主
要组成部分;对高速船来说,兴波阻力是主要组成部分。

　　2)船舶摩擦阻力

　　(1)边界层的概念。水是有黏性的液体。船在水中运动时就会有一薄层水黏
附在船体表面上,随船体一起运动。由于水的黏性的作用,离船体表面远一点的水
层也被带动,但速度稍小些。这样,船体附近的水一层带动一层,速度逐渐减小,到
一定厚度处,速度为零。开始不受速度影响的水层位置称为边界,边界以内的水层
称为边界层,如图 6-3 所示。由于边界层的存在,使船舶运动受到牵制作用,即水
有拖滞船舶不向前运动的趋势,故而形成阻力,这就是摩擦阻力。由此可见,水具
有黏性是产生摩擦阻力的前提。

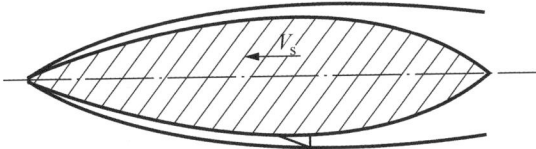

图 6-3　边界层

　　从能量角度可解释为,运动船舶将具有黏性的水质点带动起来,其付出的能量
即为船舶所克服的摩擦阻力所做的功。

　　摩擦阻力的大小,除与水的黏性有关外,主要与船体水下表面积(称为湿表面
积)的大小、船体表面的光滑程度(称为粗糙度)和船的航速大小有关。船体与水接
触的面积越大、船体表面越粗糙、船舶航行速度越高,摩擦阻力就越大。

　　船舶在低速航行时,摩擦阻力占总阻力的 70%~80%。在高速航行时占总阻力的 40%~50%。因此,对于低速船,如低速的大型油船和散装货船等,应从减少船舶的摩擦阻力着手,也就是在相同排水量的情况下设法减小船体的湿表面积。一般来说,船体形状肥短的船的湿表面积比船体形状瘦长的船的湿表面积要小,所以通常低速船的长宽比 L/B 比较小,而方形系数 C_b 比较大。

　　影响船体表面粗糙度的因素较多,如焊缝、铆钉头以及建造时引起的表面波纹等。特别是船舶航行时间长了以后,在水下的船体表面由于海生物附着以及生锈造成污底,不仅增加了污底阻力,也使船体表面异常粗糙,致使摩擦阻力显著增加。当船舶在热带航行时,情况更加严重,甚至由于摩擦阻力的增加,能使航速降低 10%~20%。为了减少污底阻力,船舶的浸水表面一般都要涂防锈漆,在海船上还要加涂有毒的防锈漆(现在由于海洋环境保护的要求,已受到一定的限制),以减少海生物的附着。一般船舶都要定期进行检修,清除污底,重新油漆船壳,以维持一定的航速。

　　(2) 摩擦阻力公式。对于摩擦阻力大小的确定,威廉•弗劳德于 1872 年开始做了大量有关平板摩擦阻力的试验。试验通过在水池中拖曳不同表面面积、长度和表面光滑程度的平板,并记录下拖曳速度与阻力大小,经比较分析得出的结论是摩擦阻力大小与平板的下列因素有关:

　　a. 平板表面积:表面积越大,摩擦阻力越大。

　　b. 平板表面状况:表面越粗糙,摩擦阻力越大。

　　c. 平板长度:表面越长,摩擦阻力越大。

　　d. 液体密度:液体密度越大,摩擦阻力越大。

　　弗劳德发现,以不同速度在水中拖曳的平板,它的摩擦阻力和速度之间的关系可用下式表示:

$$R_f = fSV^{1.852} \tag{6-4}$$

式中,R_f 为摩擦阻力,N;f 为摩擦系数,与板长有关;S 为平板湿表面面积,m^2;V 为平板拖曳速度,m/s。

　　当将上述平板摩擦阻力公式用于船体摩擦阻力计算时,首先要考虑的是船体表面曲率对摩擦阻力的影响。实测研究表明,船体曲率存在所导致的摩擦阻力比相当光滑平板(与船体等面积、等长度、等速度的平板)的摩擦阻力增加的数值并不大,一般为 1%~4%。在船舶设计中,并不单独计算此值,而是将其并入剩余阻力或船型曲度修正系数中,由船模试验给出。因此,考虑到船体曲率以及船壳表面的接缝、铆钉和所涂油漆等具有的粗糙度,经对平板摩擦阻力公式做适当修正,目前

广泛用于计算船体摩擦阻力的公式是

$$R_f = (C_f + \Delta C_f) \frac{1}{2} \rho S V_s^2 \qquad (6-5)$$

式中，R_f 为摩擦阻力，N；C_f 为光滑平板摩擦阻力系数，根据雷诺数 $Re = \dfrac{V_s L_{wl}}{\nu}$ 求得（ν 为水的运动黏性系数）；ΔC_f 为粗糙度附加修正系数，根据表面粗糙程度确定；ρ 为水的密度，t/m^3；S 为湿表面积，m^2；V_s 为航速，m/s。

（3）摩擦阻力求值时各参数的选取。

a. 光滑平板摩擦阻力系数 C_f 计算公式。

普兰特-许立汀公式：
$$C_f = \frac{0.455}{(\lg Re)^{2.58}} \qquad (6-6)$$

桑海公式：
$$\sqrt{C_f} = \frac{0.242}{\lg(Re C_f)} \qquad (6-7)$$

第八届国际水池会议推荐公式：
$$C_f = \frac{0.075}{(\lg Re - 2)^2} \qquad (6-8)$$

我国各科研院校大多采用普兰特-许立汀公式和第八届国际水池会议推荐公式。

b. 粗糙度附加修正系数 ΔC_f 计算。我国实验室采用的 ΔC_f 值是 0.4×10^{-3}；ρ 为水的密度，淡水为 $1.02\ t/m^3$，海水为 $1.04\ t/m^3$。

c. 船体水下湿表面积 S 计算公式。

泰勒公式：
$$S = C\sqrt{\Delta L} \qquad (6-9)$$

式中，C 为面积系数，随船型、尺度系数而变，通常运输船可取 2.58；Δ 为船的排水量，t；L 为设计水线长，m。

单桨运输船常采用以下公式：

$$\frac{S}{\Delta^{2/3}} = 3.432 + 0.305 \frac{L}{B} + 0.443 \frac{B}{T} - 0.643 C_b \qquad (6-10)$$

式（6-10）中所用符号同前，该式由美国泰勒水池于 1963 年公布，是"单螺旋桨运输船舶船模系列试验系列 60"，用回归分析得到。

3) 船舶旋涡阻力(黏压阻力)

(1) 旋涡阻力成因。船舶运动时,水流流经船体,因水质点黏性的影响在船尾部边界层内的速度分布规律发生改变,造成边界层与船体分离,称为"边界层离体现象",形成尾部水流的涡流运动,如图6-4所示。由流体力学理论可以证明,旋涡处压力降低,于是造成首尾的压力差,产生阻力。从流态来看,此项阻力因由尾部产生旋涡所致,称为旋涡阻力。由于旋涡阻力是一种压差阻力,它的产生也是以流体具有黏性为前提的,所以旋涡阻力也称为黏性压差阻力,简称黏压阻力。物体的旋涡阻力与形状关系很大,如图6-5所示。图6-5所示为等剖面等速度运动物体的旋涡阻力比较值,故也称为形状阻力。从能量角度解释,产生旋涡所消耗的能量也是来自船舶的,这就相当于船舶遭遇到的水阻力,这就是黏压阻力。

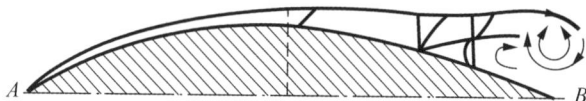

图6-4 船体边界层分离

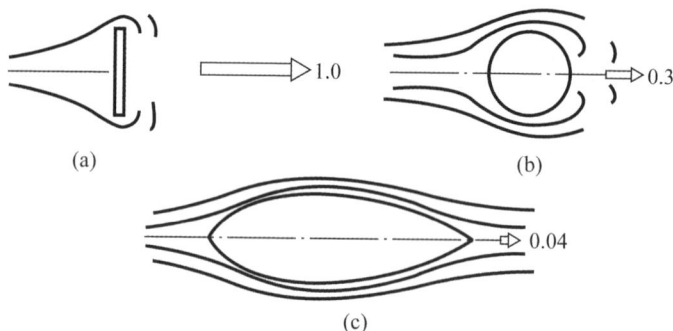

图6-5 物体形状对旋涡阻力的影响

黏压阻力主要与船舶水下部分(主要是船尾)形状及航速有关。在航速一定时,形状起着决定性的作用。因此,黏压阻力也称为形状阻力。若船舶的长宽比 L/B 增加,即船型瘦长时,黏压阻力就小;若船长较短,船型丰满时,黏压阻力就大。

有人将重叠船模置于深水中进行试验,以判断船型对旋涡阻力的影响。所谓重叠船模,就是两个相同的船模沿其载重水线叠合,其浸水面积为原浸水面积的2倍,根据测得的总阻力减去摩擦阻力便可求得旋涡阻力,并进行船型对旋涡阻力的影响比较(因在深水中试验,故不包括兴波阻力)。

(2) 旋涡阻力公式。苏联造船科学家巴甫密尔根据试验结果得出求解旋涡阻力的下列经验公式。

$$R_{vp} = \frac{1}{2} C_{vp} \rho S V_s^2 \qquad (6\text{-}11)$$

$$C_{vp} = 0.09 \frac{A_m}{S} \sqrt{\frac{\sqrt{A_m}}{2L_A}} \qquad (6\text{-}12)$$

式中，R_{vp} 为旋涡阻力，kg；C_{vp} 为旋涡阻力系数；A_m 为中横剖面水下部分的面积，m^2；S 为湿表面积，m^2；L_A 为平行中体后端到尾柱的距离，m；V_s 为航速，m/s。

　　船舶在航行时，水面产生波浪，与沉没在深水中的运动情况不同，故很难将旋涡阻力单独计算。此外，测量旋涡阻力在技术上有一定的困难，故目前常将旋涡阻力和兴波阻力合并处理，统称为剩余阻力 R_r，通过船模试验方法求得。

　　4）船舶兴波阻力

　　船舶在静止水面上运动时，水面会不断兴起波浪，称为船行波。由此种波造成船舶运动时的阻力称为兴波阻力。它消耗了部分船舶运动能量。

　　（1）兴波阻力的成因。船舶航行兴起波浪后，船体表面上的水压力分布发生变化，不同于静浮状态。即运动船体表面上的水压力有大于静浮压力的地方，也有小于静浮压力的地方。且船舶航行于存在着自由表面的水面上，此表面上的压力处处为大气压强。因此，在船体表面上的压力将使相应处的自由表面升高或降低。加上水的流动性和惯性，会使因升高或降低而已达平衡的水质点继续运动，致使原来水平的自由表面出现凸凹起伏而形成波浪，如图 6-6 所示。在波峰区，水面凸起，船体表面上受到的水压力增大；在波谷区，水面凹陷，船体表面上受到的水压力减小。波高越大，峰区的压力增量越大，谷区的压力减量也越大。因为船首处于波峰区，船尾处于波谷区，就形成了一个阻止船舶前进的压差阻力，这种由于船舶兴起波浪所造成的阻力，称为兴波阻力。

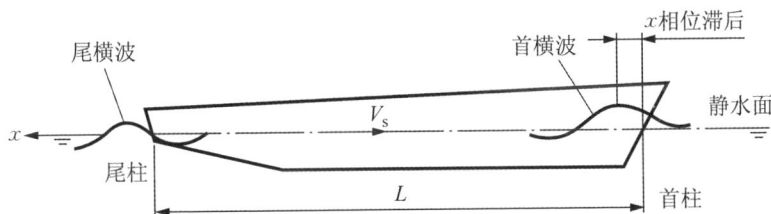

图 6-6　船行波

　　从能量角度解释，兴起波浪所消耗的能量是由船舶提供的，因此就相当于船舶遭到了水的阻力，这就是兴波阻力。

兴波阻力与重力有着密切的关系,而与流体的黏性无关。因为波浪是在两种介质的交界面上产生的,所以在深水处就无兴波阻力。兴波阻力的大小与船首形状密切相关,与航速的高次方成正比。

船体在自由表面附近运动是产生兴波的条件,而水质点具有重力(有重量)是兴波的根据。

(2) 船行波系。船舶激起的波浪由首尾两个波系组成,称为首波系和尾波系。每个波系又是由散波和横波组成,如图 6-7 所示。

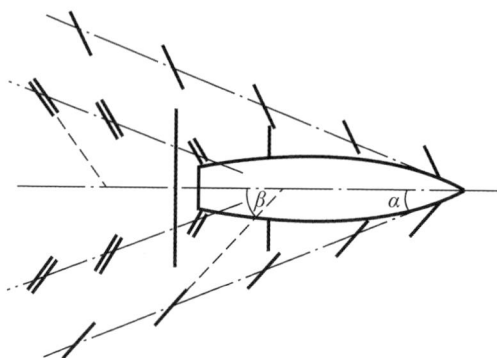

图 6-7　船行波系

散波系是一组近似平行的短波,它自首柱和尾柱稍后处向船体两侧扩散,波峰中点连线与船体纵中剖线的夹角 $\alpha = 18° \sim 20°$。而波峰线与船体纵剖线的夹角 $\beta = 36° \sim 40°$,一般 $\beta = 2\alpha$。

横波的波峰是垂直于船舶前进方向的,其宽度延伸于散波所限定的范围内。首波系的第一个横波发生在首柱稍后处,以波峰开始;尾波系的第一个横波则发生在尾柱稍前处,以波谷开始。首波系中的横波不断向船尾传播,其波宽不断增加,而波高相应减小。首尾横波在船后区域内相遇,发生相互干扰。

(3) 波系干扰。当首横波的波峰和尾横波的波峰相遇或其波谷与波谷相遇时,合成波的波高增大,使兴波阻力增加,这种干扰称为不利干扰。当首尾横波的峰谷相遇时,合成波的波高减小,兴波阻力减小,这种干扰称为有利干扰。这种干扰现象主要与航速和船长的大小有关。在一定的设计航速下,适当选择船长,可引起有利干扰降低兴波阻力。有的船舶利用波浪干扰特性,采用球鼻首(即在船舶的水下部分做成一个向前突出的球体),使球鼻首产生的波浪与船体所兴起的首横波发生有利干扰,也可减少兴波阻力。

船舶在低速航行时,兴波阻力影响甚小,在高速航行时,兴波阻力占总阻力的

50%～60%。因此,高速船舶,如高速客船与集装箱船,其首部常采用球鼻首以改善首部线型,达到减小兴波阻力的目的。

5) 船舶附加阻力

船舶附加阻力包括空气阻力、附体阻力、污底阻力和汹涛阻力。

(1) 空气阻力。空气阻力是船舶在航行时,其水上部分所受到的阻力。无风时,由于船舶本身运动而产生的空气阻力是很小的;在有风的天气,特别是在逆风的天气,阻力就较大。空气阻力的大小与船舶水上部分建筑物的形状和大小有关。一般空气阻力占总阻力的 2%～3%。减小措施包括减小受风面积、上层建筑前端做成流线型、后端做成阶梯形等。

(2) 附体阻力。附体阻力是由船体附件,如舵、舭龙骨、轴支架等产生的阻力。因船体大多在水下,故兴波阻力较小,主要是黏性阻力。为了减小这种阻力,一般附体的形状尽可能做成流线型,安装位置尽量顺着水流方向。

(3) 污底阻力。船舶由于海生物附着船底以及生锈造成污底,污底使船壳表面愈来愈粗糙,其所增加的阻力称为污底阻力。污底情况与出坞日期长短、航行区域、季节、航速、停泊和航行时间长短、是否出入淡水港等因素有关。新船试航必须在出坞后一个月内进行,否则其阻力将因污底而增加。为了维持航速,船舶应定期进坞清除污底。

(4) 汹涛阻力。船舶在大风浪中航行,由于风浪以及由其引起的船身剧烈运动,如横摇、纵摇、上下起伏等,使船舶的阻力比静水中大大增加,其所增加的阻力称为汹涛阻力。影响因素与船纵摇、升沉运动和相对于波浪的相位关系密切。研究表明:汹涛阻力增值与波高的平方成正比;当所遇波浪的波长等于和大于 0.75 倍船长时,阻力增值明显增大;满载船阻力增值小于空载船。船舶航行时一般可通过适当压载和调整船舶航向以减缓船舶纵摇和升沉运动来减小此项阻力。

6) 失速与储备功率

船在风浪中航行时,若主机发出的功率不变,由于汹涛阻力的存在使其船速低于静水船速,其较静水中船速的降低值为失速(speed loss)。

船在汹涛中,由于船身剧烈颠簸,甲板上浪,首底遭抨击,螺旋桨周期性出水引起飞车(特别是尾吃水较小时),因而有时迫使船长采取主动降速或改向措施,以减缓颠簸。通常,轻载顶浪在 4～5 级风时,将因波速或螺旋桨飞车而主动降速。满载顶浪则在更高风级时才会出现上述情况。在 6～8 级风时,将因船首大量上浪或为防止货物移位而主动减速。对经常半载的货船,因具有大的首部干舷,甚至 7 级风也不会上浪。

为维持风浪中的船速,通常要求主机具有一定的储备功率(sea margin),以适应船舶在汹涛中航行时阻力增大的需要。一般运输船舶的主机应有 $15\% \sim 30\%$ 的储备功率,客船的储备功率较高,货船较低。

7) 浅水航行对吃水的影响

在浅水中,河床与船底之间的距离很小,即水断面很小,水流过船底的流速明显增加,因而压强降低,船体下沉,吃水增加。其增加的程度与航道水深及船舶航速有关。因船底边界层自前向后逐渐增加,船尾富裕水深(船底和河底之间的裕量)减小,常会产生尾倾。

一般民用船舶都在临界速度 $\sqrt{gh}$(h 为水深)以下运行,通常所看到的是吃水增加和尾倾的情况。如果富裕水深不大,则可能由于下沉和尾倾导致船底触及河底而损伤船壳板或油漆。此时通常的做法是降低船速,并尽量采取平吃水,使下沉和尾倾情况得以减轻。

6.2.2 船舶基本阻力曲线

阻力曲线是阻力随航速变化的曲线。根据实船或船模阻力试验以及按照近似公式计算得到船舶在各航速时的基本阻力值和摩擦阻力值,可以绘制成阻力曲线。图 6-8 是一艘 5 000 t 载重量的低速货船在设计吃水 $T = 6.78$ m 时,由船模阻力试验测得的基本阻力曲线,其中摩擦阻力按平板摩擦阻力公式求得。

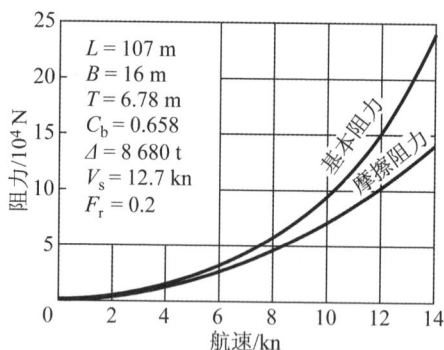

图 6-8 某低速货船基本阻力曲线

由图 6-8 可知:

(1) 基本阻力随航速的增大而逐渐增大,在船速较低时,基本阻力随船速的增加较缓慢,当船速较高时,基本阻力随船速的增加较快。如船速自 8 kn 增至 9 kn,其基本阻力仅增加 1.6×10^4 N,而自 13 kn 增至 14 kn,则基本阻力增加 5.2×10^4 N。由此可知,同样提高 1 kn 船速,船速较高时需要增加的主机功率比低速时大得多。

（2）在船速较低时，摩擦阻力占基本阻力的绝大部分，随着航速的提高，剩余阻力（兴波阻力和黏压阻力之和）占的比例愈来愈大。

常见船舶的摩擦阻力和兴波阻力所占总阻力的百分比大致如下：低速船的摩擦阻力占总阻力的 70%～80%；兴波阻力占总阻力的 20%～30%。高速船的摩擦阻力占总阻力的 50% 左右；兴波阻力占总阻力的 50% 左右或更多。

因此，如果要减小低速船舶的阻力，主要应设法减小其摩擦阻力；而要减小高速船舶的阻力，则应从减小其兴波阻力入手。为此，船速较高的客船通常采用较瘦长的船型，船速较低的货船则通常采用较短肥的船型。

6.3　船舶推进

6.3.1　船舶推进方式

船舶在水面上航行时受到阻力，为了使船舶保持一定的速度，必须供给船舶一定的推力以克服阻力。推力产生的方法可以归纳为两类：一类是利用外力的直接作用来推动船舶前进，如风帆、人力拉纤等；另一类是通过船上安装的推进器，利用推进器的运动使水或空气产生反作用力来推动船舶前进，如明轮、直叶推进器、螺旋桨等，甚至包括最简单的用人力的桨和橹。由于螺旋桨推进器具有体积小、重量轻、效率高等优点，故被现代船舶广泛地应用。下面介绍几个具有典型代表性的推进方式。

1）风帆

风帆一直是船舶的主要推进方式。但其能得到的推力大小依赖于风帆面积、风向和风力，以致使船的速度和操纵性都受到一定的限制，一般只在小型木船及游艇上使用。近年来，由于受到能源价格昂贵的影响，有些国家研究使用风帆助航的船舶，即在船上除使用动力机械外，还使用由电子计算机控制的金属风帆作为辅助推进装置。该风帆能根据风向、风力及使用情况自动进行收放，且有一定的节能效果。

2）明轮

明轮是局部浸水推进器，外形似车轮，轮的周缘装有蹼板。它横装在船的水平轴上，明轮转动时，蹼板推水向后，借水的反作用力推船前进，如图 6-9 所示。蹼板分为定蹼和动蹼两种，定蹼式蹼板沿径向固接于轮辐上，如图 6-10（a）所示。蹼板在入水、出水时因击水消耗的能量很大，故效率较低。动蹼式蹼板可调节角度，以提高推进效率，如图 6-10（b）所示。但两者都因构件笨重，在风浪中不易保持一定的航速与航向，且易损坏，现除旅游船及浅水航行需要外，已被螺旋桨所取代。

图 6‑9 明轮示意图

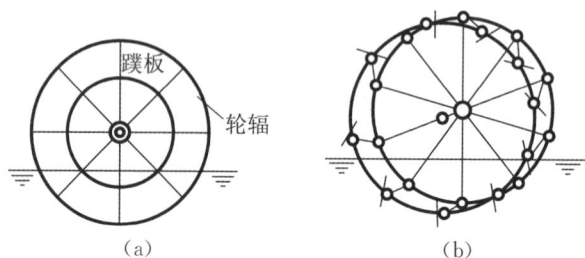

（a）   （b）

图 6‑10 定蹼式与动蹼式明轮

3）直叶推进器

直叶(竖轴)推进器也称平轮推进器,是由若干垂直的叶片(4～8叶)组成,叶片安装在一个圆盘上,且每叶叶片间距相等。该圆盘安装得与船体底部齐平,如图 6‑11 所示。圆盘转动时,叶片除了随盘转动外,其每叶叶片还绕本身的垂直轴摆动,各个叶片的推力总和即为船舶的推力。由于该推力的大小和方向均可改变,所以装有直叶推进器的船不必用舵转向,且船倒退时也不必逆转主机,操纵性较好。但由于它的构造复杂、造价高、叶片不易保护,因此应用范围很小,仅用于港口工作船或对操纵性有特殊要求的船舶。

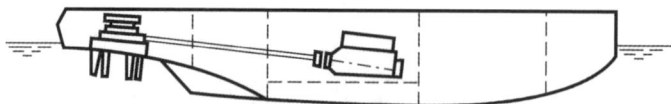

图 6‑11 直叶推进器

4）螺旋桨

螺旋桨是目前应用得最广泛的一种推进器。它的主要特点是构造简单、重量较轻、推进效率高,而且能与船体密切配合。下面我们将对它做进一步讨论。

6.3.2 螺旋桨外形及几何参数

螺旋桨是通常安装在船舶尾部用来推动船舶运动的一种推进器。它的主要功能是将主机发出的功率转换成推动船舶前进的推力,螺旋桨性能的优劣与其结构、参数和船体配合等因素密切相关。

一般运输船舶所安装螺旋桨的数量为 1~2 个。对只在船尾中线处安装一个螺旋桨的船,称为单螺旋桨船或简称单桨船。对在船尾中线左右各装一个螺旋桨的船,称为双螺旋桨船或简称双桨船。也有些大型远洋船舶在尾部安装 3~4 个螺旋桨,可称为三桨或四桨船。海船以单桨船居多,大型客船和内河船则以双桨船居多。船舶配置螺旋桨数目的多少是根据主机马力、船型、船舶性能和航道等因素决定的。例如,在浅水多弯头的狭窄水道中航行的客船,既希望它有较高的航速,又希望有较佳的船舶操纵性,因此一般配置两台主机和两个螺旋桨以满足船舶营运时对船舶性能的要求。

1) 螺旋桨的外形

如图 6-12 所示,螺旋桨由两部分组成,即桨叶与桨毂。螺旋桨的桨叶是固定(由铸造工艺浇铸而成)或可拆卸(指可调螺矩螺旋桨)地安装在桨毂上的,而桨毂直接与尾轴相连接。

一般规定,人站立于船尾部向船首看时所见到的螺旋桨为"识别视向",如图 6-12 所示。

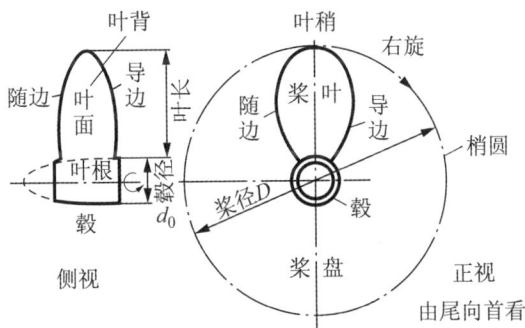

图 6-12　船用螺旋桨

如图 6-12 所示,螺旋桨有以下特征与名称。

(1) 桨叶:指桨毂以上的螺旋桨部分。

(2) 叶面:从船尾向船首看到的桨叶一面为叶面。

(3) 叶背:相背于叶面的另一个面。

(4) 叶梢:桨叶的最外端为叶梢。

(5) 叶根:桨叶最内处,即桨叶与毂连接处。

(6) 叶长:由叶梢至叶根的距离,以 l 表示,则 $l = \dfrac{D-d_0}{2}$。其中,d_0 为桨毂直径;D 为桨径。

(7) 导边与随边:螺旋桨在发出推力旋转时(正车旋转),桨叶先与水接触的一边为导边,后入水的一边为随边。

(8) 右旋:桨叶向右,顺时针旋转发出推力的旋向。

(9) 左旋:桨叶向左,逆时针旋转发出推力的旋向。

(10) 梢圆:叶梢旋转一周所形成的轨迹。

(11) 桨径(直径):梢圆的直径为桨径,以 D 表示。

(12) 桨盘面积:梢圆的面积为桨盘面积,以 A_0 表示,即 $A_0 = \dfrac{\pi D^2}{4}$。

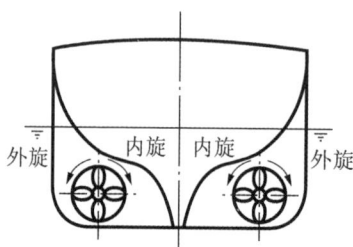

图 6-13　内旋与外旋螺旋桨

(13) 毂径:桨毂的直径,常取锥体中点平均直径 d_0 表示。

单桨船采用右旋螺旋桨居多,双桨船根据两个螺旋桨的正车旋向又可分外旋及内旋两种。外旋桨是船舶正车时,尾部两桨叶梢逆船中线方向转动;反之,内旋桨是指船舶正车时,尾部两桨叶梢向船中线方向转动,如图 6-13 所示。

2) 螺旋桨的几何要素

螺旋桨的几何要素主要有以下几种。

(1) 叶数 Z。叶数是指每一单独螺旋桨所具有的桨叶数,一般船舶多见于 3 叶、4 叶桨,大型船舶也采用 5 叶、6 叶桨。两叶桨只用于低速的机帆船或工作艇上。

(2) 桨叶外形。桨叶外形有对称与不对称两类,如图 6-14 所示。不对称桨叶,其叶梢向另一边偏斜,效率高,使用时不易绕住水草,但倒车性能较差。

(3) 叶厚比。叶厚比 δ 定义为

$$\delta = \frac{e}{b} \qquad (6-13)$$

式中,e 为叶厚(半径为任一 r 处叶剖面的最大厚度);b 为叶宽,如图 6-15 所示。

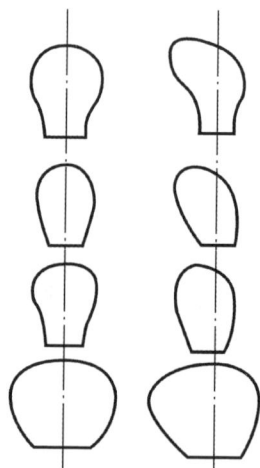

图 6-14　桨叶外形

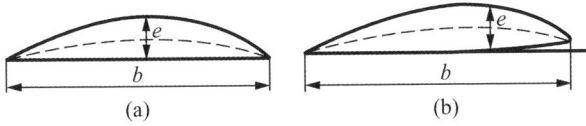

图 6-15 桨叶叶厚比

(a) 圆背形切面 (b) 机翼形切面

（4）毂径比。毂径比 ψ 定义为

$$\psi = \frac{d_0}{D} \tag{6-14}$$

式中，d_0 为毂径；D 为桨径。

（5）盘面比。盘面比 α 定义为

$$\alpha = \frac{A_D}{A_0} \tag{6-15}$$

式中，A_D 为所有桨叶实际推水面积，即展开面积；A_0 为桨盘面积。

螺旋桨一般用锰铁黄铜、铝镍青铜、不锈钢铸成，它们的耐腐性较强，使用年限可达 10～20 年，但价格较贵。由铸铁、球墨铸铁和铸钢铸成的螺旋桨，其价格便宜，但耐腐蚀性差，使用期限一般仅为 1～2 年。用非金属材料-玻璃钢制成的螺旋桨，耐腐蚀性较强，近年来推广应用于小型船只上。

3）螺旋面与螺旋桨的桨叶

几何形体螺旋面是由一条直线 ab 与固定轴 OO' 形成一固定夹角后，使直线 ab 等速绕 OO' 轴旋转，同时 ab 直线又沿 OO' 做等速上升运动，直线 ab 在空间走过的轨迹所形成的曲面就是一个螺旋面，其中直线 ab 与 OO' 轴之间的夹角为 $90°$ 者，则运动后所得的螺旋面为正螺旋面，如图 6-16 所示。反之为斜螺旋面。

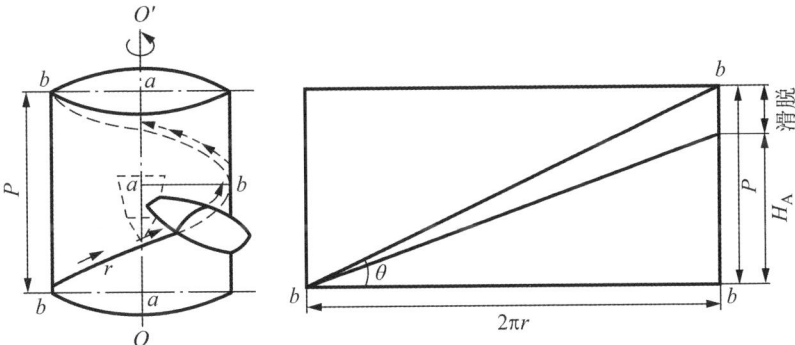

图 6-16 螺旋面、螺旋线与螺距

直线 ab 任一定点 b 在上述运动过程中所形成的轨迹为一螺旋线。b 点绕行一周所上升的距离称为螺距,以 P 表示。实际上螺旋桨的桨叶叶面(推力面)是螺旋面的一部分,如图 6-16 所示。故上述螺距 P 也可视为螺旋桨半径 r 处的螺距,螺距 P 与螺旋桨直径 D 之比称为螺距比。

由图 6-16 可知,与螺旋桨共轴任一 r 处的圆柱面与叶面的交线为螺旋线的一段,若将此圆柱面剖开并展成平面,则此圆柱面即成一底长为 $2\pi r$,高为 P 的矩形,而螺旋线展开后就变成展开平面上的斜线(矩形对角线),此斜线称为节线。该三角形称为螺距三角形,节线与底线之间的夹角 θ 称为螺距角,为

$$\tan\theta = \frac{P}{2\pi r} \tag{6-16}$$

若螺旋桨桨叶上各半径处的螺距值都一样,则这种螺旋桨称为等螺距螺旋桨。其螺距值用定值 P 表示,如图 6-17 所示。若螺旋桨桨叶上各半径处的螺距不相等,则这种螺旋桨称为不等螺距螺旋桨(或变螺距螺旋桨)。其螺距可用 $\frac{2}{3}r$(螺旋桨半径)或 $0.7r$ 处的螺距表示,如图 6-18 所示。

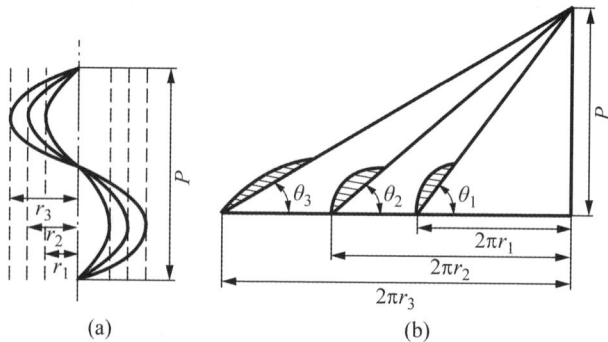

图 6-17 定螺距螺旋桨

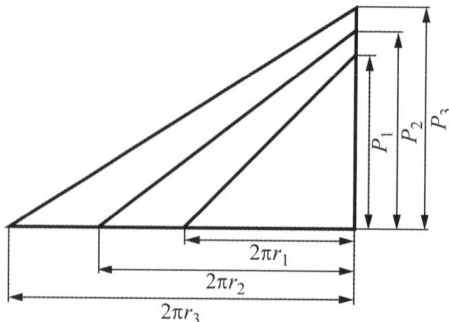

图 6-18 变螺距螺旋桨

4）可调螺距螺旋桨

可调螺距螺旋桨是指桨叶的叶片与桨毂分别浇铸后加工,然后总装而成,这样的螺旋桨的叶片相对桨毂可以利用操纵机构来控制转动,从而改变螺距角达到改变螺距。如当螺距角 θ 为正值时,螺旋桨产生推力推船前进;当螺距角 θ 由大变小时,推力降低;当 θ 达到零升力角时,推力为零;当 θ 角为负值时,螺旋桨产生逆船舶运动方向的拉力使船舶倒退。

这样可调螺距螺旋桨的主机就有可能采用非反转或在不停车的情况下实行船舶的无级调速、停车和倒航,大大减少了主机的起动次数。同时可调螺距螺旋桨可以通过调节螺距与主机,使两者处于最佳的匹配状态下运行,因而能充分发挥主机的功率,节约燃油消耗,并且使用可调螺距螺旋桨有利于提高船舶的操纵性。但是可调螺距螺旋桨的结构复杂,维修管理要求较高,制造成本也昂贵,故只在操纵性要求较高的船舶上采用。

5）螺旋桨的滑脱与滑脱比

螺旋桨的运动特征类似于螺线在螺母中旋转。假设螺旋桨在固体介质中旋转一周,那么它在轴向前进的距离等于它的螺距 P。但螺旋桨在水中运动时,由于水的流动及避让性,使它在水中实际旋转一周的进程 H_A 小于螺距 P。它们之间的差称为滑脱（又称滑失）,即 $P-H_A$,如图 6-16 所示。滑脱与螺距的比值称为滑脱比,以 S 表示,即

$$S = \frac{P - H_A}{P} = 1 - \frac{H_A}{P} \tag{6-17}$$

式（6-17）也可以写成

$$S = \frac{nP - V_A}{nP} = 1 - \frac{V_A}{nP} \tag{6-18}$$

式中,V_A 为螺旋桨的轴向进速,m/s,螺旋桨旋转一周所前进的距离 $H_A = V_A/n$;n 为螺旋桨转速,r/s。

6.3.3　螺旋桨的工作原理

1）机翼理论

为了说明螺旋桨的工作原理,我们可以将桨叶视为一扭曲的机翼,并在螺旋桨任一个桨叶上用与螺旋桨同轴,半径为 r 和 $r+dr$ 的两个圆柱体来切割桨叶,得到宽为 dr,弦长为 $b(bdr)$ 的叶原体,如图 6-19 所示。应用机翼理论来解释该叶原体在流体（水和空气）中的流体动力特性,然后阐明整个螺旋桨的工作原理。

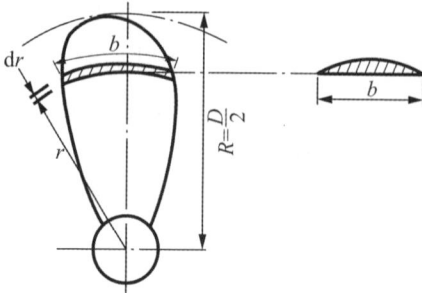

图6-19 桨叶的叶原体图

假设叶原体在流体中以速度 V 运动，根据运动的相对性原理，可以认为叶原体不动而流体以速度 V 流向叶原体，两者的受力情况不变。

从图6-20可以看到流体以某一角度流向叶原体时的流线分布情况。一般叶背上流速 V_2 因大于前方来流流速 V_0，故叶背上压力 p_2 小于前方来流压力 p_0；而叶面上流速 V_1 因小于前方来流流速 V_0，故叶面上压力 p_1 大于前方来流压力 p_0，这样便使叶原体的叶背与叶面形成了压力差，此压力差即为作用在叶原体上的微升力 dL，如图6-21所示。

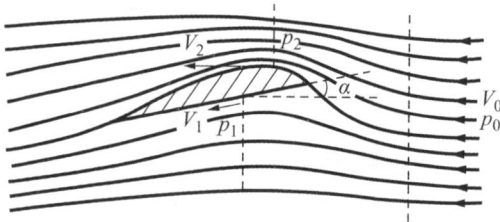

图6-20 叶原体流线图

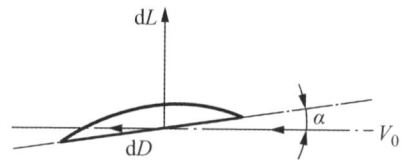

图6-21 叶原体受力图

现将垂直于叶原体弦长的流体动力 dF 分解成叶原体的升力 dL（垂直于来流方向）和叶原体的阻力 dD（与来流同方向），而叶面与来流 V_0 之间的夹角称为冲角 α。

试验表明：作用于叶原体上的升力 dL 和阻力 dD 的大小与冲角、叶剖面形状、尺寸、流体密度有关。当桨叶的剖面尺寸及剖面形状确定后，螺旋桨叶原体在水中运动所产生的升力 dL 与冲角有如下密切关系。

（1）对不对称剖面的叶原体来讲，冲角 $\alpha = 0$ 时，叶原体升力 dL 不等于零而为某一正值。只有当冲角 α 为某一负值时，升力 dL 才降到零值，此冲角称为零升力角 α_0。

（2）当冲角增加时，升力 dL 起初按线性形式上升，然后按非线性形式增加，一直增加到某一冲角时，升力 dL 达到最大值。若此时冲角再增加，则升力陡降，此时所对应的冲角称为失速角。

2）螺旋桨运动时的推力与阻力

螺旋桨在水中工作时如何产生推力这一问题同样可以运用上述机翼理论加以阐述。

参照图 6-22,$b\,\mathrm{d}r$ 为螺旋桨同轴圆柱体所截得的叶原体。现用分析叶原体运动和受力的情况来说明整个螺旋桨的推力和阻力。

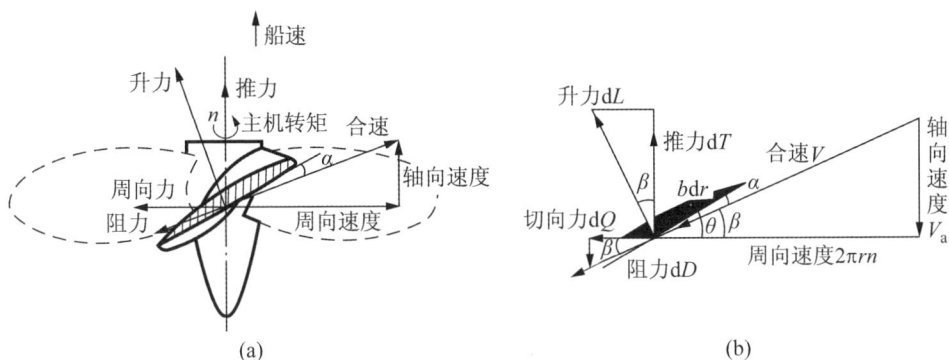

图 6-22　螺旋桨工作原理图

当螺旋桨以每秒 n 转旋转时,在螺旋桨径向半径为 r 处叶原体弦长中心点的周向速度为 $2\pi rn$,而螺旋桨在运动时的前进速度即轴向速度为 V_a。根据运动相对性原理,设叶原体不动,水流的轴向速度 V_a 和周向速度 $2\pi rn$ 流向叶原体的合速度是 V,并与叶原体形成冲角 α。按照上述叶原体产生升力与阻力的原理可知,在叶原体上的升力 $\mathrm{d}L$ 与阻力 $\mathrm{d}D$ 在螺旋桨运动方向上发生的分力即为推力 $\mathrm{d}T$,而螺旋桨在旋转时的切向分力为旋转阻力 $\mathrm{d}Q$。通过叶原体受力三角形,可求得作用在叶原体上的推力与旋转阻力为

$$\mathrm{d}T = \mathrm{d}L\cos\beta - \mathrm{d}D\sin\beta \qquad (6-19)$$

$$\mathrm{d}Q = \mathrm{d}L\sin\beta + \mathrm{d}D\cos\beta \qquad (6-20)$$

式中,β 为周向速度与合速度的夹角(又称进程角)。

螺旋桨在旋转时叶原体所需的转矩为

$$\mathrm{d}M_\mathrm{Q} = \mathrm{d}Q \times r \qquad (6-21)$$

转矩 $\mathrm{d}M_\mathrm{Q}$ 与螺旋桨的转向相反,是阻止螺旋桨转动的。所以,整个螺旋桨所产生的推力 T 和所受到的转矩 M_Q 表示为

$$T = Z\int_{\frac{d_0}{2}}^{\frac{D}{2}} \mathrm{d}T \qquad (6-22)$$

$$M_\mathrm{Q} = Z\int_{\frac{d_0}{2}}^{\frac{D}{2}} \mathrm{d}M_\mathrm{Q} = \int_{\frac{d_0}{2}}^{\frac{D}{2}} \mathrm{d}Q \times r \qquad (6-23)$$

式中,T 为推船前进的力;M_Q 为螺旋桨所受到的旋转力矩,它由桨轴产生的力矩来平衡;Z 为桨叶数;d_0 为桨毂直径;D 为螺旋桨直径。

式(6-22)和式(6-23)说明螺旋桨在一定的转速条件下,若要发出推力 T 就必须克服由旋转阻力引起的转矩 M_Q,这就要求主机在转速为 n 时,发出大于 M_Q 的转矩,用以克服 M_Q 和主机及轴系摩擦所带来的损失。

同时可知,当螺旋桨将主机的转矩变为轴向推力时,它的效率为

$$\eta_0 = \frac{TV_A}{2\pi n M_Q} \tag{6-24}$$

式中,T、M_Q 同上;n 为螺旋桨转速;V_A 为螺旋桨进速。

6.3.4　船体与螺旋桨之间的相互影响

前述螺旋桨的特性是没有考虑到船体存在时单独螺旋桨的水动力特性。同样,前文所讨论的船体阻力也是没有考虑到螺旋桨存在时单独船体的阻力,而实际上船桨安装在一起时,既相互匹配又相互影响。船体的存在必然会对螺旋桨推力产生影响,而装于船尾的螺旋桨也会对船体阻力产生影响。

1) 螺旋桨对船体的影响——推力减额

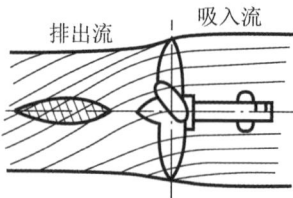

图 6-23　排出流与吸入流

螺旋桨在正车旋转时,流经螺旋桨盘面的水流由于受到盘面的加速作用而形成一股变断面的水流,如图 6-23 所示。

在桨盘前的水流称为吸入流。其特征是流线几乎相互平行,流速较缓慢。在桨盘后的水流称为排出流。其特征为流线旋转,且流速较快。此时船舶若以 V_s 运动,螺旋桨的进速为 V_A,则桨后排出流的速度为

$$V = V_A + \Delta V_A \tag{6-25}$$

式中 V_A 为螺旋桨的进速;ΔV_A 为螺旋桨排出流在进速方向上的增量。

因此,由于排出流的形成会造成螺旋桨桨盘后的压力降低,从而造成螺旋桨桨盘前后的压力差,使船舶运动阻力较船体单独运动时有所增加,增加的阻力称为阻力增额 ΔR。于是螺旋桨发出的总推力 T 除了要克服船体的阻力 R 外,还要克服这一阻力增额 ΔR,即

$$T = R + \Delta R \tag{6-26}$$

所以,阻力的增加使得实际推动船舶前进的推力减少,推力减小值称为推力减

额,以 ΔT 表示;推力减额值就是阻力增额值,即

$$\Delta T = \Delta R \tag{6-27}$$

从推力角度来看,可将螺旋桨所发出的推力 T 分解成两部分,一部分用来克服船体阻力 R,即推船前进的有效推力 T_e;另一部分用来克服螺旋桨产生阻力增额 ΔR 而损失的推力减额 ΔT,故又有

$$T = T_e + \Delta T = R + \Delta T \tag{6-28}$$

式中: $T_e = R$。

推力减额的大小通常用推力减额与推力的比值来描述,即推力减额分数(系数) t 表示为

$$t = \frac{\Delta T}{T} = \frac{\Delta R}{T} \tag{6-29}$$

所以有

$$R = T_e = T - \Delta T = T - tT = (1-t)T \tag{6-30}$$

因此,螺旋桨在船后工作对船体的影响是使船体遭受的阻力增大,或可理解成使船舶得到的有效推力减少。

2) 船体对螺旋桨工作的影响——伴流

船体在平静的水中航行时,由于水质点的黏性、重力和水的自由表面的存在,使船舶在运动时,其周围的水流产生一种伴随运动。这一股伴随船舶一起运动的水流称为伴流。

流体力学理论可以证明,伴流可分为由黏性引起的摩擦伴流和由船舶运动时排水(首部)和填空(尾部)引起的势伴流两种。一般所指的伴流为这两种伴流的合成。伴流沿船长方向的分布,以船尾最为明显,而船尾各点处伴流的大小、方向又往往不一。为了便于分析船舶运动对螺旋桨工作的影响,我们所指的伴流是尾部桨盘处平均伴流在轴向的分速度,用 W 表示。

伴流的产生改变了船后螺旋桨附近的水流速度分布。在无伴流时,船舶行驶在静水中,船相对于静水的速度等同于船对岸的绝对速度 V_s,螺旋桨相对附近水的速度 V_A(进速)也应与船一样,即 $V_s = V_A$。当伴流分速度 W 产生后,螺旋桨若以绝对速度 V_s 运动时,螺旋桨相对于附近水流(伴流)的速度如图 6-24 所示,用公式表示为:

$$V_A = V_s - W \tag{6-31}$$

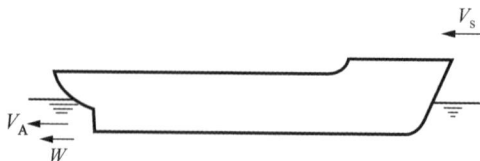

图 6-24　螺旋桨相对附近的水流速度

伴流的大小通常用伴流分数 ω 表示。伴流分数 ω 的定义为

$$\omega = \frac{W}{V_s} \qquad (6-32)$$

式中，ω 为伴流分数；W 为尾部桨盘处轴向平均伴流速度；V_s 为与船速相同的螺旋桨绝对速度。

因此，在已知伴流分数 ω 及船速 V_s 时，船后螺旋桨的速度 V_A 为

$$V_A = V_s - W = V_s - \omega V_s = (1 - \omega)V_s \qquad (6-33)$$

考虑到船体和螺旋桨相互影响的效率称为船身效率，即船身效率 η_h 为

$$\eta_h = \frac{1-t}{1-\omega} \qquad (6-34)$$

式中，t 为推力减额分数；ω 为伴流分数。

由船身效率分析可知，当其他情况不变时，伴流的生成增加了伴流分数值，提高了船身效率。所以，船体在水中运动所产生的伴流是有利于螺旋桨工作的。这也是为何螺旋桨一般总是布置在船尾的原因。

将式(6-34)做如下变化可得

$$\eta_h = \frac{1-t}{1-\omega} = \frac{(1-t)TV_s}{(1-\omega)TV_s} = \frac{RV_s}{TV_A} = \frac{P_e}{P_T} \qquad (6-35)$$

式中，P_T 为推进功率，由此可见船身效率是有效功率与推进功率的比值。

6.3.5　螺旋桨的空泡现象

1) 螺旋桨空泡产生的原因与条件

螺旋桨在水下工作时往往会在桨叶的叶片处产生空泡，这种现象称为空泡现象。

螺旋桨静置于水中一定深度时，桨叶叶背表面某点 B 处受到的压强为大气压 p_0 加上静水压力 p_h。当螺旋桨工作时，桨叶的叶背压力降低，形成吸力面(负压)，

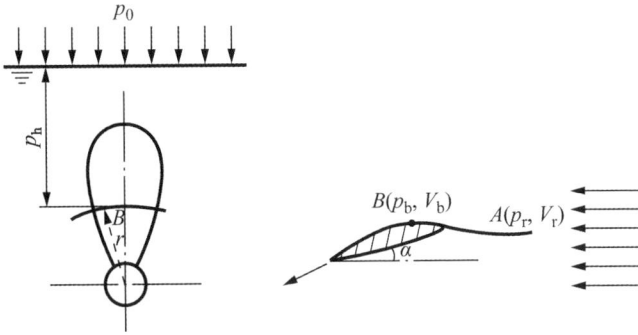

图 6-25 叶背上的速度与压强图

则 B 点处的压强应为大气压、静水压力和负压 p_b 之和,如图 6-25 所示。即

$$p = p_0 + p_h + p_b \qquad (6-36)$$

若桨叶叶背上 B 点的压强在螺旋桨工作时,已降低至该温度下水的汽化压强,则 B 点处发生空泡(水汽化)。即螺旋桨运转时产生空泡的条件为

$$p_B \leqslant p_r \qquad (6-37)$$

式中,p_B 为桨叶上任一点 B 的压强;p_r 为水的汽化压强。

当 $p_B \leqslant p_r$ 时,B 点处的水由液态转化为气态,从而产生空泡。

2) 空泡的形态及其危害

空泡的形态通常是根据空泡对叶原体水动力性能的不同,分两种(或称两个阶段),即局部空泡(第一阶段空泡)和片空泡(第二阶段空泡),如图 6-26 所示。

(1) 局部空泡(第一阶段空泡)。当叶背某处的压强降低至该水温下的汽化压力时,则该点的水质点就首先形成空泡,因此时的空泡只占据叶面的一小部分,故称局部空泡。

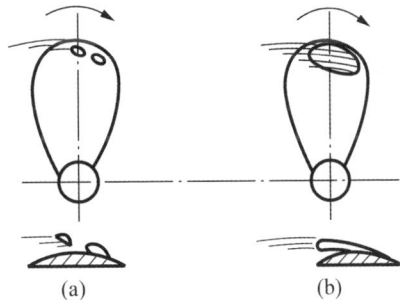

图 6-26 空泡的类型

(a) 局部空泡 (b) 片空泡

局部空泡产生后,随着桨叶的运动及水流的冲刷,空泡产生位置后移,进入了压强大于汽化压强的场所,空泡受压直至产生破裂,这种破裂现象据测定大约发生在百分之一秒至千分之一秒的瞬间,因而对桨叶表面产生了可高达 $4\ 000\ \text{kgf/cm}^2$ 的冲击力。此种冲击力在空泡不断生成与消失的过程中反复集中于叶背某一范围,致使

桨叶表面金属材料受到剥蚀而遭损坏,减少了桨叶断面面积,降低了螺旋桨的强度,但它对螺旋桨的效率影响不大。

(2) 片空泡(第二阶段空泡)。若螺旋桨在运动过程中,叶背的负压力不仅继续增加,而且范围也有所扩展,如图 6-26 所示,那么在叶背某点先前所产生的局部空泡,尽管此时由于水流的流刷而后移,但后移区域的压力条件仍然适合空泡产生或存在的条件,于是局部空泡就在叶背宽度方向逐渐扩展,可达 60%~70%叶背面积,形成了片空泡。

片空泡生成后,局部空泡的剥蚀现象开始消失,转而使螺旋桨叶背的大部分或全部被空泡笼罩,使螺旋桨的水动力特性恶化,影响了螺旋桨的效率。

3) 避免空泡产生的措施

要避免或延缓空泡产生,主要是改变空泡产生的条件,使叶背某点处压强总和尽量不要达到或接近空泡产生的压强条件。具体的方法有如下几个方面:

(1) 增加螺旋桨的浸沉深度:增加螺旋桨的浸沉深度实际上是增大桨叶表面的静水压力,可延缓空泡产生的时机,即在船舶运营时要保持一定的尾吃水,以缓解空泡的产生。

(2) 降低螺旋桨的转速:采用适当的正车转速或选用低转速主机或设置减速装置来降低螺旋桨的转速,可使叶原体上冲角下降,有效降低和遏制叶背负压力区的增强与扩展,从而达到避免和延缓空泡产生的目的。

(3) 增加螺旋桨的盘面比:在螺旋桨产生推力一定的情况下,增加盘面比可增大叶宽,降低螺旋桨单位面积的负荷,使叶原体上冲角下降,延缓空泡的产生。

(4) 采用圆背式(弓型)叶剖面:采用圆背式(弓型)叶剖面能够使压强分布得均匀合理,从而避免在叶背某处产生集中的陡峭的负压分布,从而避免较早地产生空泡。

6.4 船舶的功率与效率

船用主机无论是蒸汽机还是柴油机都是以转矩形式输出功率的。螺旋桨的作用就是吸收主机传来的转矩将它转换成能使船前进的推力。螺旋桨输出的功率是以力的形式出现的,因此,从主机额定功率到螺旋桨的有效功率有一系列的能量损失和功率损耗,如图 6-27 所示。这些损耗可以用各种效率来表示。各种功率和效率之间的关系可表示如下:

$$P_I \underset{\eta_m}{\to} P_s \underset{\eta_s}{\to} P_{db} \underset{\eta_r}{\to} P_d \underset{\eta_0}{\to} P_T \underset{\eta_h}{\to} P_e$$

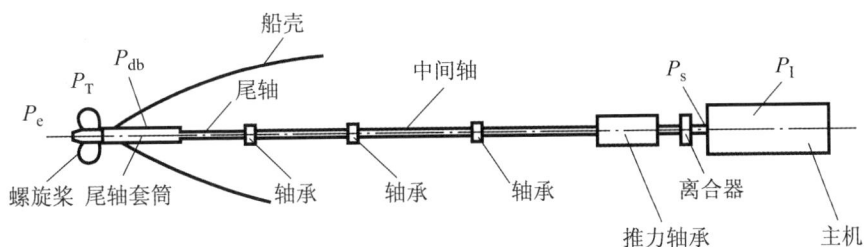

图 6‑27　功率传递图

式中，P_1 为指示功率，由示功器测得的压力求出的功率；P_s 为制动功率，用制动器测量主轴出轴处的扭矩求得的功率；P_{db} 为船后螺旋桨收到的功率；P_d 为敞水螺旋桨收到的功率；P_T 为螺旋桨的推进功率，$P_T = TV_A$，T 是螺旋桨推力，V_A 是螺旋桨的进速；P_e 为有效功率。η_m 为机器效率，$\eta_m = P_s/P_1$；η_s 为轴系传送效率，$\eta_s = P_{db}/P_s$，为 0.95～0.98（该范围会因实际情况不同而存在差异，下同）；η_r 为相对旋转效率，由伴流不均匀引起，为船后螺旋桨收到功率与敞水螺旋桨收到功率之比，$\eta_r = P_d/P_{db}$，为 0.97～1.05；η_0 为螺旋桨敞水效率，$\eta_0 = P_T/P_d$，为 0.5～0.6；η_h 为船身效率，由船体和螺旋桨相互作用引起，$\eta_h = P_e/P_T$，为 0.97～1.15。

通常螺旋桨推进效率 η 是指有效功率与船后螺旋桨收到功率之比，即

$$\eta = \frac{P_e}{P_{db}} = \frac{P_e}{P_T} \frac{P_T}{P_d} \frac{P_d}{P_{db}} = \eta_h \eta_0 \eta_r \tag{6-38}$$

一般来说，推进效率为 0.45～0.70。

推进系数 $P.C$ 是推进效率上再考虑一个轴系传送功率，即有效功率与主机功率之比：

$$P.C = \frac{P_e}{P_s} = \frac{P_e}{P_T} \frac{P_T}{P_d} \frac{P_d}{P_{db}} \frac{P_{db}}{P_s} = \eta_h \eta_0 \eta_r \eta_s = \eta \eta_s \tag{6-39}$$

推进系数 $P.C$ 是反映船舶推进性能的综合指标，各类船舶推进系数大致范围如表 6‑1 所示。

表 6‑1　各类船舶推进系数 $P.C$

船舶种类	推进系数 $P.C$
单桨货船	0.60～0.70
双桨货船	0.60～0.70

（续表）

船舶种类	推进系数 P.C
客船	0.55～0.65
油船	0.60～0.70
拖轮	0.45～0.55

由表 6-1 可知，船舶用于克服阻力的有效功率只是主机功率的一半左右，其中效率的主要成分是螺旋桨效率。因此，为提高船舶的推进性能，一般科研工作者着重研究如何提高推进器效率的问题。

6.5　船舶功率估算方法——海军部系数法

在船舶使用过程中，常常需要确定或估算航行需要的主机功率，以保证船舶能够达到一定的航速；或是在主机功率一定的情况下，估算阻力以决定船舶的航速。常用的最简便的方法是海军部系数法，此法最早为英国海军部采用。

海军部系数（又称海军常数）定义如下：

$$C_e = \frac{\Delta^{\frac{2}{3}} V_s^3}{P_e} \tag{6-40}$$

$$C_m = \frac{\Delta^{\frac{2}{3}} V_s^3}{P_m} \tag{6-41}$$

式中，C_e 为以有效功率 P_e 表达的海军常数；C_m 为以主机功率 P_m 表达的海军常数；Δ 为船舶的排水量，t；V_s 为航速，kn；P_e 为有效功率，kW 或 hp；P_m 为主机功率，kW 或 hp。

海军部系数反映了船舶的快速性能：C_e 值越大，表明船的阻力性能越好；C_m 值越大，表示船舶的快速性能越好。对同一艘船来说，在主机及船舶线型一定的情况下，船舶的快速性就是确定的，故其海军部系数为一定值。用海军部系数法可迅速估算出为维持一定航速，船舶所需的主机功率，或估算出在一定的主机功率下，船舶所能达到的航速，分别用以下两式进行估算。

$$P_e = \frac{\Delta^{\frac{2}{3}} V_s^3}{C_e} \text{ 或 } V_s^3 = \frac{C_e}{\Delta^{\frac{2}{3}}} P_e \tag{6-42}$$

$$P_{\mathrm{m}} = \frac{\Delta^{\frac{2}{3}} V_{\mathrm{s}}^3}{C_{\mathrm{m}}} \ 或 \ V_{\mathrm{s}}^3 = \frac{C_{\mathrm{m}}}{\Delta^{\frac{2}{3}}} P_{\mathrm{m}} \tag{6-43}$$

本章小结

  船舶快速性是对一定排水量的船舶,主机以较小的功率消耗达到较高航速的性能,涉及船舶受到的阻力与推力。

  实际应用中将船舶总阻力划分为基本阻力与附加阻力两部分。在船舶低速航行时,船舶阻力以摩擦阻力为主,而随着船速的提高,兴波阻力所占的比例会大幅升高。可以用海军部系数法来估算船舶的快速性、阻力及维持某个航速所需的主机功率。涎涛阻力的存在会引起船舶失速,为维持风浪中的船速,通常要求主机具有一定的储备功率。船舶在浅水中航行时会出现船体下沉、吃水增加及尾倾现象,通常降低船速、采取平吃水可减轻其影响。

  船舶前进中的推力通过主机带动推进器产生。螺旋桨是目前应用得最为广泛的一种推进器,由桨叶与桨毂组成。螺旋桨推力的产生原理源自机翼理论,螺旋桨与船体存在相互影响:船体对螺旋桨的影响是伴流,船后螺旋桨受船体伴流影响使螺旋桨进速小于船速;螺旋桨对船体的影响是推力减额,阻力的增加使得实际推动船舶前进的推力减小。从主机发出功率到螺旋桨将其转换成克服阻力使船前进的推力,此过程中有一系列的能量损失和功率损耗,分别用不同的功率与效率来体现。螺旋桨在水下高速旋转时,当压强降低到一定程度时会出现空泡现象,有局部空泡与片空泡,对螺旋桨分别产生不同的影响。螺旋桨空泡现象可通过增加螺旋桨的浸沉深度、降低螺旋桨的转速等方式避免。

习题与思考题

一、名词解释

  快速性,摩擦阻力,旋涡阻力,兴波阻力,船行波的有利干扰,船行波的不利干扰,推进器,螺距,伴流,推力减额,滑脱,船身效率,螺旋桨空泡,螺旋桨推进效率,海军部系数。

二、简答题

  (1) 船舶快速性涉及哪两个方面?

  (2) 船舶阻力由哪几部分组成? 其中基本阻力按其产生的原因不同,可分为哪三部分?

(3) 摩擦阻力的大小与哪些因素有关？

(4) 旋涡阻力的大小与哪些因素有关？

(5) 兴波阻力的大小与哪些因素有关？

(6) 船舶的附加阻力由哪几部分组成？

(7) 船行波由哪两个波系组成？每组波系又有哪些波？这些波有何特点？

(8) 首尾横波在船后区域内发生相互干扰,什么情况是有利干扰？什么情况是不利干扰？

(9) 球鼻首为何能降低阻力？

(10) 常见的船舶推进器有哪几种？

(11) 为什么螺旋桨被广泛采用为船用推进器？

(12) 螺旋桨是怎样产生推力的？

(13) 螺旋桨产生的推力大小与哪些因素有关？

(14) 船体和螺旋桨之间各有何影响？

(15) 螺旋桨空泡产生的条件是什么？空泡有几个阶段？对螺旋桨有什么危害？

(16) 延缓或避免空泡现象有哪些方法？

(17) 船舶主机功率和有效功率之间有什么关系？

(18) 推进器效率由哪几个效率组成？

三、选择题

(1) 由船体附件,如舵、舭龙骨、轴支架等产生的阻力称为(　　)。

A. 污底阻力　　　B. 附体阻力　　　C. 汹涛阻力　　　D. 空气阻力

(2) 在总阻力中,(　　)船摩擦阻力占主要成分。

A. 高速　　　　　B. 中速　　　　　C. 低速　　　　　D. A与B都是

(3) 船舶快速性涉及以下方面(　　)。

A. 阻力性能　　　B. 推进性能　　　C. A和B都是　　D. A和B都不是

(4) 当首尾横波的峰谷相遇时的干扰为(　　)。

A. 有利干扰　　　　　　　　　　　B. 不利干扰

C. 无影响的干扰　　　　　　　　　D. A、B和C都不是

(5) 球鼻首主要减小的是(　　)。

A. 摩擦阻力　　　B. 旋涡阻力　　　C. 兴波阻力　　　D. 附体阻力

(6) 受船体水下形状影响较大的阻力是(　　)。

A. 摩擦阻力　　　B. 旋涡阻力　　　C. 兴波阻力　　　D. 附体阻力

(7) 目前广泛采用的船用推进器是(　　)。

A. 直叶推进器　　B. 螺旋桨　　　　C. 风帆　　　　　　D. 明轮

(8) 反映船舶推进系统性能的综合指标是(　　)。

A. 阻力系数　　　B. 推力系数　　　C. 推进系数　　　D. 推进功率

(9) 考虑船体和螺旋桨相互影响的效率是(　　)。

A. 船身效率　　　　　　　　　B. 螺旋桨推进效率

C. 螺旋桨敞水效率　　　　　　D. 相对旋转效率

(10) (　　)是指有效功率与船后螺旋桨收到的功率之比。

A. 船身效率　　　　　　　　　B. 螺旋桨推进效率

C. 螺旋桨敞水效率　　　　　　D. 相对旋转效率

(11) 船后螺旋桨收到功率与敞水螺旋桨功率之比是(　　)。

A. 船身效率　　　　　　　　　B. 螺旋桨推进效率

C. 螺旋桨敞水效率　　　　　　D. 相对旋转效率

(12) 有效功率与主机功率之比是(　　)。

A. 轴系传送效率　　　　　　　B. 推力系数

C. 推进系数　　　　　　　　　D. 机器效率

(13) 改善船舶快速性的途径不包括(　　)。

A. 降低船舶阻力　　　　　　　B. 提高船舶推进效率

C. 增加船舶长宽比　　　　　　D. 提高船舶主机功率

(14) 螺旋桨的叶面积与桨盘面积之比称为(　　)。

A. 螺距比　　　　B. 毂径比　　　　C. 叶厚比　　　　D. 盘面比

(15) 空泡的影响不包括(　　)。

A. 降低螺旋桨推力性能　　　　B. 船体噪声

C. 船体阻力增大　　　　　　　D. 螺旋桨材料损坏

(16) 通常下列(　　)推进器可在水平面内产生各个方向上的推力。

A. 明轮　　　　　　　　　　　B. 直叶(竖轴)

C. 喷水　　　　　　　　　　　D. 可调螺距桨

四、计算题

(1) 排水量为 18 000 t 的船舶,当主机功率为 5 371 kW 时,航速可达 16.2 kn。问:海军部系数是多少? 若该船卸货 3 000 t,航速降低为 15 kn,则机器功率应是多少?

(2) 某船满载排水量 $\Delta = 6\,000$ t,主机功率为 1 492 kW,航速可达 10 kn。问:在何种轻载情况下,该船能增加航速 1 kn?

(3) 排水量为 8 000 t 的船舶,当有效功率为 3 000 kW 时,航速可达 10 kn,问:

海军部系数是多少？若该船卸货 1 000 t,航速降低 1 kn,则有效功率是多少？

（4）已知某船的轴系传送效率 $\eta_s = 0.97$,推力减额分数 $t = 0.18$,伴流分数 $w = 0.23$,排水量 $\Delta = 8\,000$ t,航速 $V_s = 18$ kn,有效功率 $P_e = 4\,000$ hp,航速增到 20 kn 时主机功率 $P_s = 10\,000$ hp,求螺旋桨的敞水效率。(相对旋转效率 $\eta_r = 1.0$)

第7章

船 舶 摇 摆

船舶在多变的海况中的运动性能,称为适航性,也称耐波性,包括摇摆、失速、甲板上浪、船底砰击等。通常船舶在风浪中的摇摆性能是指船舶绕某轴或沿某轴(x、y、z轴)所做的往复运动,即6个自由度方向的运动性能。

船舶在海上航行时,经常受到风浪袭击而颠簸摇摆不定。剧烈的颠簸和摇摆,会使船舶稳性变坏、降低航速、甲板上浪、损坏船体结构、造成货损、引起旅客头晕和影响船员工作等,严重时还会危及船舶安全。因此,了解船舶在风浪中的运动规律,从而采取措施以避免或减轻危害是十分必要的。

7.1 船舶摇摆的基本概念

7.1.1 船舶摇摆的运动形式

船舶在风浪中的复杂摇摆运动可分解成6个自由度的运动,如图7-1所示。

这6个自由度的运动又可归纳为直线摆动以及绕轴的摆动。其中属于直线摆动的有:纵荡——船舶沿x轴方向的前后向的往复运动,横荡——船舶沿y轴方向的左右往复运动,垂荡(也称升沉运动)——船舶沿z轴方向的上下往复运动。属于绕

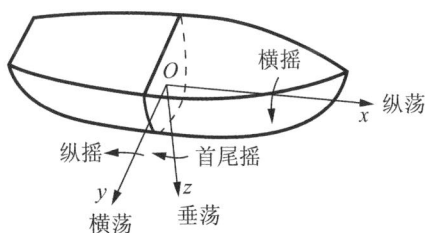

图7-1 船舶摇摆运动

轴摆动的有:横摇——船舶绕x轴的往复转动,纵摇——船舶绕y轴的往复转动,首尾摇——船舶绕z轴的往复转动。

这6个自由度方向的运动,常见的是以横摇最为剧烈,影响也最大,其次是纵摇及垂荡。因此,船舶摇摆运动主要研究横摇运动的规律及降低横摇的措施。

7.1.2 船舶摇摆运动的危害

船舶受到风浪等外力作用后会产生往复摆动,即为船舶的摇摆。由于船舶摇摆,将会引起下列不良后果:

(1) 剧烈摇摆,会使货物移动,迫使船舶过分倾斜,从而丧失稳性,造成倾覆。
(2) 纵摇和升降使船体结构的负荷增加,导致船体折断或损坏。
(3) 摇摆使推进器工作条件变坏,水阻力增加,从而使船舶严重失速。
(4) 摇摆使机器及航海仪器不能正常运转与工作。
(5) 甲板上浪淹水,造成工作困难。
(6) 摇摆使船上居住条件恶化,引起旅客晕船及影响船员工作。

7.1.3 衡量船舶摇摆运动的参数

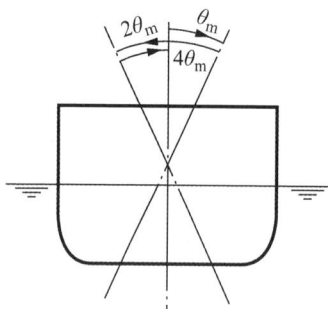

图7-2 船舶摇摆摆幅与摆程

在讨论船舶摇摆时有必要先了解一下与横摇有关的名词及其含义,如图7-2所示。

最大摆幅 θ_m:指船舶自正浮状态受到干扰作用后,向一舷方向摆动至极端位置的角度。

摆程:指船舶自一舷极端位置摆至另一舷极端位置时所摆动过的角度,为 $2\theta_m$。

全摆程:指船舶自正浮状态受到干扰作用后,向一舷方向摆动至极端位置后回到另一舷极端位置,再回复到正浮状态时所摆动过的角度,为 $4\theta_m$。

周期 T_θ:指船舶受到干扰后,完成一个全摆程所需要的时间,单位为 s。

频率 n:指船舶单位时间内的摆动次数,单位为 1/s。频率与周期互为倒数关系,即

$$T_\theta = \frac{1}{n} \qquad (7-1)$$

7.2 船舶摇摆运动规律

根据周围水流运动状态,船舶在水面上的摇摆可分为静水中的摇摆和波浪中的摇摆。而静水中的摇摆又按水流对船体摇摆是否存在阻尼作用(即减缓摇摆的

作用)分为静水中的无阻尼自由摇摆和静水中的有阻尼摇摆。前者将水流视为理想流体,后者将水流视为真实流体。船舶在波浪上的摇摆是指船舶在具有一定频率的波浪作用下所产生的摇摆。这种摇摆又可视为是由船舶在静水中的自由摇摆运动和波浪运动合成的结果。因此,要了解船舶在波浪中的摇摆,首先要了解船舶在静水中的摇摆。

7.2.1　船舶在静水中的无阻尼摇摆

船舶在静水中的无阻尼摇摆也称为自由摇摆,是船舶摇摆运动的一种最简单的情况。由于横摇过程中水的阻尼作用总是存在的,因而无阻尼横摇是一种假设的运动,实际上是不存在的。但是,根据它所确定的船舶横摇规律,在一定程度上表征了船舶在波浪中有阻尼横摇的特征,所以对其的讨论仍然具有实际意义。

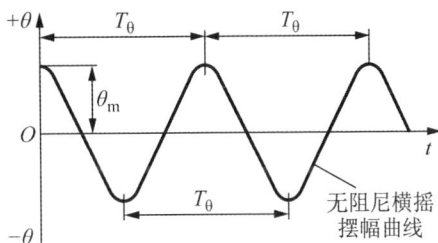

图 7-3　无阻尼自由摇摆规律

船舶在静水中的无阻尼摇摆规律是:横摇角 θ 随时间 t 的变化呈余弦曲线,可由图 7-3 说明。

$$\theta = \theta_{\mathrm{m}} \cos n T_{\theta} \tag{7-2}$$

式中,θ_{m} 为最大摆幅;T_{θ} 为无阻尼摇摆周期;n 为频率。

船舶无阻尼摇摆周期常见的计算有如下两种:

$$T_{\theta} = 0.58 f \sqrt{\frac{B^2 + 4Zg^2}{GM}} \tag{7-3}$$

$$T_{\theta} = 2\pi \sqrt{\frac{(1+K)I_x}{\Delta \times GM}} \tag{7-4}$$

式中,f 为规范规定的与 B/T 有关的系数;I_x 为船舶对纵向 x 轴的质量惯性矩;K 为附加质量系数;其他符号如前所述。

由式(7-3)和式(7-4)可知:船舶摇摆周期除与船型如船宽及排水量大小等因素有关外,还与装载方案有关。船舶重心越高,初稳性高度越小,摇摆性能越好,反之亦然。即船舶初稳性的好坏对重心高度的要求与摇摆性优劣对重心高度的要求,两者是矛盾的。因此,在装载货物时,不仅要考虑稳性,同时也要考虑摇摆,从而可知,初稳性高度并非越大越好。

由式(7-2)及图7-3可知无阻尼自由摇摆规律:每一个全摇摆的船舶横摇周期 T_θ 均相等,所以船舶横摇周期 T_θ 也称为船舶固有周期,相应的频率 n 为固有频率。最大摆幅 θ_m 在整个横摇过程中自始至终不变;横摇角 θ 与时间 t 的关系按余弦曲线规律变化;摇摆是有始无终,永无止境地进行的。

结论:船舶在静水中的无阻尼摇摆是不变周期、不变摆幅、摇摆角呈余弦规律变化的简谐运动。

7.2.2　船舶在静水中的有阻尼摇摆

如图7-4所示,船舶在静水中的有阻尼摇摆运动规律为

$$\theta = \theta_m e^{-\nu t} \cos(n_1 t - \beta) \tag{7-5}$$

式中, $\theta_m e^{-\nu t}$ 为有阻尼摇摆摆幅; ν 为衰减系数; β 为初始相位角。

根据船舶摇摆理论可以证明:船舶在静水中的有阻尼摇摆周期 T_1 与无阻尼摇摆周期 T_θ 的关系如下:

$$T_1 = 1.005 T_\theta \tag{7-6}$$

式中, T_1 为船舶在静水中的有阻尼横摇周期。

由式(7-6)可知,有阻尼横摇周期 T_1 仅比无阻尼摇摆周期 T_θ 大千分之五。在工程计算中,这一数值可认为在允许的误差范围内,故可近似地将无阻尼横摇周期与有阻尼横摇周期视为相等,即

$$T_1 \approx T_\theta \tag{7-7}$$

也可以认为阻尼的存在对船舶横摇周期的影响不大。

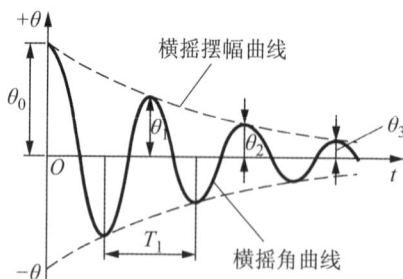

图7-4　有阻尼摇摆规律

由图7-4可知船舶在静水中的有阻尼摇摆规律:每一个全摇摆的船舶横摇周期 T_1 均相等,最大摆幅在整个横摇过程中按指数曲线规律逐渐衰减,横摇角 θ 与时间 t 的关系按余弦规律在指数衰减曲线范围内减少,摇摆是有始有终地进行的。

结论:船舶在静水中的有阻尼摇摆是不变周期、摆幅逐渐减小的、摇摆角呈余弦规律变化的衰减运动。

7.2.3　船舶在波浪中的摇摆

船舶在波浪中的摇摆是波浪运动和船舶自由摇摆运动的合成结果。其运动规律见下式,船舶实际摇摆运动的特点取决于两个运动周期的比值,即 T_θ/T_w（波浪周期）。

$$\theta = \frac{\alpha_0}{1 - \dfrac{T_\theta}{T_\omega}} \cos \sigma t \tag{7-8}$$

式中,α_0 为波浪的最大倾角（最大波面角）;T_θ 为船舶摇摆周期;T_ω 为波浪周期;σ 为波浪频率。

当 T_θ/T_ω 的比值不同时,船舶在波浪上的摇摆规律也有所区别。

1) 当 $T_\theta/T_\omega \to 0$ 时的摇摆特点

在 $T_\theta/T_\omega \to 0$ 时,即 $T_\theta \to 0$,则 $GM \to \infty$,初稳性高度极大。此时 $\theta = \alpha_0 \cos \sigma t$,船舶的运动为波浪的运动,这相当于船舶的横摇角等于波浪的波面角,船舶随波逐流,如图 7-5 所示。$T_\theta \to 0$ 的物理意义是船舶横摇速度极快,横摇周期就极小,即船舶随波横摇。

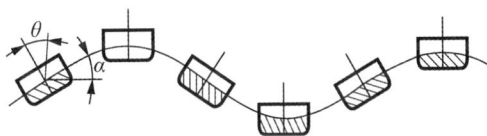

图 7-5　横摇角等于波面角时的横摇

2) 当 $T_\theta/T_\omega \to \infty$ 时的摇摆特点

当 $T_\theta/T_\omega \to \infty$ 时,即 $T_\theta \to \infty$,则 $GM \to 0$,初稳性高度极小。此时 $\theta \to 0$,船舶不摇,如图 7-6 所示。$T_\theta \to \infty$ 的物理意义是船舶横摇极慢,横摇周期极大。这种情况相当于船舶的横摇角等于零并始终垂直于静水水面,波浪对船舶横摇的作用极小。初稳性高度接近于零的船舶横摇属于这种情况,但此时,因 $GM \to 0$,船舶处于偶然平衡状态,对船舶安全不利。

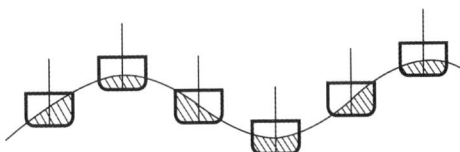

图 7-6　横摇角等于零时的情况

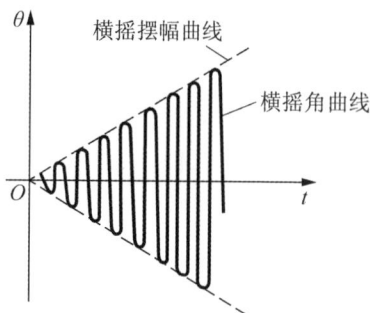

图7-7 谐摇时的横摇角

3) 当 $T_\theta/T_\omega=1$ 时的摇摆特点

当 $T_\theta=T_\omega$ 时,则 $\theta\to\infty$。因船舶摇摆周期等于波浪周期,于是船舶在自身按自由摇摆周期 T_θ 横摇时,又受到一个与船舶自由摇摆周期一致的波浪干扰力的作用,使船舶横摇摆幅越来越大,最后将导致船舶倾覆,如图7-7所示。

船舶在 $T_\theta=T_\omega$ 时的横摇运动称为谐摇运动。它严重威胁到船舶的安全。事实上,在 $T_\theta/T_\omega=1$ 的附近区间内已存在一个影响航行安全、摆幅较大的谐摇区。船舶在波浪中航行时应尽力避开的谐摇区为

$$0.7 < T_\theta/T_\omega < 1.3 \tag{7-9}$$

常见海区的波长约为 100 m,有时可能出现 $160\sim180$ m 的波长。对自由摇摆周期 $T_\theta<12$ s 的船舶,横对上述波浪时就很可能落入谐摇区。当 $T_\theta>14$ s 时,则产生谐摇的可能性就很小;当 $T_\theta>16$ s 时,几乎就不会处于谐摇区。我国沿海常见的波浪周期为 $6\sim8$ s。

7.2.4　船舶在波浪中运动的谐摇避免

上述船舶在波浪中的横摇是假定船舶航向与波浪运动方向相互垂直,即船舶运动时受横浪作用,船舶静止在水面上的情况。但实际上船舶是以一定的航速和航向航行的,如图7-8所示。由于航速与航向的存在,对船舶横摇会产生较大的影响。

在图7-8中,设船舶航速为 V,波速为 V_w,航向角为 φ(航速与波速的夹角),则对于船上的观察者而言,由于相对运动的关系,他所感到的波浪传播速度不是 V_w,而是 $V_w-V\cos\varphi$。因此,在这种情况下,迫使船舶摇摆

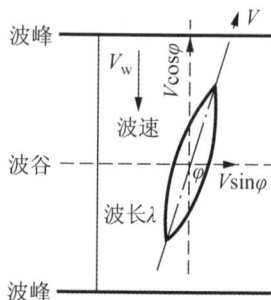

图7-8　船舶在波浪中的运动

的波浪运动不是波浪的绝对运动,而是波浪对船舶的相对运动。我们将波浪相对于船舶运动的周期称为船舶的遭遇周期或表观周期,以 T_k 表示,即

$$T_k=\frac{\lambda_w}{V_w-V\cos\varphi}=\frac{\dfrac{\lambda_w}{V_w}}{\dfrac{V_w-V\cos\varphi}{V_w}}=\frac{T_w}{1-\dfrac{V}{V_w}\cos\varphi} \tag{7-10}$$

遭遇周期实质上是波浪作用于船舶的扰动力的实际周期,所以在讨论有航速与航向的横摇问题时,必须以遭遇周期来代替波浪周期。因此,在有航速与航向的情况下,船舶的谐摇条件应为

$$T_k = \frac{\lambda_w}{V_w - V\cos\varphi} = \frac{T_w}{1 - \frac{V}{V_w}\cos\varphi} = T_\theta \qquad (7-11)$$

其谐摇区域称为广义谐摇区,对应为

$$0.7 < \frac{T_\theta}{T_k} < 1.3 \qquad (7-12)$$

如果航行中船舶处于该谐摇区内,从式(7-11)可知,驾驶人员可通过改变航向,或在改变航向的基础上同时改变航速来避免谐摇的产生。

7.3　减摇装置

由于船舶摇摆对船舶的使用和航海性能有较大的影响,因此,必须寻求减小摇摆的措施。目前,已出现了不少有效的减摇装置。

各种减摇装置虽然在形式、结构上有很大差别,但其减摇原理基本相似:都是产生一个与摇摆方向相反的稳定力矩的方法,使摆幅减小,摇摆周期增大,以达到缓和摇摆的目的。

根据减摇装置产生稳定力矩的方式不同,现有的减摇装置分为由流体动力产生稳定力矩和由重力产生稳定力矩的减摇装置。根据作用力产生的能源不同,分为主动式和被动式减摇装置两类。

常见的减摇装置有舭龙骨、减(防)摇鳍、减摇水舱、回转仪等。

7.3.1　舭龙骨

舭龙骨是一种固定安装在船体舭部(船底与船舷之间的弯曲部分)外面两侧,与外板垂直的长条形板材结构,如图 7-9 所示。它是由流体动力作用产生稳定力矩的最简单的减摇装置。大多数舭龙骨是连续的,长度约为船长的 1/3~2/3,宽度不超出船舷和船底轮廓,面积为船长和船宽乘积的 2%~4%。结构形式为单一的厚钢板结构,间断地焊接在船壳上。

舭龙骨能增加摇摆阻力。当船摇摆时,舭龙骨产生阻力,如图 7-9 所示,这个阻力使摇摆速度减慢,摆幅下降,并使附带水质量惯性矩增大,特别是在大摆幅情

况下,效果更为显著。其优点是不占用船内空间,构造简单,费用低廉,有一定的减摇效果。实践结果表明,舭龙骨能使摆幅减小 20%～25%。舭龙骨的主要缺点是增加了船舶航行的附体阻力,装在船体外面易受损伤,因而在低速小型船舶上应用较多。

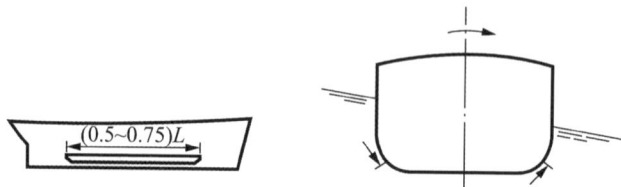

图 7 - 9　舭龙骨

7.3.2　减摇鳍

减摇鳍又称稳定鳍,是一种安装在船体内部,可以从船舷两侧伸出船外并转动角度的减摇装置,如图 7 - 10 所示。减摇鳍是一种主动式减摇装置。其伸出部分为两片水翼,剖面呈机翼状,它的伸缩与转动由安装在船内的控制机构操纵,通过自动控制调节鳍的冲角,使之产生与波浪扰动力矩方向相反的力矩,以便对船舶横摇起阻尼作用,达到减小摆幅的目的。

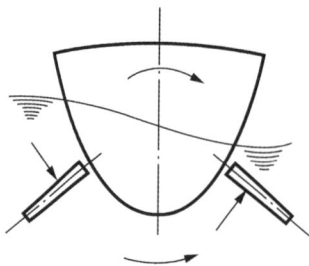

减摇鳍的重量较轻,整个装置的重量约为排水量的 0.5%,在各种波浪情况下都能有很好的减摇效果。但必须设置专门的动力、传动和控制机构,成本较高。另外,鳍叶上产生的流体动力与航速平方成正比,故在高速船上使用可获得很好的效果,低速船则较差,一般使用在高速客船及军用舰艇上。

图 7 - 10　防摇鳍

7.3.3　减摇水舱

减摇水舱由两个分别设在船舶两舷的水舱组成,两水舱间的底部用管子连接,在上面用空气管相通,如图 7 - 11 所示。通过空气管中安装的调节阀来调节左右两水舱的水量及流动速度。船舶摇摆时,水舱内的水也相互流动,如果它的运动正好落后于波浪振荡 180°相位,则水舱内的水的流动所造成的稳定力矩和波浪倾侧力矩正好相反,因而具有减摇作用。如图 7 - 11 所示,当船舶向左侧摇摆时,左水舱中的水向右水舱流动,右水舱中水位高于左水舱,产生一个与倾侧力矩相反的稳定力矩,限制和减小了船舶摇摆。反之,船舶向右倾侧时,左水舱中水位高于右水舱,同样起到了减摇作用。应该注意的是,减摇水舱间水的流动周期必须与船舶的自由摇摆周期相等。

减摇水舱有被动式和主动式之分。被动式减摇水舱的作用相当于一个液体摆,随船舶运动而摇荡。主动式减摇水舱设有自动控制装置,用来调节水的流量和流向。

减摇水舱的重量相当大,小船为排水量的3‰~4‰,大船则为排水量的1‰~2‰。

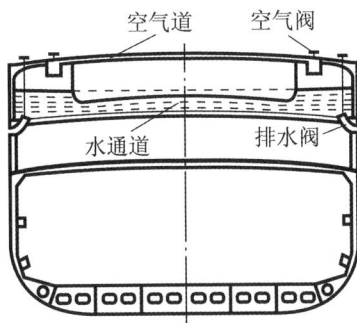

图 7-11　减摇水舱

被动式水舱的优点是构造简单,使用方便,但只有在谐摇区才起减缓作用。主动式水舱可减缓各种情况下的船舶摇摆,效率高,重量也轻,但装置复杂,成本昂贵,工作时要消耗动力并需安装一套较复杂的控制调节仪器。

7.3.4　回转仪

回转仪是根据陀螺的原理设计制造的减摇装置。高速旋转的陀螺受外力作用而倾斜时,具有反抗外力改变其转动轴在空间方向的能力。根据这一原理把高速旋转的回转仪用一定结构形式的框架牢固地安装在船体上,如图 7-12 所示。则当船舶横摇时,回转仪也一起倾侧,根据陀螺的特性,它将具有反抗船舶横摇的能力,因而使船舶摇摆减缓。

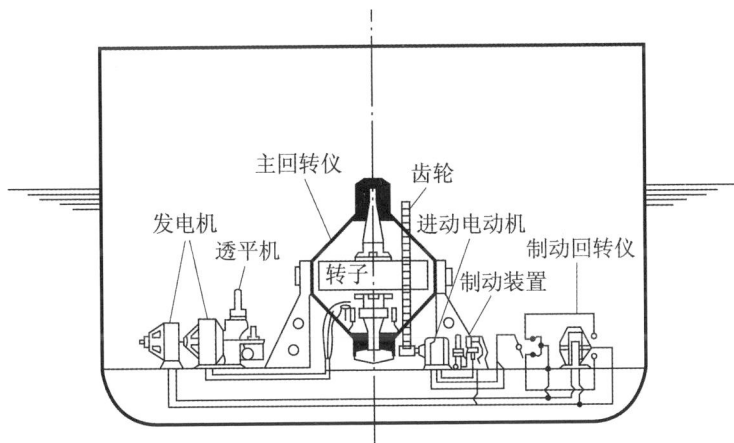

图 7-12　回转仪

回转仪的主要优点是减摇效果甚佳,并在各种情况下都能有效地减摇,而且摇摆越剧烈效果越显著。缺点是造价昂贵,除某些大型客船以及军用舰艇外,一般运输船舶很少采用。

表 7-1 是各种减摇装置性能的比较。

表 7-1　各种减摇装置的比较

类　型	稳定鳍	被动式水舱	主动式水舱	舭龙骨	回转仪
减摇效果	90%	60%～70%	80%	20%～30%	45%
低速时是否有效	无	有	有	有	有
装置重量占排水量百分数	0.5%～2%	1%～4%	1%～4%	可忽略	1%～3%
对船体阻力的影响	有	无	无	少量	无
需要功率	大	零	大	零	大
需要船体内空间	比水舱小	一般	一般	零	比水舱大
需要船体内横向连续贯穿空间	否	有	有	否	否
易损性	易	不易	不易	易	不易
成本	为被动式水舱的 3～5 倍	一般	为稳定鳍的 75%	低	为稳定鳍的 2 倍
维修	一般	很少	一般	很少	大量

本章小结

耐波性是船舶在风浪海况下的航行性能,其最常见的表现是船舶的摇摆,船舶摇摆运动可分解为纵荡、横荡、垂荡、横摇、纵摇、首尾摇 6 种运动形式。船舶在静水中的无阻尼摇摆是不变周期、不变摆幅、摇摆角呈余弦规律变化的简谐运动,而船舶在静水中的有阻尼摇摆是不变周期、摆幅逐渐减小、摇摆角呈余弦规律变化的衰减运动,两者的周期近似相等,该周期称为船舶的固有周期,与初稳性高度成负相关关系。

船舶在波浪中的横摇规律随横摇周期与波浪周期的比值不同而不同,当两者的比值在 0.7～1.3 时,谐摇区范围内会出现谐摇;考虑航向角后的横摇周期称为遭遇周期或表观周期,对应的谐摇区为广义谐摇区。在船舶航行中,避免谐摇的快速方法是改变航向。通过设置减摇装置可以缓和摇摆,减摇装置有舭龙骨、减摇鳍、减摇水舱与回转仪等。

习题与思考题

一、名词解释

船舶摇摆,船舶耐波性,船舶的 6 种运动形式,最大摆幅,摆程,全摆程,船舶摇摆周期,船舶谐摇,船舶遭遇周期或表观周期。

二、简答题

(1) 船舶摇摆有哪几种形式?有何危害?

(2) 自由摇摆周期与初稳性高度有什么关系?

(3) 为什么船舶摇摆性能与稳性存在矛盾?

(4) 船舶在航行中产生谐摇的条件是什么?有何危害?

(5) 减少摇摆的方法有哪些?

(6) 船舶有哪些减摇装置?各有何特点?

三、选择题

(1) 船舶沿 x 轴方向前后向的往复运动称为(　　)。

A. 横摇　　　　　B. 纵摇　　　　　C. 纵荡　　　　　D. 横荡

(2) 船舶在静水中的无阻尼摇摆也称为(　　)。

A. 强迫摇摆　　　B. 谐摇　　　　　C. 横摇　　　　　D. 自由摇摆

(3) 船舶在静水无阻尼横摇下的运动(　　)。

A. 当有初始摇摆时,横摇有始无终

B. 无须初始摇摆,横摇有始无终

C. 当有初始摇摆时,横摇有始有终

D. 无须初始摇摆,横摇有始有终

(4) 船舶在静水有阻尼横摇下的运动是(　　)。

A. 当有初始摇摆时,横摇有始无终

B. 无须初始摇摆,横摇有始无终

C. 当有初始摇摆时,横摇有始有终

D. 无须初始摇摆,横摇有始有终

(5) 航行中避免船舶发生谐摇的快速措施包括(　　)。

A. 改变 GM　　　　　　　　B. 改变航速

C. 改变航向　　　　　　　　D. A、B 和 C 均对

(6) 船舶舭龙骨的设置是为了( )。

A. 减小船舶横摇摆幅 B. 减小船舶纵摇周期

C. A 和 B 均错 D. A 和 B 均对

(7) 当船舶横摇周期与波浪遭遇周期之比在( )范围内时,称为广义谐摇区。

A. 0.5~1.5 B. 0.7~1.3

C. 0.6~1.6 D. 0.8~1.2

第8章

船舶操纵性

▼

　　船舶在航行时能够按照驾驶员意图保持原来航速、航向或改变航速、航向的性能称为船舶操纵性。其中船舶能够保持原来航速、航向的性能称为航向稳定性;能够按照驾驶员意图改变航速、航向的性能称为回转性或回转灵敏性。除此之外,船舶操纵性还包括转首性、停船性能等,本章主要介绍船舶操纵性的两个方面,即航向稳定性与回转性。

8.1　船舶操纵性概述

　　良好的航向稳定性能够减少船舶的非直线绕航,降低船舶主机功率的损失,节约燃料,缩短航行周期。而优良的回转灵敏性则是船舶靠离码头,避免碰撞,防止触礁、搁浅和提高安全航行的重要性能。因此,船舶操纵性是一种重要的船舶航海性能,对船舶安全航行和航行经济性起着重要的作用。军用舰艇如具有良好的回转性将有助于在战斗中灵活运转取得主动,良好的稳定性则有助于提高火力命中率。

　　具有良好操纵性的船舶,应该是在需要做直线航行时,能保持直线运动;需要转向时,能迅速改变航向。但是两者是互相矛盾的,凡是回转性好的船,只要受较小力矩作用,就能变向,因此稳定性就差。反之,稳定性好的船要受到较大的力矩作用才能变向,因此回转性较差,两者不能做到兼优。在实际使用中,不同用途的船舶对这两种性能的要求各有侧重。例如,远洋运输船因直线航行的距离长,靠离码头的次数少,故要求稳定性强一些;港湾工作船调头、转向、靠离码头机会多,要求运转灵活,故要求回转性好一些。

　　船体本身对船舶操纵性的影响主要取决于船舶的尺度比,尤其是船长吃水比 L/T、船体水下侧投影面积等因素。一般来说,船越长,船舶回转性越差;船体水下侧投影面积越大,船舶航向稳定性越好。

虽然船舶尺度的大小、线型的肥瘦对船舶的操纵性有一定的影响,但船舶操纵性的保证必须依靠操纵设备。船舶航行时,风浪海流及螺旋桨旋转所产生的横向力经常会使船舶航行偏离航向,因为船本身不具备稳定航向的能力,故为扭转其航向,必须借助于操纵设备。因此,船舶操纵性的好坏不仅取决于船体本身所具有的操纵特性,而且与舵设备功能的优劣密切相关。

最常用的操纵设备是舵装置,如图 8-1 所示。操纵设备一般由舵、转舵机构、舵机、操舵装置(装在驾驶室)及传动装置等部分组成。当船在航行时,驾驶人员操纵舵轮,通过传动装置驱动舵机,由舵机通过转舵机构带动舵转动,由舵产生一个使船转动的力矩,从而使船舶按照驾驶人员的意图进行回转或定向航行。由于舵的构造简单,效果可靠,目前广泛应用于船上,除此之外,常见的还有转动导流管、主动舵、横向喷管、直翼推进器、侧推螺旋桨等。尽管它们的形式不同,但其作用相似,都是提供一个使船转动的力矩。

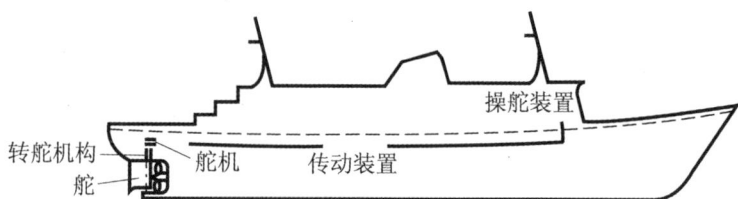

图 8-1 操纵设备

衡量船舶操纵性优良的指标包括:衡量回转灵活性的回转圈参数,如回转直径等;衡量航向稳定性的单位时间内操舵次数及操舵角等;以及衡量惯性的一些指标,如从全速前进到停车或倒车所需的时间和距离等。

将船体与舵考虑在内的船舶操纵特性称为"开环"操纵特性。实践上,多数船舶的操纵行为取决于驾驶人员的生理、心理特点及其他有关因素,从而导致了研究环境-人-船这一系统的船舶操纵特性,此系统称为"闭环"操纵特性。

自超大型船舶出现以来,超大型船舶在操纵性方面的异常现象随之产生,即人类因运动感觉的限制而不适应超大型船舶的运动规律,使事故发生率不断上升。从而产生了利用计算机技术,通过运动系统或显示系统来复制船舶运动状态的船舶操纵模拟器方法,来研究船舶的开环操纵特性和闭环操纵特性。这种方法已经成为当前研究船舶操纵性和模拟驾驶船舶的一种重要手段。

8.2　舵

8.2.1　舵的作用及原理

舵是一种操纵设备,它的作用是产生舵压力,使船舶按需要改变航向。产生舵压力的原理是机翼理论,如图 8-2 所示,当船舶转过一个舵角后,作用在舵左右的流线速度发生变化,从而形成压力差,即舵压力,它对船舶重心构成转船力矩,使船舶回转。

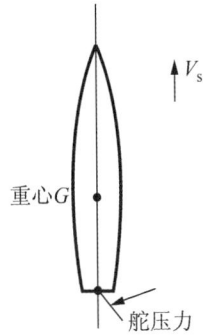

图 8-2　舵产生舵压力的原理

8.2.2　舵的形式

舵的形式很多,按舵杆轴线位置分为普通舵(即不平衡舵)、平衡舵、半平衡舵,如图 8-3 所示。

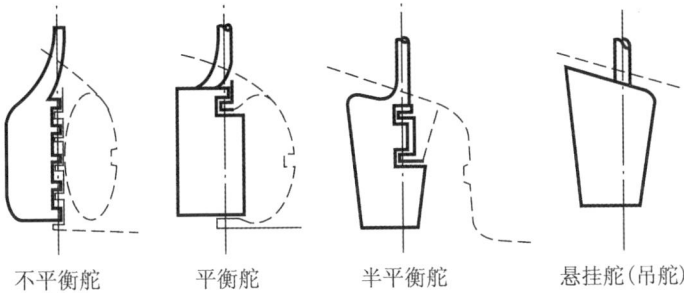

不平衡舵　　　平衡舵　　　半平衡舵　　　悬挂舵(吊舵)

图 8-3　舵的种类

普通舵,即不平衡舵,其舵叶的面积全部在舵杆的后方。这种舵的舵压力作用中心距舵杆轴线较远,因而转舵时需要较大的力矩。但构造简单,舵的支点多(支承在舵柱上),易于保证舵的强度。

平衡舵,其舵叶面积的一部分在舵杆的前方。在舵杆之前有一部分起平衡作用的舵面积,使舵压力中心距舵杆较近,可以节省舵机功率,故平衡舵被广泛采用。这种舵的支点较少,强度不如普通舵。普通形式的平衡舵通常用于单桨船上。双桨船上常用吊舵(铲形平衡舵)。

半平衡舵有部分面积在舵杆的前方,但只占高度的一部分,它的转舵力矩和舵杆强度介于上述两种舵之间。

按照舵的剖面形状,舵又可分为平板舵(有单板舵、双板舵之分)与流线型舵。

平板舵的舵剖面为一平板,所以构造简单、制造方便。但是转舵后产生的舵压力较小,即舵效较差。流线型舵的舵叶剖面是流线型的机翼型剖面,所以舵的结构较平板舵复杂,但是转舵后产生的舵压力较大,即舵效高,阻力小。流线型舵目前被广泛使用在远洋运输船舶中。

8.2.3 舵的布置及数量

为了确保舵压力能使回转力矩增大,通常舵布置在船尾端螺旋桨后。一方面可以使舵受到突出的尾部的保护;另一方面,可以获得螺旋桨的尾流,提高舵效;同时,远离船舶重心,使回转力臂增大。

舵的数量根据回转性的要求以及主机、螺旋桨数、船尾形状和舵装置的布置决定。为了充分利用螺旋桨的尾流,通常单桨船配单舵,但有时吃水受限制,为增加舵面积,也有单桨后装两个舵的。双桨船一般配两个舵,当吃水受限制时,往往使用三个舵,如川江船,通常双桨三舵。

增加舵的数目,实质上加大了舵面积,这有利于船舶操纵性的提高。但另一方面也使操舵装置增加,设备复杂化,提高了造价,降低了经济性。所以除有特殊目的及要求外,一般船舶会尽量采用单舵或控制舵数目的增加。因此,大多数海船采用单桨单舵,浅水船采用单桨双舵,双桨船舵的数目不定,按需配置。

8.2.4 舵的几何要素

舵的几何形状一般如图 8-4 所示,表示舵叶的几何特征的参数主要有:

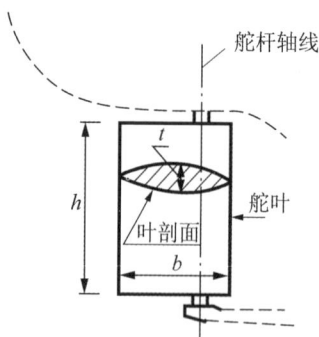

图 8-4 舵的几何要素

舵面积 A_R 是舵叶的侧投影面积。舵面积的大小直接影响船舶的操纵性。采用较大的舵面积,在给定舵角下可产生大的转舵力矩,减小大舵角时的回转直径,但是使用小舵角时的阻尼力矩增大得更多,同时使舵机功率和舵装置的重量增加,不利于经济性。舵面积过小,将导致舵压力减小,而不能保证船舶机动性的要求。因此,舵面积的大小一般控制在一个适当的范围内。一般舵面积与中纵剖面水下部分面积比,海船为 2%～5%,内河船为 4%～9%。

舵高 h 是沿舵杆方向,舵叶上缘到下缘的垂直距离。

舵宽 b 是舵叶前后缘的水平距离。舵叶为矩形时,舵宽即为各剖面的弦长。

舵叶为非矩形时,舵宽用平均舵宽表示,即 $b_m = \dfrac{A_R}{h}$。

舵展弦比 λ 是舵高与舵宽之比。舵叶为矩形时,有 $\lambda = \dfrac{h}{b}$。舵叶为非矩形时,则有 $\lambda = \dfrac{h}{b_m} = \dfrac{h^2}{A_R} = \dfrac{A_R}{b_m^2}$。舵的展弦比越小,则舵的弦向就越宽,而纵向越短,这样从舵前来的水流就会绕过上下两端流入另一舵面,使舵两面的压力差减小,舵力降低。展弦比越大,则小舵角时的升力越大。所以,展弦比越大,越容易满足用小舵角来阻止船首摆动的操纵要求。但它将引起过早的失速,这将对大舵角的机动性带来不利。

平衡比 e 是舵杆轴线前的舵叶面积与舵面积的比值。

厚度比是舵剖面的最大厚度 t 与舵宽 b 的比值。

舵安装在船上,尺度上要受到限制,其展向尺寸(指高度)受吃水限制;弦向尺寸(指宽度)则受船尾形状限制。此外,弦向尺寸还影响到舵轴旋转力矩的大小,所以它也受到舵机转矩的限制。故在货船上安装的舵,考虑到上述原因,其展弦比范围一般为 1～1.2。

8.3　航向稳定性

航向稳定性是指船舶能够保持原来航速、航向的性能。具体来说,是处于匀速直航的船舶(定常运动)在受到极小的外界干扰作用后,偏离原运动状态,而当干扰消除后,并经过一定的过渡过程后,是否具有回复到原运动状态的能力。若能回复,则称原运动状态是稳定的,否则原运动状态是不稳定的。

8.3.1　航向稳定性的分类

一般运输船舶的航向稳定性大致可分为以下几种情况:

1) 直线稳定性

匀速直线航行的船舶受到干扰力作用后,产生偏航;干扰力消除后,除航向角产生偏移外,仍能保持匀速直线运动,它只是从一种直线运动改变为另一种直线运动,故称直线稳定性,如图 8-5(a)所示。

2) 方向稳定性

匀速直线航行的船舶经过干扰力作用后,它不仅航向能回复到原航向,而且还能保持匀速直线运动。唯有运动轨迹与初始状态之间存在一横向偏离,称为方向

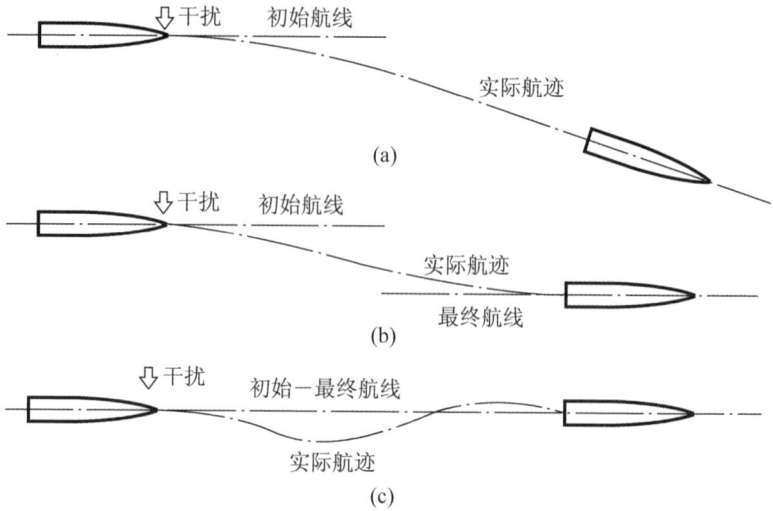

图 8-5 船舶的几种可能的稳定情况

(a) 直线稳定 (b) 方向稳定 (c) 位置稳定

稳定性,如图 8-5(b)所示。

3) 位置稳定性

匀速直线航行的船舶经过干扰力作用后,最后运动状态是与初始运动方向相同,且运动轨迹之间无偏离的匀速直线运动,称为位置稳定性,如图 8-5(c)所示。

当然也可能船舶受到干扰后,在各种因素的作用下,最终进入一个回转运动。对此情况,我们称原运动状态是没有稳定性的。

分析上述几种运动状态,可知:具有位置稳定性的船舶,一定同时具有直线稳定性和方向稳定性;具有方向稳定性的船舶,一定同时具有直线稳定性。

一切船舶都可以分别讨论在无控制或有控制的情况下的上述三种稳定性。无控制稳定性是指在控制器固定时船舶所能具有的稳定性,也称自动稳定性,取决于船体几何形状,是船体固有的。有控制稳定性是指在有人操舵或自动驾驶仪自动控制下的船舶具有的稳定性,由于存在着控制作用,因此取决于船体固有特性、人和操舵装置的特性。很显然,船舶的无控制稳定性越好,控制稳定性也越好。

对于一般的运输船舶,如果不操舵,不可能具备方向稳定性和位置稳定性,最多具有直线运动自动稳定性,也可能因不具备稳定性而进入回转状态。因此,要使船舶具有方向稳定性和位置稳定性,就须通过操舵控制才能实现。

8.3.2 航向稳定性的改善措施

改善船舶航向稳定性通常采取的办法有增加中纵剖面尾部侧面积,对此可采

用增大呆木、安装尾鳍、使船尾产生尾倾、
削去前踵等方法，如图 8-6 所示。采取这
些措施能有效地改变船的稳定性。对于长
宽比 L/B 较小的肥大船型，水流经尾部时
因为会形成分离，从而削弱了尾部的作用，
使稳定性变差，所以超大型油船一般都不具有直线稳定性。

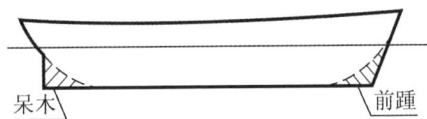

图 8-6　呆木和前踵

8.4　回转性

当船舶匀速直线航行，舵置于零度角（舵角 $\delta=0°$）时，船舶两舷外的水流状态
相互对称，此时可以认为，流经舵的水流对舵叶的冲角为零，故没有舵压力，也没有
转船力矩产生。现若以某一角度 δ 操舵，则流向舵叶的水流入射冲角不为零，形成
舵压力，产生了转船力矩，于是船舶进行回转。

船舶操舵回转后的航行轨迹可用船舶重心的运动轨迹来描述，此时回转轨迹
称为回转圈。船舶操舵后的回转圈如图 8-7 所示。

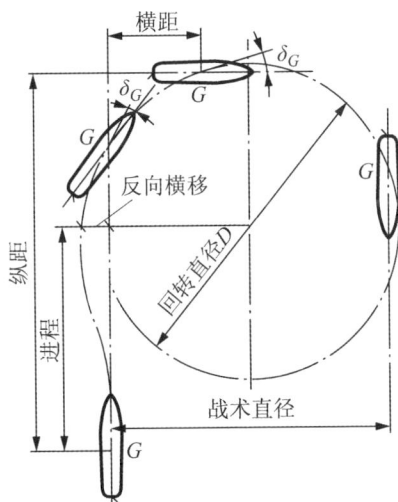

图 8-7　回转圈

8.4.1　回转圈的主要特征参数

回转圈的主要特征参数包括如下几项。

1）反向横移

它是从船舶初始直线航线至回转运动轨迹反方向最大偏离处的距离。通常在满舵($\delta=35°$)回转时，为船长的 1/100 左右。

2）横距

从船舶初始直线航线至船首转向 90°时，船舶两重心所在位置之间的距离。该值越小，回转性越好。

3）纵距

从操舵开始时的船舶重心 G 点所在位置量至船首转向 90°时船舶中纵剖面处的距离。一般船舶纵距为 3～4 倍船长。其值越大，表示船舶初始时刻的操舵反应越迟钝，即应舵较差。

4）战术直径 D_T

从船舶初始航线至船首转向 180°时，船中纵剖面所在位置之间的距离称为战术直径。此值越小，则回转性越好。一般船舶战术回转直径为 3～6 倍船长。

5）回转直径 D

在定常回转时，船舶重心圆形轨迹的直径为回转直径，一般 $D=0.9D_T$（战术直径）。

6）进程

自执行操舵点起至回转圈中心点的纵向距离。其值如下：进程＝纵距－定常回转直径/2。它表示船舶对舵作用的应答性，其值越小，应答越好。通常，进程/船长数值为 1～2。

8.4.2　回转原理

船舶操舵后，重心运动轨迹分三个阶段形成回转圈，即转舵阶段、发展（过渡）阶段和定常回转阶段。

1）第一阶段

第一阶段称为操（转）舵阶段，是指从发令操舵起到舵转至规定舵角 δ 止，此阶段持续时间为 8～16 s。

在船舶转舵至舵角 δ 时，类似于机翼原理，舵上产生流体动力（舵压力）P_α 的作用，如图 8-8 所示。为说明舵压力 P_α 的作用效果，将 P_α 做如下移动：在重心 G_0 处加一对大小相等、方向相反的力 P_α，可以得到一个力偶 M_α 及一个作用在重心 G_0 上的力 P_α。力偶 M_α 使船体向右旋转，作用在重心 G_0 上的力 P_α 可以分解为纵向力 P_x 和横向力 P_y。力 P_x 与船舶速度方向相反而形成船舶阻力，使船速下降。力 P_y 使船向左移动造成"反向横移"。因此，在转舵阶段，舵压力 P_α 引起

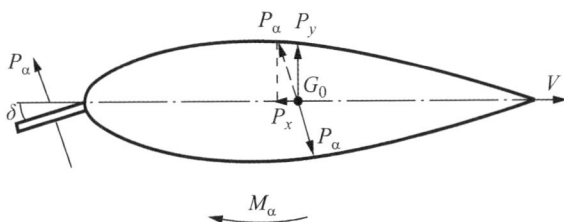

图 8-8　转舵阶段的受力情况

的效果是：①船舶朝转舵的方向旋转；②船速下降；③船体向转舵的反方向横移。

由于此阶段力 P_y 与力偶 M_α 较小，船体惯性较大，所以在转舵阶段内船舶横向位移和旋转角位移都很小，重心运动轨迹近似直线。

2）第二阶段

第二阶段称为发展阶段或过渡阶段，是指由转舵终了到船舶进入定常回转运动（船舶运动要素如航速、角速度等停止改变）止。一般船舶要达到定常回转约需要改变航向 $100°\sim120°$。在发展阶段，作用在船体上的力随着时间而改变，航速不断下降，回转角速度不断增大，故船做不定常运动。

在转舵阶段，由于力偶 M_α 的作用，船舶开始做旋转运动，使船体中纵剖面与航速 V 的方向之间形成一夹角，称漂角 β。β 角的产生使水对船舶的压力分布发生变化，造成了一个流体动压力，流体动压力的产生可用机翼理论解释。把船体看作一个机翼形体，β 角看作冲角，船以一定速度在水中航行，就像机翼在流体中运动一样会产生升力和阻力，它们的合力就是流体动压力 R，如图 8-9 所示。力 R 对船体运动的影响可以用与分析 P_α 同样的方法来讨论，结果是造成一个力偶 M_β，使船体加速旋转；造成一个逆航速方向的分力 R_t，使船速继续下降；造成一个垂直于航速方向的力 R_n，使船体反向横移的加速度逐渐减小到零，直至使船产生与转舵方向相同的正向横移，船舶在力 P_α 及力 R 的联合作用下，转向比较显著，重心轨

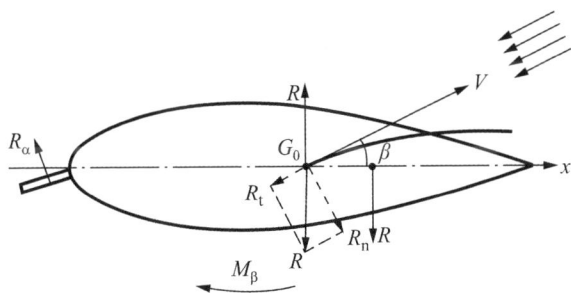

图 8-9　发展阶段的受力情况

迹呈螺旋形曲线。在发展阶段中,由于航速、漂角都处于变化中,故航速、旋转角速度也都在变化中,船舶处于不定常回转阶段。

3) 第三阶段

第三阶段称为定常回转阶段,或稳定阶段。

在发展阶段后期,当船的漂角 β、角速度 r 及航速 V 都达到常数时,船舶开始做定常运动,进入定常回转阶段,此时重心轨迹为圆周线。

船舶在发展阶段中,受力矩 M_α 与 M_β 的作用产生加速旋转。随着旋转速度的增加,旋转阻力不能被忽略,如图 8-10 所示,船受到水阻力 R_a 与 R_b 的作用,它们形成力矩 M,阻碍了船舶回转运动。其大小随角速度的增加而增大,当 $M = M_\alpha + M_\beta$ 时,船舶的角加速度为零,角速度 r 与漂角 β 均达到最大值,并保持常数不变。这时船舶运动进入定常状态,即定常回转阶段。

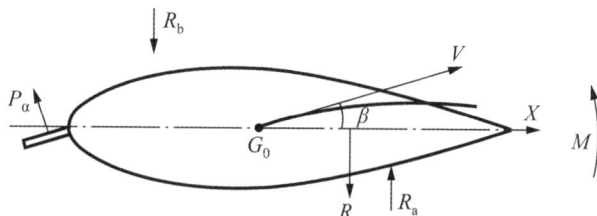

图 8-10 定常回转阶段的受力情况

在这一阶段中,水动压力 R 及其分力 R_t、R_n 保持不变,力 R_t 与推力 T 在航速方向的分力相平衡,船舶速度保持不变,力 R_n 垂直于航速方向,使船舶产生向心加速度,以抵消因回转而产生的离心力。在不变的力 R_n 的作用下,船舶重心 G_0 做匀速圆周运动,此时回转曲线即成为一个圆。

根据上述各阶段船体回转时的受力分析,整个回转运动可综合为以下几条规律。

(1) 回转曲线:在回转运动初期,船有反向横移,回转曲线朝与回转相反方向弯曲。以后,随着作用在船体上水动力 R 的增大,反向横移消失,船体向回转方向弯转,到定常阶段时,曲率半径保持定值不变,回转曲线为一圆。

(2) 航速 V:随着舵角和漂角的增大,船舶阻力不断增大。因此,从回转运动开始,航速开始降低,以后随舵角增大,航速降低更多。到定常阶段时,航速达最小值且保持常数不变。

(3) 漂角:自回转运动开始,即有正向漂角。随着舵角增大,漂角也不断增大,到定常阶段时达最大值,并保持常数不变。

8.4.3　回转时船舶的横倾

船舶回转时会产生横倾,其原因是船舶回转过程中作用在船体上的各个横向力作用位置高度不一致,构成了回转力矩,使船舶倾斜。这种横倾有时会产生严重后果,高速船情况更为严重。

船舶回转时的横倾方向及横倾角的大小与所处的回转阶段有关。

在船舶转舵阶段,因回转曲率很大,漂角很小,故作用在船体上的流体动力可略去不计,只计算作用在舵上的水压力 P_a 及回转时的离心惯性力 F。其中舵叶水压力作用点在舵叶面积中心 K 点,其横向分力 $P_{\alpha y}$ 方向朝回转的外侧。离心惯性力作用在船舶重心 G 点,方向背离船舶轨迹曲线的曲率重心。由于该阶段轨迹曲线的曲率中心在船舶回转的外侧,离心惯性力指向回转内侧,如图 8 - 11(a)所示。故船舶向内倾斜,倾斜力矩为 $P_{\alpha y} \times KG$。由于转舵阶段时 $P_{\alpha y}$ 力较小,故船的横倾角 θ 较小。

船舶进入发展阶段后,随着漂角 β 增大,作用在船体上的流体动力 R 逐渐增大到不能忽略的地步。R 力的作用点高度可近似认为在吃水的一半,即 $T/2$ 处的 E 点。设力 R 的横向分力为 R_y,这时横倾力矩应为 $P_{\alpha y} \times KG - R_y \times EG$,如图 8 - 11(b)所示,其中 EG 是从 E 到 G 的垂直距离。

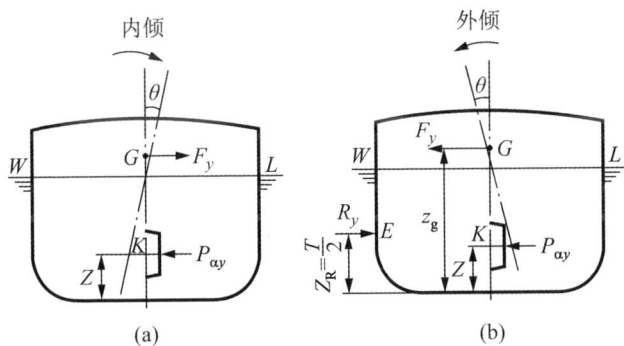

图 8 - 11　回转时的船舶横倾

当流体动力 R 的横向分力 R_y 对船舶中心 G 的力矩 $R_y \times EG$ 大于舵压力 P_y 对于重心 G 的力矩 $P_{\alpha y} \times KG$ 时,船舶即由向内倾侧变为向外倾侧。

船舶达到定常回转阶段时,漂角达最大值,使横向流体动力 R_y 及横倾力矩也达到最大值。故横倾角 θ 为最大。船舶的离心惯性力随着船舶重心轨迹曲率的变化而变化。从发展阶段起,惯性力方向由指向回转内侧改为指向回转外侧。

以上分析可知,船舶回转时最大横倾角、最大横倾力矩发生在定常回转阶段。该横倾角因没有涉及力的动力作用,故称为静力倾角,常用θ_c表示。实际上,由于船舶回转时,横倾力矩增长的速度较快,船舶从向内倾侧改为向外倾侧的变化速度较快,故横倾力矩具有动力效应。在动力作用下,船舶的倾角称为动力倾角,常用θ_d表示。显然$\theta_d > \theta_c$。通常,船舶在回转发展阶段,先达到动力倾角,经几次摇摆后,最后停留在静力倾角上。

定常回转阶段时的横倾角可以根据横倾力矩与复原力矩的平衡关系求得。

设船舶定常回转时的速度为V,回转半径为R,排水量为Δ,则离心惯性力为

$$F_y = \frac{\Delta}{g} \times \frac{V^2}{R} \tag{8-1}$$

则作用于船上的横倾力矩为

$$M_q = F_y\left(z_g - \frac{T}{2}\right) - P_{ay}\left(\frac{T}{2} - \frac{h}{2}\right) \tag{8-2}$$

式中,z_g为重心高度;h为舵高。

由于作用在舵上水压力相对于惯性力属于较小的值,故从安全角度考虑可将式(8-2)的后一项忽略不计,将(8-1)式代入式(8-2),得

$$M_q = F_y\left(z_g - \frac{T}{2}\right) = \frac{\Delta \times V^2}{g \times R}\left(z_g - \frac{T}{2}\right) \tag{8-3}$$

当船舶倾斜到θ_c时,复原力矩为

$$M_h = \Delta \times GM \times \sin\theta_c \tag{8-4}$$

根据力矩平衡$M_h = M_q$,有

$$M_q = \frac{\Delta \times V^2}{g \times R}\left(z_g - \frac{T}{2}\right) = \Delta \times GM \times \sin\theta_c \tag{8-5}$$

得到横倾角θ_c为

$$\sin\theta_c = \frac{V^2}{g \times R \times GM}\left(z_g - \frac{T}{2}\right) \tag{8-6}$$

可见静力倾角θ_c的大小取决于航速V、回转半径R、初稳性高度GM、重心高度z_g及吃水T等因素。其中航速V影响最大。这就是高速船在回转时应特别注意横倾现象的原因。目前,不少集装箱船常因重心高、GM小、速度快等,导致回转时的横倾现象严重,应引起重视。减小回转时横倾的最有效方法是降低船速。

本章小结 •••••••••••••••••••••••••••••••••••••••

　　船舶操纵性是船舶按照驾驶人员的意图保持或改变航速、航向的性能。前者指航向稳定性,后者指回转性。船舶操纵性能主要由操舵后舵上产生的舵压力对船舶重心形成的转船力矩来获得;操舵后船舶回转运动分三个阶段形成回转圈;回转圈的参数反映船舶回转性能的强弱;船舶回转时会产生横倾,横倾方向及横倾角的大小与所处的回转阶段有关。除降低船舶重心高度外,回转时降低船速可有效降低回转时的横倾。影响船舶操纵性的因素除驾驶人员的操纵技术外,还涉及船型及舵设备。

习题与思考题 ••••••••••••••••••••••••••••••••••

一、名词解释

　　船舶的操纵性,船舶航向稳定性,船舶回转性,直线稳定性,方向稳定性,位置稳定性,船舶的回转圈。

二、简答题

(1) 船舶的操纵性包括哪些内容?

(2) 舵的作用及原理?

(3) 常见舵的布置及数量有哪些?

(4) 船舶航向稳定性有哪几种? 什么叫自动稳定性?

(5) 提高船舶航向稳定性的办法通常有哪些?

(6) 反映船舶回转圈的形状及大小的参数有哪些?

(7) 船舶回转时经过哪三个阶段? 各阶段的受力及运动特点如何?

(8) 船舶在回转过程中为什么会产生横倾? 每个阶段的横倾方向如何?

三、选择题

(1) 船舶操纵性涉及(　　　)。

A. 船的航向稳定性　　　　　　　　B. 船的回转性

C. A 和 B 都是　　　　　　　　　　D. A 和 B 都不是

(2) 下列参数中衡量船舶回转灵活性的参数是(　　　)。

A. 回转直径

B. 单位时间内操舵次数及操舵角

C. A 和 B 都是

D. 从全速前进到停车或倒车所需的时间和距离

(3) 下列参数中衡量船舶航向稳定性的参数是(　　)。

A. 回转直径

B. 单位时间内操舵次数及操舵角

C. A 和 B 都是

D. 从全速前进到停车或倒车所需的时间和距离

(4) 下列参数中衡量船舶惯性的参数是(　　)。

A. 回转直径

B. 单位时间内操舵次数及操舵角

C. A 和 B 都是

D. 从全速前进到停车或倒车所需的时间和距离

(5) 舵压力作用中心距舵杆轴线较远,转舵时需较大舵机的转舵力矩的舵是(　　)。

A. 普通舵　　　　B. 平衡舵　　　　C. 半平衡舵　　　　D. 平板舵

(6) 舵压力中心距舵杆较近,可节省舵机功率的舵是(　　)。

A. 普通舵　　　　B. 平衡舵　　　　C. 半平衡舵　　　　D. 平板舵

第9章

船舶强度与结构

▼

  船舶在建造、下水、运营及进坞修理等各个过程中都将受到各种外力的作用。例如重力、浮力、波浪冲击力、摇摆时的惯性力、机器的振动力及进坞坐墩时的支撑力等。有时还受到碰撞、搁浅或触礁等偶然性外力的作用。这些外力中有的作用在船的总体结构上,影响船舶的总体强度,有的作用在局部结构上,影响船舶的局部强度。

  船舶为了能正常使用,除了具有安全性与使用性外,还必须具有能抵抗外力作用而不致引起船体损坏或出现不允许变形的能力,这种能力称为船体强度和刚度(又统称船体强度)。即船舶强度是船舶在各种外力作用下保持不损坏、不变形的能力。本章主要介绍船舶强度与结构。

9.1 船舶强度及校核

  船舶由于船体强度不足或营运中使用不当,引起船体整体性或个别构件破坏与过大变形等事故屡见不鲜。在第二次世界大战期间,美国建造的自由轮曾有数十艘由于强度不足在风浪中折为两段;我国某艘一万吨级杂货船在某航次中,装运磷灰土自阿尔及利亚开往波兰,由于船舶中部的冷藏舱及植物油舱未装货,致使中部向上弯曲过大,造成冷藏舱绝缘裂开,上层建筑内房门处出现裂缝等现象。

  可见,船体的损坏一方面是由强度不足引起的;另一方面则是由使用不当造成的。适当加大构件尺寸或选择优良材料,可以提高船体强度。但是船体强度也不必要求过高,如果任意加大构件尺寸或不恰当地选择材料,反而会使船体结构重量增加、造价提高,影响船舶的营运经济性。因此,船舶既要满足强度要求,又要保证船舶的经济性。对于营运部门应特别强调合理使用船舶,防止因使用不当造成船体破损或变形。

  根据船体结构的特点和受力情况,船体强度可分为总纵强度、横向强度、局部强度和扭转强度四种。

9.1.1　总纵强度

1）总纵强度定义与校核

（1）总纵强度定义。船舶在纵向弯矩作用下，不损坏、不变形的能力称为总纵强度，或称纵强度。这是一个涉及船舶整体结构的强度问题，也是船体强度中主要研究的问题。

船舶漂浮在静水中受到的外力有船舶及其装载物的重力和水的浮力，此时重力和浮力两者就总体上讲处于平衡状态，即它们大小相等、方向相反并作用在同一垂线上，如图 9-1 所示的某艘船。

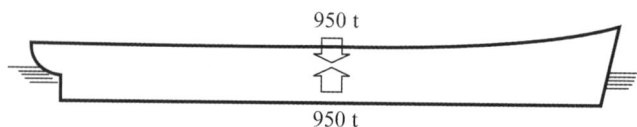

图 9-1　船舶总体平衡

但是，设想将船体划分成若干段，则每一段上的重力与浮力就不能保持平衡了，如图 9-2 所示。若假设船舶分段后，段与段之间的约束解除，由于每段上重力和浮力不相等，为了重新取得平衡，各段会产生上下移动的趋势，以达重新平衡的目的。当某段产生重力大于浮力时，在重力作用下下移，使浮力增大直至平衡；反之，若某段浮力大于重力，则在浮力作用下上移，使浮力减小直至平衡。最终各段平衡状态如图 9-3(a)所示，相似船体梁的受力情况如图 9-3(b)所示。

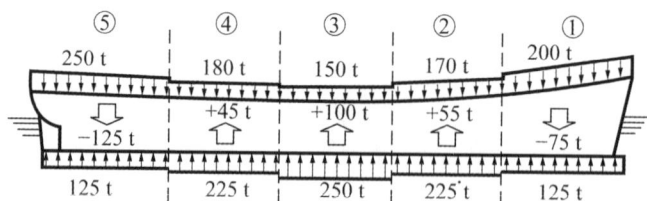

图 9-2　船舶在静水中有约束时的船体分段平衡

事实上，船体是一个整体结构，不可能产生如图 9-3 所示的各段相对移动。各段之间相互约束、相互牵制、不能自由移动。这样，在船体结构内部必定产生内力，表现为船体在纵向发生整体弯曲（总纵弯曲）。总纵弯曲船体结构之间的内力有两种：一种是制止各段相互移动的内力，称为剪力；另一种是抵抗船体弯曲变形

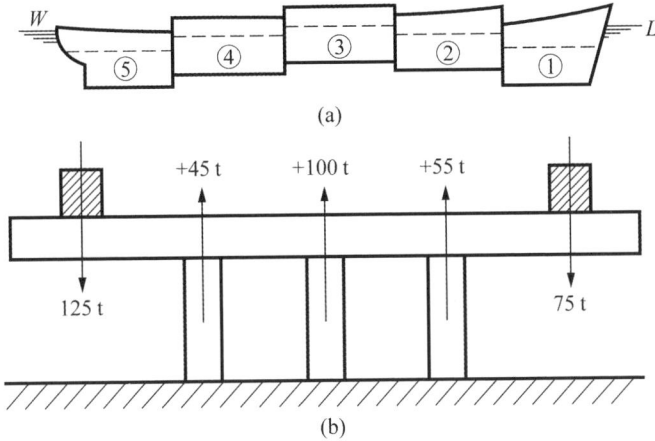

图 9-3　船舶在静水中无约束时的船体分段平衡

的内力,称为弯矩。内力沿船长方向的分布是不均匀的,最大剪力发生在距船中 1/4 船长处,最大弯矩发生在船中处。如图 9-4 所示是某船沿船长纵向的剪力与弯矩分布图。

船体总纵强度靠船体的纵向结构件保证。船上主要的纵向结构件有甲板、外板、船底板、纵舱壁、纵桁及纵骨等。这些纵向构件的数量、间距和大小都经过强度计算后确定,在修船时不能随意改动。由于船体最大总纵弯矩发生在船体中部,所以中部纵向结构件的尺寸要比两端大。在同一剖面上,船体弯

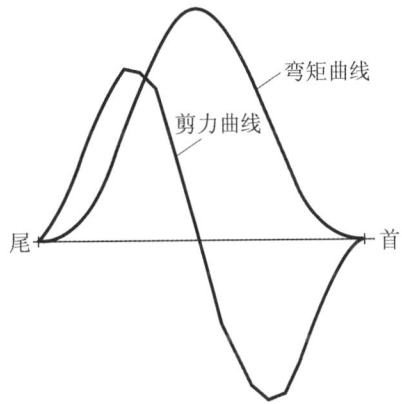

图 9-4　船舶静置于水中的剪力与弯矩

曲时,甲板和船底受到的拉伸和压缩力最大,故构件尺寸应比舷侧大。

(2) 船舶总纵强度校核。

a. 实际静水弯矩 M'_s 和允许静水弯矩 M_s 的计算。

(a) 船中纵剖面实际静水弯矩 M'_s 计算:

$$M'_s = \frac{1}{2}\Big[\big(\sum |W_{Li} \times X_i| + \sum |P_i \times X_i|\big) - \sum |B_i \times X_i|\Big] \quad (9-1)$$

式中, $\sum |W_{Li} \times X_i|$ 为组成空船的各种载荷 W_{Li} 对船中力矩绝对值之和;
$\sum |P_i \times X_i|$ 为除空船外的船上各种载荷 P_i 对船中力矩绝对值之和;

$\sum|B_i\times X_i|$ 为船体每一段浮力 B_i 对船中力矩绝对值之和,可由平均吃水 T_m 查取。 显然,对特定船,$M_s' = f(\sum|P_i\times X_i|,\ T_m)$。

(b) 船中纵剖面允许静水弯矩 M_s 计算:

$$M_s = M_{max} - M_w = 0.155W_d - M_w \tag{9-2}$$

式中,M_{max} 为船中剖面所能承受的最大弯矩;M_w 为波浪附加弯矩(见图 9-5),对特定船为常数;W_d 为甲板剖面模数,可从船舶资料中查取,每年平均扣除腐蚀量的 $0.4\% \sim 0.6\%$。

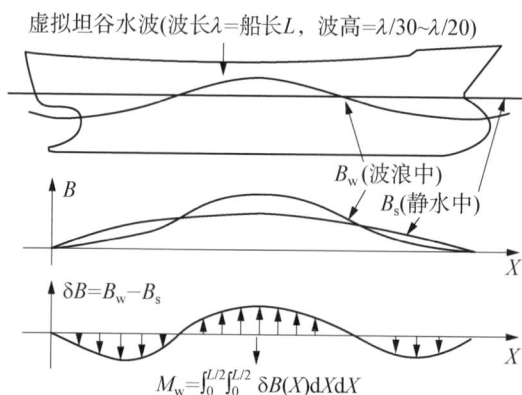

图 9-5　波浪附加弯矩

b. M_s' 与 M_s 的比较。

(a) 当 $|M_s'| \leqslant M_s$ 时,纵强度不受损伤;

当 $|M_s'| > M_s$ 时,纵强度不满足要求。

(b) 当 $M_s' > 0$ 时,船舶呈中拱状态;

当 $M_s' < 0$ 时,船舶呈中垂状态。

(3) 按舱容比例分配各舱载货重量满足船体纵强度条件的经验方法。

每一离港状态第 i 舱所配货物重量 P_i 应满足:

$$\max\left\{\frac{V_{ch,i}}{\sum V_{ch}}\sum Q - A_i,\ 0\right\} \leqslant P_i \leqslant \frac{V_{ch,i}}{\sum V_{ch}}\sum Q + A_i \tag{9-3}$$

式中,$V_{ch,i}$ 为第 i 货舱舱容,m^3;$\sum V_{ch}$ 为全船总舱容,m^3;$\sum Q$ 为某离港状态船舶载货重量,t;A_i 为第 i 舱调整值,t,可按下述两种方法确定。

a. 取夏季满载时该舱装载量的 10%,即

$$A_i = \frac{V_{ch,i}}{\sum V_{ch}} \times NDW_s \times 10\% \quad (\text{不随} \sum Q \text{ 而变化}) \tag{9-4}$$

式中,夏季净载重重量 $NDW_s = \Delta_s - \Delta_L - \sum G_{max} - C$,其中,$\Delta_s$ 为夏季满载排水量,t;Δ_L 为空船重量,t;$\sum G_{max}$ 为最大航次储备量,t;C 为船舶常数,t。

b. 取本航段该舱装载量的 10%,即

$$A_i = \frac{V_{ch,i}}{\sum V_{ch}} \times \sum Q \times 10\% \quad (\text{随} \sum Q \text{ 而变化}) \tag{9-5}$$

2) 船舶拱垂变形

(1) 船舶拱垂变形分析。船体在波浪中航行,船体强度将受到波浪的影响。这时受到的外力和产生的弯矩一般要比静水时大。当波长等于船长、波速等于船速、船向顺浪航行时,相当于船舶静置在波浪上。如果遇到波峰或波谷置于船中部,此时船体的弯曲最为严重,有可能产生两种典型弯曲变形的情况,一种是波谷静置于船中,船体中部向下弯曲,两端向上凸起,称为中垂弯曲,如图 9-6 (a)所示,这时甲板受压,船底受拉;另一种趋势是波峰静置于船中,船体中部向上弯曲,两端向下垂落,称为中拱弯曲,如图 9-6(b)所示,这时甲板受拉,船底受压。

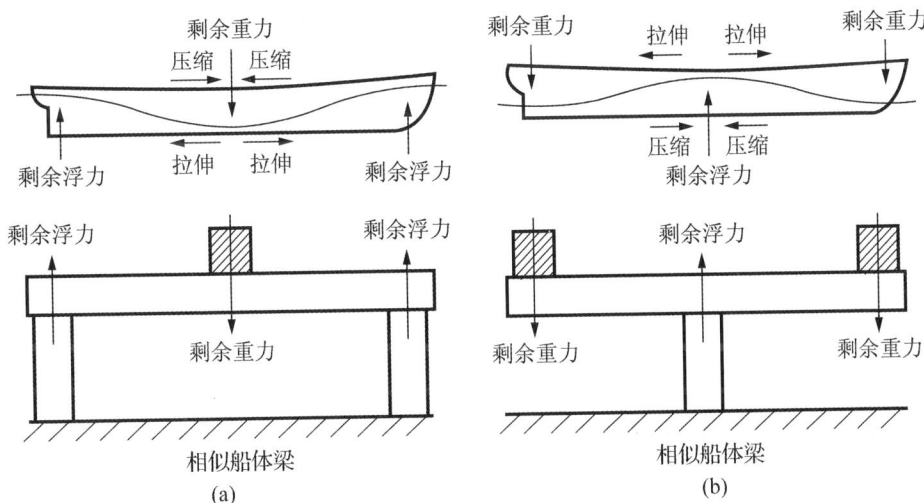

图 9-6　船舶在波浪中的中拱与中垂

(a) 船舶置于波谷上　(b) 船舶置于波峰上

船体产生中拱或中垂弯曲的根本原因是重力和浮力沿船长方向分布得不一致。对中机型的空载船或尾机型的满载船,它本身在静水中已形成某种程度的中垂弯曲,当遇到的波浪又恰好是波谷在船中,波峰在两端,造成中部重力大于浮力,两端重力小于浮力,船舶便产生严重的中垂弯曲,如图 9-7(a)和(b)所示。反之,对中机型的满载船或尾机型的空载船,它们本身在静水中已形成某种程度的中拱弯曲,若遇到的波浪又恰好是波峰在船中,波谷在两端,使中部浮力大于重力,两端浮力小于重力,船舶便产生严重的中拱弯曲,如图 9-7(c)和(d)所示。因此,为了减小中拱及中垂弯曲变形,必须注意装载对强度的影响和避开不利的波浪位置,并对最不利装载状况进行强度校核。

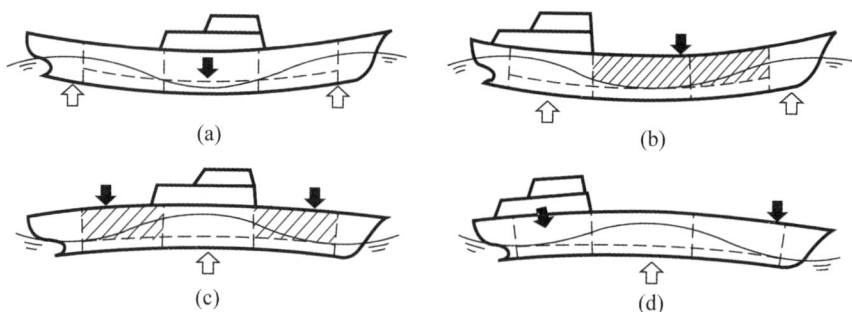

图 9-7 不同船型及装载的中垂与中拱

(2) 判别和校核船舶拱垂变形的方法。

a. 判别拱垂变形的方法:

设拱垂值 $\delta = \overline{T}_M - \dfrac{\overline{T}_F + \overline{T}_A}{2}$(其中, $\overline{T}_M$ 为船中平均吃水; $\overline{T}_F$ 为船首平均吃水; $\overline{T}_A$ 为船尾平均吃水),则

当 $\delta < 0$ 时,船舶呈中拱变形;

当 $\delta > 0$ 时,船舶呈中垂变形。

b. 纵强度校验方法:

当 $0 \leqslant |\delta| < \dfrac{L_{bp}}{1\,200}$ 时,纵强度处于有利状态;

当 $\dfrac{L_{bp}}{1\,200} \leqslant |\delta| < \dfrac{L_{bp}}{800}$ 时,纵强度处于允许状态;

当 $\dfrac{L_{bp}}{800} \leqslant |\delta| < \dfrac{L_{bp}}{600}$ 时,纵强度处于极限状态;

当 $|\delta| \geqslant \dfrac{L_{\mathrm{bp}}}{600}$ 时,纵强度处于危险状态。

（3）减缓船舶拱垂变形的措施。

a. 合理分配中途港货物：当中途港货物批量大时,应按舱容比例分配；当批量不大时,不能过于集中,应间舱安排。

b. 在装卸货物中尽量均衡各舱的装卸进度。

c. 其他措施如表9-1所示。

表9-1 减缓船舶拱垂变形的其他措施

	减缓中拱变形	减缓中垂变形
货物分配	船中区货舱适当多配货,多配目的港货	船首尾舱适当多配货,多配目的港货
油水配置与使用	尽量多配置于中区舱柜内,并最后消耗	尽量多配置于首尾舱柜内,并最后消耗
压载水舱的选择	选在漂心前或后第一压载舱起打压载水	选首或尾压载水舱打压载水
深舱及冷藏舱利用	船中区若设有,则应尽量用作装货	船首尾若设有,则应尽量用作装货

9.1.2 横向强度和局部强度

船体各部分结构除了承受纵向外力作用以外,还要承受横向外力的作用,具有抵抗横向变形的能力,称为横向强度。

船体所受到的横向作用主要有水对船壳的压力,甲板上和舱底上装载的重量,船舶横摇时的惯性力等。这些横向力会使船壳、甲板或舱底板发生横向弯曲或肋骨框架发生歪斜变形,如图9-8所示。

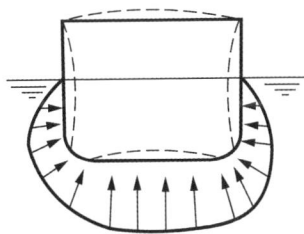

图9-8 船体的横向变形

船体抵抗横向变形的构件主要是横向构件,如肋骨框架（包括肋骨、横梁和肋板）和横舱壁,其中横舱壁起着防止变形的重要作用。

在正常情况下,一般船体的横向强度是足够的,船舶极少因为横向强度不足而发生横结构断裂的情况。

船体个别结构件对局部载荷的抵抗能力为船体的局部强度。船体能保证总纵强度,不一定能保证局部强度,如船体水线附近的舷侧板,由于频繁地靠离码头和与船舶相碰有可能发生局部的破坏或严重变形。

船体受到的局部外力很多,例如航行时受到的波浪的冲击力,靠码头时受到的与码头的碰撞力,机舱和尾部区域受到的机器振动力,起重柱和艇吊架处受到的局部集中力以及触礁、搁浅时产生的作用力等。这些力都会使船体产生局部弯曲变形或损坏。

船体中受到局部作用力最大或最多的部位是首端、尾端及各种机座处。甲板大开口因应力集中,容易产生裂缝,也属于局部问题。

船体局部强度一般都通过加强局部构件,如增大尺寸、增加数量等方法来解决。例如,大开口处角隅上加复板可以减少裂缝产生,采用大圆弧可使应力集中缓解,机舱中增加和增强肋骨框架,首尾端减少肋骨间距,增加结构件等,都有利于局部强度的改善。

9.1.3 扭转强度

船体抵抗扭曲变形或损坏的能力称为扭曲强度或扭转强度。船体产生扭转变形的主要原因是船舶受到不对称的波浪作用力,或是首部与尾部装卸的货物不对称等,如图9-9所示。

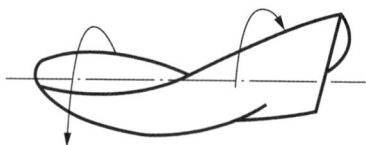

图9-9 船体的扭转变形

船体扭曲变形或扭转强度不足的现象主要发生在具有大开口的部位或具有大开口的船上,如集装箱船开口较大,容易造成扭转强度不足的情况。另外,对宽深比很大的船或双体船也容易产生扭转变形的现象,需要特别加以计算。一般船舶由于舱口尺寸较小,在正常情况下,具有足够的扭转强度,极少由船体扭曲引起结构严重变形和损坏的。

船舶扭转强度可以通过增加纵向构件,或采用双层船壳的办法来得到保证。目前不少集装箱船具有双层船壳就是这个原因。

9.2 船体主要构件名称及骨架形式

运输船舶的船体结构是由板和骨架两部分组成的。这些板和骨架根据它们在船上所处部位的不同,有不同的名称和作用,根据骨架排列方向的不同,又有不同的结构形式。

9.2.1 船体主要构件名称

1）外板的名称

外板包括船底板与船侧板两部分。船体外板由许多块钢板焊接而成，它不仅起到保证强度的作用，还必须是水密和符合船体型线的。钢板的长边沿船长方向布置，钢板与钢板长边之间的接缝称为边接缝，钢板短边之间的接缝称为端接缝，如图 9‐10(a)所示。以边接缝为分界线，把每条钢板称为列板，各列板的名称如图 9‐10(b)所示。位于船底的各列板统称为船底板，其中位于船体中线的一列船底板称为平板龙骨。由船底过渡到舷侧的转圆部分称为舭部，该处的列板称为舭部列板。舭部列板以上的外板称为舷侧列板，其中与上甲板连接的舷侧列板称为舷侧顶列板。

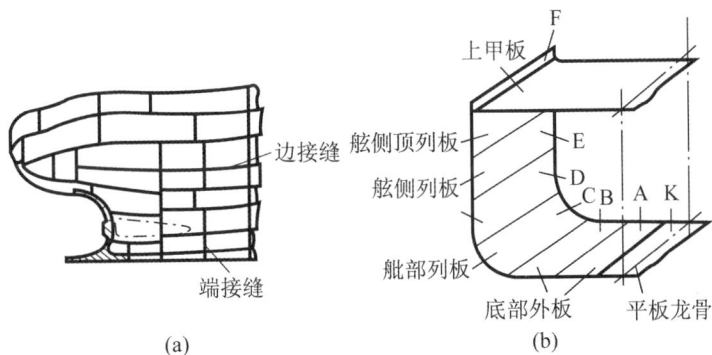

图 9‐10 板的名称

（a）外板排列 （b）列板名称

在生产图纸中，一般称平板龙骨为 K 行板，相邻列板为 A 行板，再次的列板为 B 行板，以此类推。

2）甲板的名称

甲板是保证船舶总纵强度、抵抗外力弯矩的主要强力构件之一。甲板由钢板和骨架组合焊接而成，钢板的长边一般沿船长方向布置，并且与船体中心线平行，这样便于加工和合理使用钢板。

甲板在靠近两舷处的板称为甲板边板，其他统称为甲板板。由于甲板所在位置不同，甲板的厚度是不相同的，通常上甲板比下甲板厚。在同一层甲板上，中部甲板比首尾甲板厚。在甲板开口处四周（如货舱口、机舱口、人孔、梯口等）都采用复板加强。

3）骨架的名称

船舶骨架按排列方向分为横向骨架和纵向骨架两种。骨架根据它们在船上的不同部位有下面几种名称：

（1）纵向大的骨架称为纵桁。有甲板纵桁、舷侧纵桁、船底纵桁（中桁材、旁桁材）。甲板纵桁是支撑甲板横梁的纵向骨架；舷侧纵桁是支撑船侧肋骨的纵向骨架；而船底纵桁则是支撑双层底肋板的纵向骨架，其中在船中的称为中桁材，在两侧的称为旁桁材。而支撑单底肋板的横向骨架为内龙骨，在船中的称为中内龙骨，在两侧的称为旁内龙骨。

（2）横向大的骨架。甲板上的称为甲板强横梁，舷侧的称为强肋骨，船底的称为强肋板。强横梁是支撑甲板纵桁的横向骨架，强肋骨是支撑舷侧纵桁的横向骨架，强肋板是支撑船底板的纵向骨架。

（3）小的骨架。纵向的为纵骨，有甲板纵骨、舷侧纵骨、船底纵骨；横向的小骨架：甲板上的为横梁、舷侧的为肋骨、船底的为肋板。

上述各构件的名称及位置如图 9-11 至图 9-25 所示。

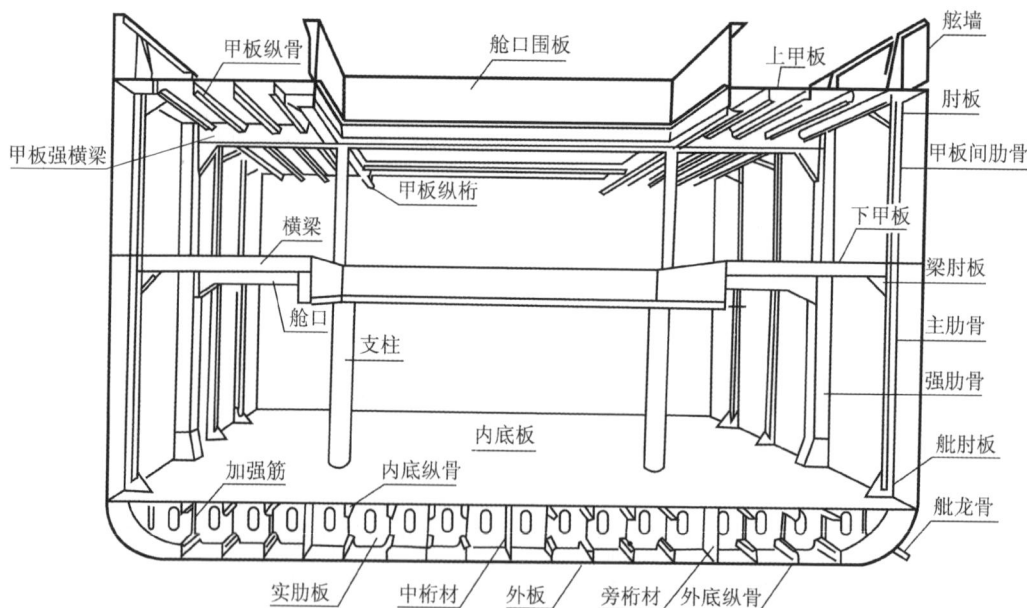

图 9-11 船体主要构件名称

9.2.2 船体骨架的排列形式

船体骨架的排列形式有三种，分别称为纵骨架式、横骨架式和纵横骨架式（或混合骨架式)。

1) 纵骨架式

骨架的排列形式是纵向骨架布置较密,间距小,数量多,横向骨架布置较稀,间距大,数量少,如图 9 - 12 所示。

纵骨架式结构的优点是总纵强度好,船舶抗弯能力强,可以在骨架高度方向根据受力大小不同采用不同的纵向骨架尺寸,以使材料充分发挥作用,整个结构重量减轻;缺点是施工比较麻烦。这种骨架形式多用于总纵强度要求高的船上,如军用舰艇与大型远洋油船。

2) 横骨架式

骨架的排列形式是横向骨架布置较密,间距小,数量多,纵向骨架布置较稀,间距大,数量少,如图 9 - 13 所示。

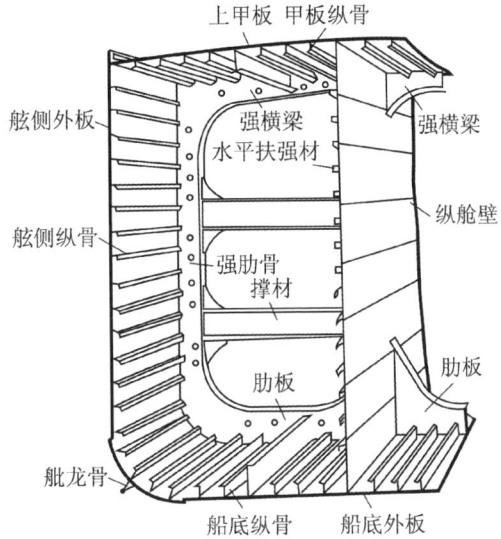

图 9 - 12　纵骨架式结构

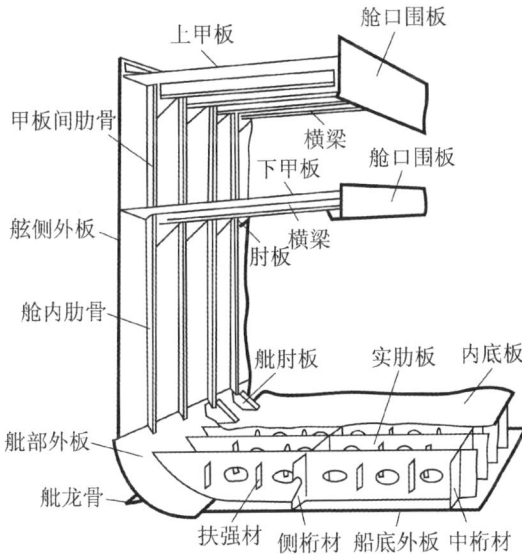

图 9 - 13　横骨架式结构

横骨架式结构的优点是横强度较好,施工方便,建造成本低;缺点是抵抗纵向弯曲的能力弱,在同样受力情况下,外板和甲板的厚度比纵骨架式的大,故结构重量较大。这种骨架形式多用于总纵强度要求不高的小型或内河船舶上。

从货舱有效容积来看,横骨架式船比纵骨架式船大。因为横骨架式舷侧用舷侧纵桁加强,而纵骨架式舷侧用强肋骨加强。因此,在有强肋骨的地方,容易造成包装货的"死角",使包装容积造成亏舱,提高了亏舱系数。而横骨架式船舶的舷侧纵桁一般对包装容积影响不大,所以对杂货船来说,以横骨架式为好。

3) 混合骨架式

船体纵横骨架数量和间距相近或船体某些部位横骨架式,某些部位用纵骨架式,这种组合形式为混合骨架式。它的优点是兼顾了纵、横骨架式的优点,使结构合理又重量减轻,造价便宜。在大中型货船上,上甲板和船底常采用纵骨架式,舷侧采用横骨架式,中部采用纵骨架式,首尾端采用横骨架式,以满足不同部位对不同强度的要求。图 9-14 所示为典型的混合骨架式结构。

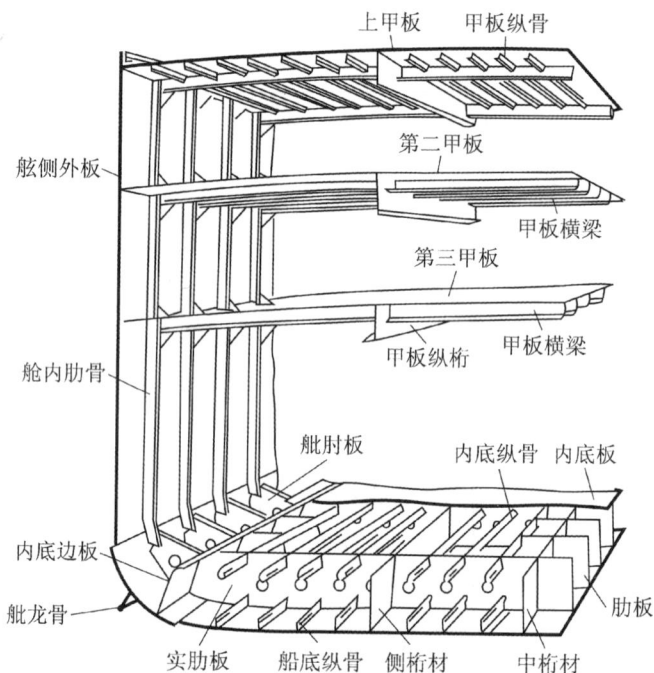

图 9-14 混合骨架式结构

9.3 船体结构

任何船舶的船体结构都是由船底、舷侧、甲板、舱壁、首尾及上层建筑等几部分组成的。

9.3.1 船底结构

船底结构通常由船底板、肋板、龙骨、底纵桁等结构件组成。按有无内底板分成单底结构和双底结构;按骨架形式有横骨架式船底和纵骨架式船底。下面按横、纵骨架式单底结构和横、纵骨架式双底结构分别予以介绍。

1) 单底结构

(1) 横骨架式单底结构。

由肋板和内龙骨组成的骨架起到承受船板载荷的作用,并将载荷传递给舷侧和横舱壁。图9-15所示为典型的横骨架式单底结构。这种结构形式简单,施工方便,多用于小型船舶及大中型船舶的首尾端。

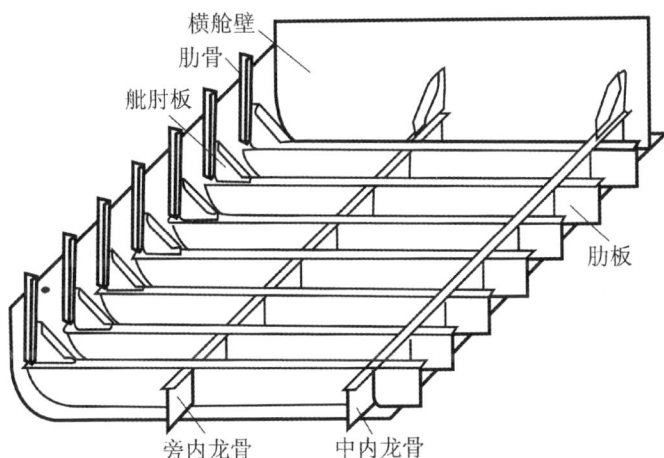

图 9-15 横骨架式单底结构

(2) 纵骨架式单底结构。

由船底板、肋板、内龙骨及底纵骨组成。它与横骨架式单底结构的区别是肋板间距大,有较密集的底纵骨。底纵骨可以增加抵抗总纵弯曲的能力,并且起到加强和支持船底板的作用。这种结构的总纵强度较好,常用于军用舰艇上。图9-16所示为典型的纵骨架式单底结构。

2) 双底结构

双底结构具有强度高、抗沉性好、舱容利用率高及容易调节浮态和稳性等优点,因此得到广泛使用。双底结构也有纵、横两种结构形式。

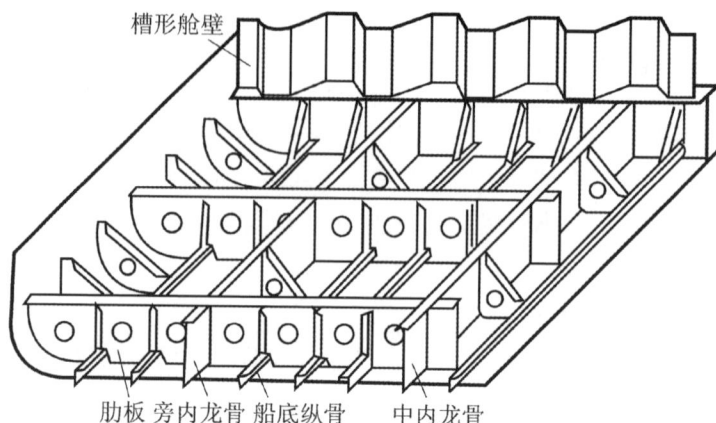

图 9‑16　纵骨架式单底结构

（1）横骨架式双底结构。

由船底板、内底板、龙骨、底纵桁和各种形式的肋板组成。内底板承受舱内货重，并增强船体的强度和刚度，内底板尽可能地延伸到船的两侧以盖没船的舭部。为了使人员出入双底方便，常在内底板上开设人孔。龙骨置于船体底部龙骨线上，与首柱、尾柱连接。龙骨承受总纵弯曲、局部外力、坞墩反力等作用，是船舶底部的重要构件。龙骨由中桁材和平板龙骨以及部分内底板组成一个工字形的纵向梁。平板龙骨是龙骨的下翼板，部分内底板形成了龙骨的上翼板。侧桁材位于龙骨两侧并平行于龙骨安放。侧桁材也承受总纵弯曲和局部外力。船底肋板的形式可分为水密肋板、实肋板和框架肋板三种。其中实肋板又称主肋板，是底部的主要受力构件。实肋板上开有减轻孔，并兼做人孔，机舱、锅炉座下、推力轴承座下、横舱壁下及支柱下的每个肋位上都设实肋板。水密肋板用来保证底部油水舱的水密性，一般用于水密横舱壁下面和双底内部分舱。为了保证它的刚性，在水密肋板上装有较多的垂直加强材。框架肋板又称组合肋板，由几根型钢组合而成，一般只用于横骨架式双底上不设实肋板的肋位上。图 9‑17 是典型的横骨架式双底结构，常用于内河船舶或中小型海船上。

（2）纵骨架式双底结构。

由船底板、内底板、龙骨、底纵桁、肋板和内外底纵骨等构件组成。它与横骨架式双底结构的主要区别是肋板间距大，有较多的内外底纵骨。这些纵骨支持和加强了底板的刚性和稳定性。纵骨本身也参与抵抗总纵弯曲。这种结构形式的总纵强度好，结构重量轻，常用于大中型海船和军用舰艇上。图 9‑18 所示为典型的纵骨架式双底结构。

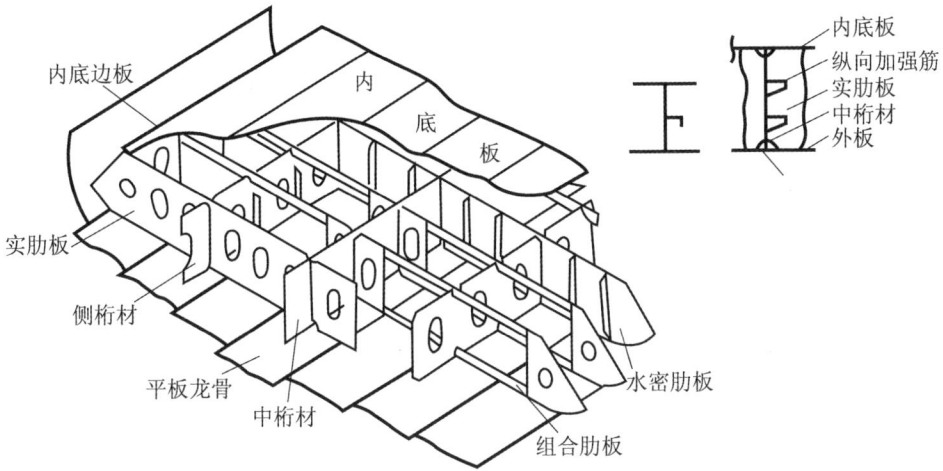

图 9‑17　横骨架式双底结构

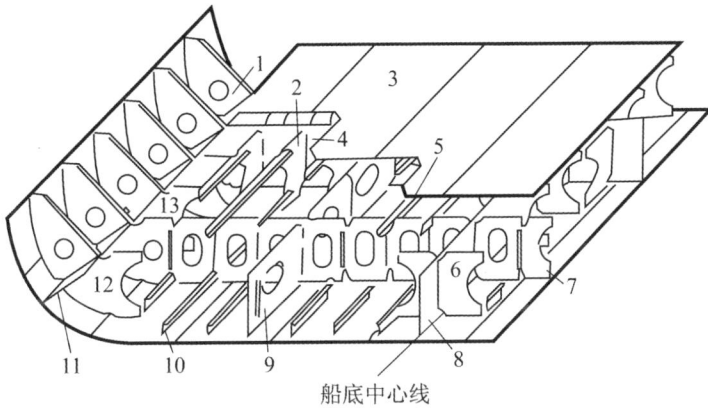

1—舭肘板；2—肘板；3—内底板；4—水密肋板；5—内底纵骨；6—肘板；7—主肋板；
8—中底桁；9—旁底桁；10—船底纵骨；11—内底边板；12—肘板；13—加强筋。

图 9‑18　纵骨架式双底结构

9.3.2　舷侧结构

舷侧结构经常受到舷外水压力、舱内货物或液体的压力、总弯曲应力以及波浪冲击、碰撞、冰块撞击或挤压等作用。

大部分船舶的舷部只有一层外板，某些具有甲板大舱口的船，如集装箱船和分节驳，有时将舷侧做成双层壳的舷侧结构。舷侧结构也有纵骨架式和横骨架式之分。民用货船多为横骨架式舷侧，军用舰艇及油船多为纵骨架式舷侧。

1) 横骨架式舷侧结构

由外板、肋骨及少量舷侧纵桁组成。外板承受各种外力,肋骨承受舷外水压力、局部性外力、甲板和船底传来的压力等。肋骨可以加强和稳定舷侧外板,并与横梁、肋板组成框架以抵抗船体的横向歪斜。肋骨分主肋骨、间舱肋骨和强肋骨三种。主肋骨又称船舱肋骨,是最下层甲板以下位于舷侧的肋骨。肋骨所在的位置称为肋位。肋骨与肋骨之间的距离称为肋骨间距。间舱肋骨是指两层甲板之间的肋骨,其尺寸较主肋骨为小。强肋骨用于局部加强的区域,如机舱内。机舱区域因振动较大,需要设置强肋骨和舷侧纵桁加强。舷侧纵桁的作用是支撑肋骨,加强外板和传递作用力。图9-19中的舷侧结构为横骨架式的舷侧结构,在货船上用得较多。

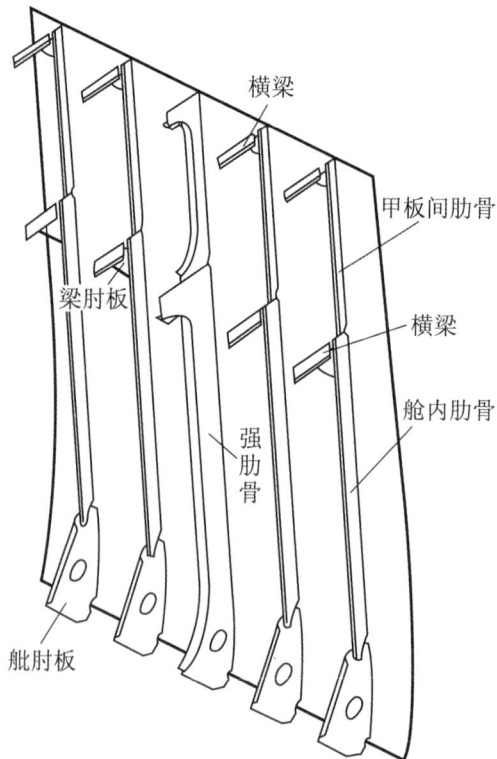

图9-19 横骨架式舷侧结构

2) 纵骨架式舷侧结构

由外板、肋骨及舷侧纵骨组成。在机舱和首尾端区域还有舷侧纵桁。舷侧纵骨支持和加强外板,可以提高外板承受外力的能力。舷侧纵骨本身是纵向构件,可以参与抵抗总纵弯曲,提高船舶的总纵强度。纵骨架式舷侧结构中的肋骨不在每个肋位上设置,而是隔几个肋位设一根强肋骨,强肋骨用于保证船的横向强度。纵骨架式舷侧结构常用于舰艇及油船上。舷侧采用与船底和甲板同样的纵骨架式,使全船骨架形式一致,对提高船舶总纵强度和外板稳定性比较有利。图 9-20 所示为纵骨架式舷侧结构。

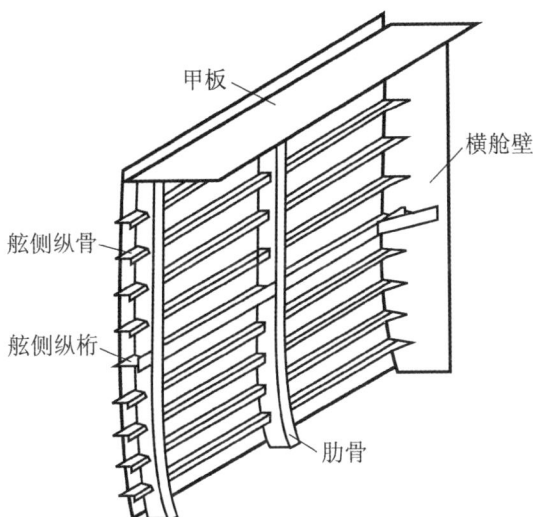

图 9-20 纵骨架式舷侧结构

9.3.3 甲板结构

甲板结构由甲板横梁、纵桁及纵骨等构件组成。承受的外力有总纵弯曲时的拉伸力、压缩力、甲板货物压力及波浪冲击力等。按骨架形式分为横骨架式甲板结构和纵骨架式甲板结构。

1) 横骨架式甲板结构

由甲板、横梁及甲板纵桁组成。横梁是设置在甲板各肋位上的横向构件,是甲板结构中的主要构件。它承受甲板货物的重力及甲板上浪时的水压力,并可以支持和加强甲板的强度。横梁分普通横梁、强横梁和舱口端横梁三种。普通横梁与肋骨、肋板组成一个普通肋骨框架。在甲板舱口处,横梁被切断,形成半横梁。货舱口两端的横梁称为舱口端横梁。甲板纵桁是安装在甲板下的纵向构件,承受总纵弯曲,并作为横梁的支撑点,承受横梁传来的作用力。甲板是甲板结构中的基本构件,甲板的厚度沿垂直方向,以上甲板最厚,下甲板其次,上层建筑的甲板最薄。

纵向以中部最厚,两端其次。甲板上有机舱口、货舱口等大开口,为避免应力集中,角隅采用各种加强。甲板货舱口的周围设舱口围板,由舱口纵向围板和横向围板组成。围板可以提高船舶在大角度倾斜时的进水角度,防止甲板上浪入水,并可防止人员落入舱口,而且有利于增强甲板开口处的强度。舱口围板在甲板上伸出部分有一定的高度。甲板以下部分的纵向围板与甲板纵桁的位置一致,横向围板与舱口端横梁的位置一致。图 9-21 所示为典型的横骨架式甲板结构。

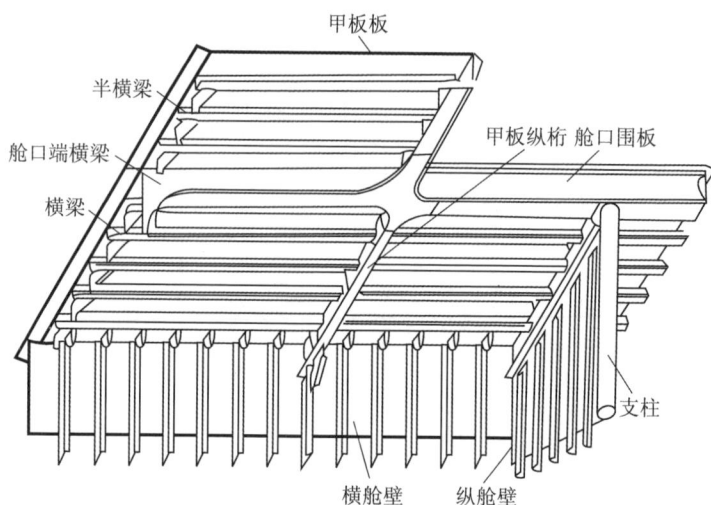

图 9-21 横骨架式甲板结构

2）纵骨架式甲板结构

由甲板、纵骨、纵桁及强横梁等构件组成。它与横骨架式甲板结构的区别是没有一般横梁,而有较多的甲板纵骨。甲板纵骨参与总纵强度,能增加甲板的稳定性,并承受甲板上的载荷,强横梁用于支撑甲板纵骨。

在纵桁和强横梁交接处的下面设甲板支柱,减少了甲板纵桁或强横梁的跨度,增加了甲板板架的刚性,减少了甲板板架的挠曲变形,并可把甲板纵桁和横梁受到的力传递到船底。为了有效地发挥作用,支柱的上端设置在甲板纵桁与横梁的交点上,下端设置在肋板与底纵桁的交点或其他刚性较大的桁材上。支柱的设置有碍于船舱容积的充分利用,故一般不随意设置。图 9-22 所示为典型的纵骨架式甲板结构。

为兼顾强度和经济两个因素,目前较多的船舶采用纵骨架式的上甲板结构和横骨架式的下甲板结构。

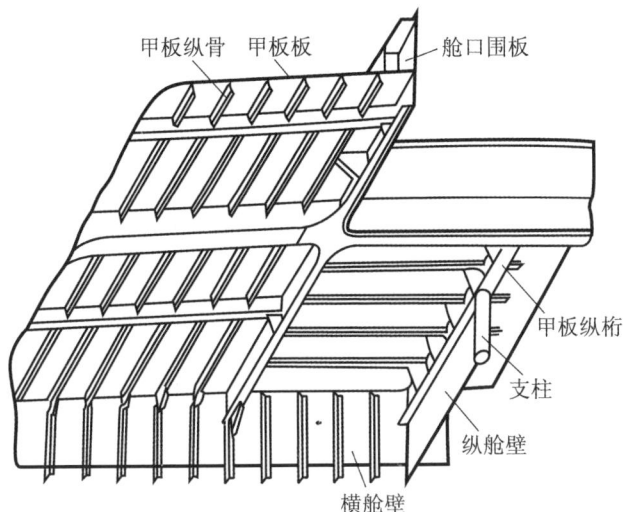

图 9-22　纵骨架式甲板结构

9.3.4　舱壁结构

舱壁对船体强度有较大的影响,横舱壁可以保证船体的横向强度和刚性,纵舱壁可以提高船体的纵向强度。此外,舱壁作为船底或舷侧等结构的支座,可以使船体各构件之间的作用力通过舱壁互相传递。

舱壁的种类很多,按水密性分为水密舱壁和非水密舱壁,按结构形式分为平面舱壁和槽形舱壁。

船体中水密舱壁的数目由抗沉性计算后,根据舱室布置情况决定。水密舱壁上有不同尺寸的开孔,便于电缆、管子等通过。为保证舱壁的强度和水密性,对开孔采取相应的加强及水密性措施。水密舱壁的高度伸至水密连续甲板,使整个舱室形成一个水密空间。水密舱壁上开门一定是水密门,并尽量设在舱壁的高处。螺旋桨轴通过舱壁时,在轴通过的舱壁处安装水密填料函,保持该处的水密性。

平面舱壁由舱壁板及扶强材组成。舱壁板的强度考虑了水压力的作用,即使非油水舱,也考虑到了破舱进水之后水压力的作用。由于水压力的大小随水的深度变化,故舱壁的上端受水压力小,板厚可以取小一些,舱壁的下端水压力大又容易腐蚀,故厚度取得大一些。舱壁扶强材用于支持和稳定舱壁,一般用型钢做成,有水平设置的,也有垂直设置的,以垂直布置的为多。当舱壁高度较大时,舱壁还加设水平扶强材,如图 9-23(a)所示。

槽形舱壁又称波形舱壁,由凸凹舱壁板组成,其剖面形状可分为弧形、三角形、矩形和梯形多种。它的特点是利用板的凹凸起到扶强材支持和稳定舱壁的作用,故不需另设扶强材。在同样的强度要求下,槽形舱壁的重量比平面舱壁轻,还具有清舱方便、减少死角、有利防腐的优点,故在油船和散货船上广泛使用。其缺点是占用舱容较大,特别是装件杂货时会使有效舱容减少,故在杂货船中用得不多。槽形舱壁的槽形大多是垂直布置的,但油船上的纵舱壁其槽形大多水平设置,这样可以增加船体的总纵强度,如图 9 - 23(b)所示。

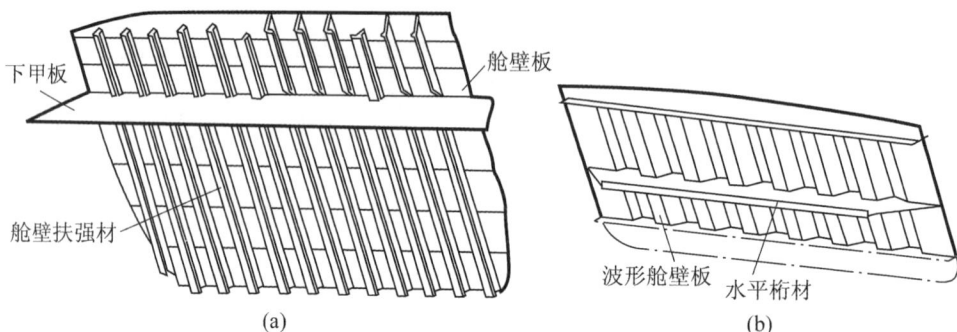

图 9 - 23　平面舱壁与波形舱壁

(a) 平面舱壁　(b) 波形舱壁

9.3.5　首尾结构

船舶首尾端所受的外力主要是局部性质的外力,故结构形式也是主要满足局部强度的需要。

1) 首端结构

一般是指防撞舱壁以前、上甲板以下的船体结构。为保证横强度和局部强度,它的结构特点有:①采用横骨架结构;②肋骨间距较中部小;③加设强胸横梁,支撑舷侧纵桁;④采用升高肋板;⑤设纵向隔水板与首柱连接。首端结构如图 9 - 24所示。

首柱是船体最前端的重要构件,与两侧外板和船底龙骨相连。首柱的形式主要是向前倾斜的。倾斜式首柱较尖,当船舶发生碰撞时接触面积较小,故引起的破损也小。另外,首柱外倾可以防止甲板上浪,增加甲板前端面积,因此得到广泛使用。

首柱可以铸造、锻造或由钢板焊接而成。锻造首柱由于制造困难,尺寸受到限制,故只能用于小船。为适应首端的线型和强度要求,浇铸可以获得理想的复杂形

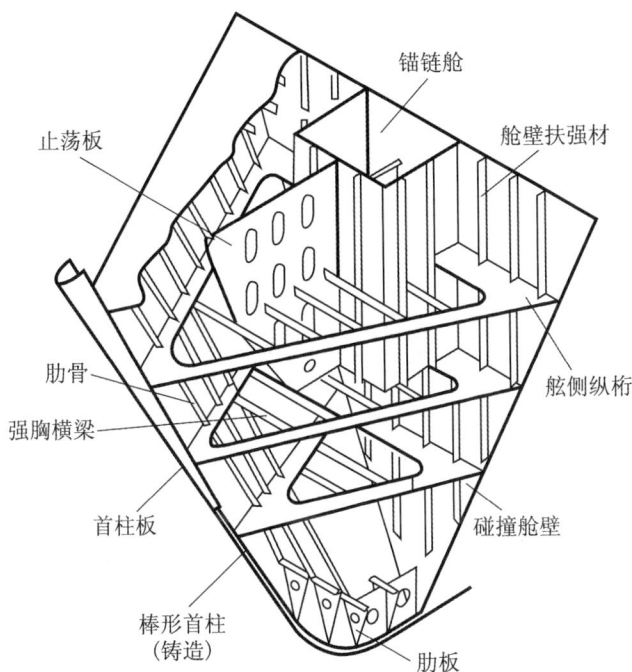

图 9-24　首端结构

状,但是首柱一旦受到撞击易产生裂缝。铸钢首柱重量比其他首柱大,故目前整体铸钢首柱很少见。钢板焊接首柱由厚钢板和纵向加强筋及水平肋板等焊接而成,其优点是制造方便、易于构件连接,碰撞时损坏小,修理较方便,故使用较广,目前较普遍采用的是混合首柱。这类首柱是由铸钢和焊接件组合而成的。在设计水线以下的首柱做成铸钢,在设计水线以上的部分则采用钢板焊接首柱,这样既可以获得水下复杂的形状,又可以做到碰撞损坏少和修理方便。

2) 尾端结构

一般是指尾尖舱壁以后的船体结构。为保证横强度和局部强度,它的结构特点有:①采用横结构形式;②有较小的肋骨间距;③设置密集的斜向构件。由斜横梁、斜肋骨构成斜肋骨框架,如图 9-25 所示。有的船为了简化工艺,切去尾部部分结构,用尾封板加封。

尾柱是尾端的刚性构件,船体外板、龙骨等纵向构件都在此处终结。尾柱的主要作用是支撑与保护舵及螺旋桨。在单螺旋桨船上都采用框架式的尾柱。在双螺旋桨双舵方尾舰船上,就不需要专门的尾柱。

尾柱的形状复杂,可采用与首柱同样的方法制造。简单形状的尾柱及小型尾柱都用铸造,但因工艺复杂,成本较高,故逐渐被焊接结构代替,尤其是大型尾柱都是焊接结构。尾柱上端与尾肋板连接,下端与龙骨连接。首尾柱、龙骨及甲板纵桁构成一个强大的纵向框架。

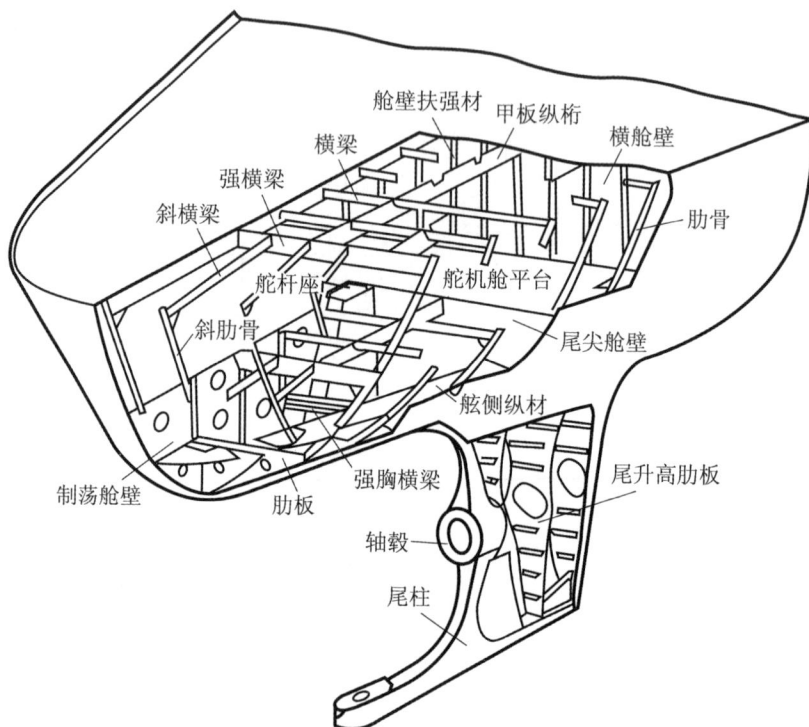

图 9-25 尾端结构

本章小结

船舶在各种外力作用下保持不损坏、不变形的能力为船舶强度,根据船体结构特点与受力情况分为总纵强度、横向强度、局部强度与扭转强度。船舶在波浪中航行时由于重力和浮力沿船长方向分布不一致,容易产生中拱或中垂弯曲,为此在装载时必须注意其对船舶强度的影响,避开不利的波浪位置,并对最不利装载状况进行强度校核。

运输船舶的船体结构由板和骨架两部分组成,这些板和骨架根据它们在船上所处部位的不同有不同的名称和作用;骨架排列方向与结构形式的不同带来船舶强度的不同;任何船舶的船体结构都是由船底、舷侧、甲板、舱壁、首尾及上层建筑等几部分组成的。

习题与思考题 ···

一、名词解释

船舶强度,船舶总纵强度,船舶横向强度,船舶局部强度,船舶扭转强度,中拱与中垂。

二、简答题

(1) 船舶强度分几类?

(2) 怎样提高船舶的总纵强度?

(3) 产生中拱弯曲与中垂弯曲的原因是什么?

(4) 船舶弯矩与剪力的最大值一般出现在哪里?

(5) 船舶横向强度主要靠哪些构件来保证?

(6) 船舶局部强度主要靠什么来保证?

(7) 试述各部分外板及甲板的名称。

(8) 横梁、肋骨及肋板是怎样排列的?

(9) 船舶骨架形式有哪几种? 各有什么特点? 适用在哪里?

(10) 船底结构由哪些构件组成?

(11) 舷侧结构由哪些构件组成?

(12) 甲板骨架形式以什么为多? 为什么?

(13) 槽形舱壁有什么优点? 在什么情况下使用较多?

(14) 首尾结构有何特点?

(15) 首柱形式有哪几种? 各有何优缺点?

三、选择题

(1) 当船体处于中垂形态时,船体甲板(　　　),而船底(　　　)。

A. 受压,受压　　　　　　　　　B. 受压,受拉

C. 受拉,受拉　　　　　　　　　D. 受拉,受压

(2) 当船体处于中拱形态时,船体甲板(　　　),而船底(　　　)。

A. 受压,受压　　　　　　　　　B. 受压,受拉

C. 受拉,受拉　　　　　　　　　D. 受拉,受压

(3) 引起船体纵向变形的原因是(　　　)。

A. 船舶所受的重力和浮力不相等

B. 船体纵向每段所受的重力和浮力不相等

C. 船舶所受的纵向复原力矩和纵倾力矩不相等

D. 中横剖面前后所受的静水弯矩不相等

（4）剪力的最大值一般出现在距船首或船尾约（   ）船长附近。

A. 1/2

B. 1/4

C. 1/3

D. 2/3

参 考 文 献

［1］ 高新船舶与深海开发装备协同创新中心.船舶原理［M］.上海:上海交通大学出版社,2017.

［2］ 蔡岭梅,王兴权,杨万柏.船舶静力学［M］.北京:人民交通出版社,1995.

［3］ 蒋维清,等.船舶原理［M］.大连:大连海事大学出版社,1998.

［4］ 盛振邦,杨尚荣,陈雪深.船舶静力学［M］.上海:上海交通大学出版社,1992.

［5］ 刘红 邱文昌.船舶原理［M］.上海:上海浦江教育出版社,2013.

［6］ 中华人民共和国海事局.中华人民共和国船舶与海上设施法定检验规则［M］.北京:人民
交通出版社,2008.

［7］ 中国船级社.钢质海船入级规范［M］.北京:人民交通出版社,2015.

［8］ 邵世明,赵连恩,朱念昌.船舶阻力［M］.北京:国防工业出版社,1995.

［9］ 冯铁城,朱文蔚,顾树华.船舶操纵与摇摆(修订本)［M］.北京:国防工业出版社,1989.

［10］ 陶尧森.船舶耐波性［M］.上海:上海交通大学出版社,1996.

［11］ 王国强,盛振邦.船舶推进［M］.上海:上海交通大学出版社,1995.

［12］ 上海海运学院船舶原理教研室.船舶基础理论［M］.上海:上海海运学院出版社,1981.

［13］ 卢晓平.舰船原理［M］.北京:国防工业出版社,2007.

［14］ 潘晓明.船舶原理［M］.北京:人民交通出版社,2007.

［15］ 姬中英.船舶原理与积载［M］.北京:人民交通出版社,2007.

［16］ 陈亚飞,汪益兵.海运固体散装货物的水尺计重［J］.航海技术,2010(03):38-40.

［17］ 刘永伟,艾万政.提高水尺检量精度的方法和措施［J］.中国水运月刊,2016,16(5):288-
289.

［18］ 邱文昌.船舶货运［M］.上海:上海交通大学出版社,2015.